학술연구총서 7

당송풍唐宋風으로 본 조선 초기 시풍의 이해

유진희 지음

학자원

이 책은 2023년 단국대학교 교내연구소 연구 지원비의 지원에 의한 단국대학교 부설 한국고전문학텍스트연구소의 학술연구 결과물로 간행된 도서임.

학술연구총서 간행사

한국고전문학텍스트연구소는 창조와 혁신이라는 인문학의 정신을 바탕으로 대중들의 관심에서 버려져 있는 우리 고전의 가치를 새롭게 밝혀, 현대를 살아가는 사람들에게 삶의 지표와 미래의 희망을 제시하기 위해 설립되었습니다.

현대 사회를 인문학의 종말기라고 할 만큼 우리 주변에서 고전에 대한 관심은 찾아보기 어렵고, 인문학에 대한 흥미는 점점 옅어져 가고 있습니다. 그러나 현대 사회에 팽배한 인문학에 대한 폄하나 고전에 대한 그릇된 인식은 그 연원이 오래되었습니다. 인류의 역사를 되돌아보면 고전이 그 자체로 가치와 의미를 인정받았던 시기를 찾기 어렵고, 인문학이 위기가 아니었던 시대가 없었습니다. 만약 그와 같은 인식이 진실한 것이라면 우리 사회에서 고전과 인문학은 이미 자취를 감추었어야 하지만, 사회가 첨예해지고 기술 문명이 발달할수록 고전과 인문학에 대한 대중들의 갈망은 커지기만 합니다. 이와 같은 모습은 고전과 인문학이 우리 사회에서 결코 소외될 수 없는 본질적이고 중차대한 것임을 보여주는 것입니다.

한국고전문학텍스트연구소는 고전에 대한 왜곡된 인식과 인문학에 대한 그릇된 편견을 교정하는 마중물이 되고자 설립된 연구소입니다. 우리 연구소에서는 인문학 고전을 다양한 사회의 변화에 부응

할 수 있도록 새롭게 가공하여 현대인들에게 고전과 인문학의 가치를 일깨우고 흥미를 부여하고자 합니다. 이를 위해 우리 연구소에서는 자료의 정리와 번역 가공, 개인 학술 연구, 연구소 기획 연구라는 네 방향에서 우리 고전과 인문학에 접근하고자 합니다.

학술연구총서는 이와 같은 우리 연구소의 운영 방향에 의해 발간되는 책입니다. 한 사람의 연구자가 하나의 주제에 대해 긴 시간 동안 심도 깊은 관찰과 탐색을 진행한 결과로, 연구자의 오롯한 정성과 노력이 담긴 책입니다. 그런 점에서 학술연구총서는 다양한 가치에 대한 고려를 바탕으로 학계와 대중에게 그다지 알려지지 않은 인물을 선택하여 1년 동안 공동 연구와 기획 발표라는 엄밀하고 정치한 연구를 진행한 뒤 발간하는 우리 연구소의 기획연구총서와는 여러 지점에서 변별적 의미와 가치를 가지는 것입니다.

학술연구총서를 출간하기 위해 연구자는 기나긴 불면의 밤을 보내며 수 없는 고민과 갈등을 겪었을 것이고, 셀 수 없이 많은 글들을 썼다 지우면서 보이지 않는 길을 찾기 위해 헤매는 시간을 보냈을 것입니다. 책을 출간한 뒤에도 여전히 풀리지 않고 남아있는 의문이 머리에 맴돌고 가슴을 짓누르겠지만, 마음 한편에서는 그간 무겁게 이고 왔던 묵은 짐을 내려놓는 후련함도 느낄 것입니다.

우리 연구소의 학술연구총서는 학계와 일반 대중뿐만 아니라 연구자들을 위한 책이기도 합니다. 일반 대중에게는 한 분야의 전문가가 오랜 시간 고민해 온 결과물을 통해 지식의 범주를 확장 시킬 수 있도록 도울 것이고, 학계에는 오랜 시간 진행된 연구자의 진지하고 깊이 있는 고민을 통해 새로운 시각과 진전된 논의가 시작될 수 있는 계기를 제시할 것이며, 연구자에게는 혼자 짊어져 왔던 무겁고 큰 숙제를 세상에 풀어놓는 자유를 제공할 것입니다. 그런 점에서 우리 연구소의 학술연구총서는 다른 누구보다 연구자를 위한 것이라고도 할 수 있습니다. 연구자에게 나에서 우리로, 혼자에서 같이로, 다 함께 하는 논의와 논쟁의 장을 만들어 홀로 걸었던 외로움을 벗어버리고 자유로우면서도 깊이 있고 다양한 논의를 통해 더 깊은 시야를 제공할 수 있을 것이기 때문입니다.

우리 연구소의 학술연구총서 7권은 조선 초기 한시의 시풍을 살펴본 것입니다. 한시의 시풍은 기본적으로 당풍과 송풍으로 구분되는데, 두 시풍은 시기에 관계 없이 언제나 창작되었습니다. 그런데 우리나라에서 한시의 시풍을 논의할 때, 한 시기에 하나의 시풍만 존재했다거나 하나의 시풍이 주가 되어 다른 하나의 시풍을 찾기 어렵다고 언급되는 경우가 적지 않았습니다. 그중에서도 특히 조선 초기의 경우, 소식을 중심으로 하는 송풍이 문단을 휩쓸어 당풍의 시를 찾기 어렵다고 하는 논의가 사실처럼 받아들여지고 있기도 합니다. 우리 연구소의 학술연구총서 7권은 조선 초기 우리나라의 한시풍에 대한 이와 같은 논의를 재검토하고, 조선 초기 한시 작품을 직접으로 분석하여 이 시기 한시의 시풍을 실증해 보고자 한 것입니다.

이를 위해 이 책에서는 그간의 선행 연구를 종합하여 작시 기법이라는 하나의 기준을 설정하고 이 기준으로 조선 초기의 한시를 분석해 보고자 하였습니다. 이 책에서 사용한 '표현의 기법'과 '설명의 기법'이 당풍과 송풍을 구분하는 작시 기법으로, 이 책에서 이용한 분석의 기준입니다. 물론 '표현의 기법'과 '설명의 기법'은 한 편의 시에서 독립적으로 나타나기도 하지만, 뒤섞여 나타나기도 합니다. 그렇기 때문에 이 기준을 적용하여 한시의 시풍을 검토하는 것이 불가능하다고 생각할 수 있습니다. 그러나 이 책에서는 이와 같은 문제는 두 기법이 한 편의 시 안에서 어떤 방법으로 결합하고 이어지는가 하는 두 기법의 관계 분석을 통해 해결할 수 있다고 보았습니다. 즉 한 편의 시를 구성하는 두 가지 작시 기법의 결합과 조응의 방식에 따라 그 시가 당풍의 시가 되는지 송풍의 시가 되는지 결정된다고 본 것입니다.

이 책에서 연구자가 밝힌 의견에 동의하는 사람도, 부정하는 사람도 있을 수 있습니다. 하지만 이 책을 집필하기까지 연구자는 수많은 시간을 외롭게 또 고통스럽게 보냈을 것입니다. 이제 이런 고민의 흔적들이 고스란히 묻어있는 이 책의 출간으로 연구자는 가슴 후련한 자유로움을 느끼겠지만 한편으로는 진한 아쉬움도 가질 것입니다. 어떤 것이 더 클지는 모르지만, 이 책의 출간으로 연구자는 그간의 고민을 정리하고 새롭게 출발하는 계기를 가지게 되었을 것입니다.

우리 연구소의 학술연구총서는 연구자가 학계와 일반 대중에게 소통과 공감을 구하는 것입니다. 그런 만큼 우리 연구소의 학술연구총서는 인문학 관련 전문 연구자뿐만 아니라 일반대중들에게도 적지 않은 가치가 있을 것이라고 생각됩니다. 이후로도 이와 같은 학술연구총서의 발간이 충실하게 이루어지기를 기대하며, 학술연구총서의 집필을 위해 애써주신 연구자와 간행에 물심양면으로 도움을 주신 학자원 출판사의 김병환 사장님께 깊은 감사의 마음을 전합니다.

2023년 11월

단국대학교 부설 한국고전문학텍스트연구소장

책을 펴내면서

이 책은 조선 초기의 시풍이 어떻게 전개되었으며, 어떠한 양상으로 나타났는지를 조선 초기 시문학 작품을 통해 실증한 것이다. 일반적으로 우리나라 시풍의 변전을 논의할 때 신라 말 만당풍이 유입된 것을 시작으로 고려 중기까지 만당풍의 한시가 유행하였으며, 11세기 후반에 소식의 시가 유입되고 12~13세기에는 소식을 위시한 송풍이 유행하기 시작하여 조선 초기까지 그 영향이 계속되었다. 15세기 후반에 이르면 해동강서시파라는 일군의 무리가 형성되고, 이후 목릉성세에 이르러서는 당풍의 시가 다시 유행하면서 삼당시인이 등장하였다고 한다. 이와 같이 한 시기에 한 시풍의 시만 지어진 것처럼 혹은 하나의 시풍이 주가 되는 것처럼 언급하는 것은 시풍의 흐름을 단순하게 이해하고 한 시기의 시단과 시풍의 실제적 양상을 오인하게 만드는 경우가 있다. 따라서 한 시기의 시풍의 실제를 확인하고자 한다면 시풍이 한시 창작의 본질적인 요소이고, 당풍과 송풍은 시의 본질적인 두 가지 경향임을 염두에 두고 연구를 진행하여야 한다. 이를 통해 한 시기 시풍의 실제에 다가갈 수 있을 것이다.

이 책에서 다루고자 하는 조선 초기의 시풍은 소식 위주의 송풍 일변도로 논의되는 것이 일반적이다. 그리고 조선 초기에 당풍의 시를 지었다고 하면 일반적 시대적 주류에서 벗어나는 특별한 경향으로 인식하는 것이 대부분이다. 하지만 이렇게 특별한 경향의 시를 창작하였다고 언급되는 문인들이 많다면 그것이 과연 정말 특별한 경향일까에 대한 의문이 생길 수 밖에 없다. 이 책의 문제의식은 여기에서 시작한 것이다.

이 책에서는 조선 초기 시풍의 실제를 확인하기 위해 조선 초기 시문학 작품을 검토하였다. 조선 초기 시풍의 실제를 온전하게 확인하기 위해서는 이 시기 활동했던 작가들의 시문학 작품 전체를 분석하는 것이 가장 확실한 방법이겠지만, 그 기간이 매우 길고, 자료가 방대하기에 이 시기 작가들의 시문학 작품 전체를 분석하여 이 시기 시풍의 실체를 밝히는 것은 현실적으로 불가능하다. 따라서 이 책에서는 조선 초기의 작가가 수록된 시선집들을 검토하여 이 시기를 대표할 수 있는 작가를 선정하고, 그 작가들의 대표 작품을 분석하였다.

시풍을 구분하는 데 있어 명확한 기준이 없이 다양한 요소들을 자의적으로 적용하여 시를 분석한다면 설득력이 떨어질 뿐만 아니라 그 결과 역시 신뢰하기 어렵다는 문제가 생긴다. 그러므로 분명한 하나의 기준을 적용하여 시풍을 구분하여야 시의 분석에서도 설득력을 획득할 수 있다. 또 선명한 하나의 기준을 설정하는 것은 인상비평을 지양하는 데에도 큰 도움이 된다. 따라서 시풍을 구분하고자 한다면 분명한 분석의 도구가 필요하다. 이에 그간의 문인들과 연구자들의 언급을 종합하여 작시 기법을 분석의 도구로 설정하여 조선 초기 시풍을 검토하였다. 당풍의 작시 기법은 '표현의 기법'으로 송풍의 작시 기법은 '설명의 기법'으로 설정하였다. 표현의 기법은 시 속에 자신의 감정 혹은 상태를 나타내는 시어를 직접 사용하지 않고 자신의 감정이나 상태를 파악할 수 있는 작시 기법이다. 이에 반해 설명의 기법은 시 속에 자신의 감정이나 상태를 시어를 통해 직접적으로 노출하는 것을 말하는데, 설명은 시에서 말하고자 하는 내용을 시어를 통해 직접 제시하는 경우나, 서술을 통해 제시하는 경우를 포함한다.

한 편의 시는 구 혹은 연으로 구성이 된다. 각 구 혹은 연은 표현의 기법 혹은 설명의 기법으로 구현된 것이다. 그래서 한 편의 시는 표현의 기법만으로 구성되기도 하고, 설명의 기법만으로 구성되기도 하며, 표현의 기법과 설명의 기법의 혼효로 구성되기도 한다. 이 책에서는 조선 초기의 대표 작가의 대표 작품을 당풍의 시와 송풍의 시로 구분하였다. 한 편의 시가 표현의 기법으로 구현된 경우에는 당풍의 시가 되고, 표현의 기법과 설명의 기법이 혼효된 경우에도 각 구절과 연이 어떤 식으로 관계를 맺고 있느냐에 따라 당풍의 시가 되기도 한다. 이와 반대로 한 편의 시가 설명의 기법으로 구현된 경우에는 송풍의 시가 되고, 설명의 기법과 표현의 기법이 혼효된 경우에도 구절과 연의 관계에 따라 송풍의 시가 되기도 한다.

이러한 작시 기법을 바탕으로 조선 초기의 시문학 작품을 실질적으로 검토해 보면 조선 초기의 시풍이 송풍에 편향되어 있지 않다는 사실을 확인할 수 있다. 이 책에서 대상으로 하는 작가와 작품은 그 수가 한정적임에도 불구하고 당풍과 송풍의 시가 모두 발견되는데, 이는 한 작가가 한 시풍의 시만을 창작하는 것이 아니라는 사실을 보여주는 것이다. 물론 개인에 따라 선호하는 시풍과 능한 시풍이 있을 수는 있으나 그렇다고 하나의 시풍의 시만을 짓지는 않았다. 이는 기존의 연구에서 언급되는 것처럼 당풍의 시를 짓는 것이 특별한 경향이 아니라 보편적인 경향이었음을 보여주는 것이다.

한 작가의 시 작품에 당풍의 시와 송풍의 시가 공존한다는 사실을 확장해보면 한 시기에 당풍의 시와 송풍의 시가 공존한다는 것을 유추해 볼 수 있다. 이를 통해 시풍의 단선적인 이해에서 벗어나 복합적이고 다각적인 이해를 가능하게 할 것이다. 이 책의 대상 시기인 조선 초기는 앞으로는 고려 후기와 이어지고 뒤로는 16세기로 이어진다. 앞으로의 후속 연구에서는 이 책의 내용을 좀 더 보완하여 전후시기의 시풍을 연구해보고자 한다. 이 연구가 우리 한시사에 존재했던 시풍을 연구하는 연구자들에게 조금이나마의 도움이 되었으면 한다.

이 책을 간행하면서 연구자의 길을 걸을 수 있도록 도움을 주신 많은 분들께 감사의 인사를 전하고자 한다. 단국대학교 국어국문학과에는 필자가 학문의 길을 걷도록 해주신 여러 선생님들이 계신다. 특히 지도교수님이신 윤재환 선생님은 아무것도 모르던 학부 시절부터 박사학위를 받은 지금까지 필자가 연구자로 성장할 수 있도록 해주셨다. 권진옥 선생님은 부족한 필자에게 항상 용기를 북돋워 주셨다. 필자의 부족한 학업을 채울 수 있도록 아낌없이 조언해 주신 단국대학교 한국고전문학텍스트연구소의 여러 선생님들께도 감사의 마음을 전한다. 함께 공부하고 응원해 주고 힘이 되어주는 동학들이 있었기에 지치는 순간에도 다시 힘을 낼 수 있었다. 끝으로 항상 필자의 편이 되어주는 가족들, 그리고 철없는 아내를 따뜻하게 보듬어 주는 다정한 남편에게 고마움을 전한다.

2023년 11월

저자

차례

서설序說

이 책은 조선 초기의 시풍이 어떻게 전개되었으며 어떠한 양상으로 나타났는지를 조선 초기 시문학 작품을 통해 실증하고자 한 것이다. 한시의 창작에 있어서 시풍은 본질적인 요소이기에 시기를 불문하고 당풍과 송풍으로 구분되었다. 그럼에도 시풍의 변전은 당풍과 송풍의 어느 한쪽을 부각하는 방향으로 논의되고 있다. 이 책의 연구 대상이 되는 조선 초기 역시 소식蘇軾을 중심으로 한 송풍이 한 시대를 휩쓸었다는 내용이 대부분이다. 이에 이 책에서는 조선 초기의 시풍이 송풍으로만 설명될 수 있는 것인지 조선 초기의 시문학 작품을 검토하여 그 실제를 확인해보고자 한다.

이 책의 조선 초기는 그 시기를 조선 건국에서 연산군까지의 시기로 한정한다. 이는 시풍의 변화에 초점을 맞춘 것이다. 일반적으로 조선은 전기, 중기, 후기로 시기를 구분하는데, 문학사에서도 이러한 일반적인 시기 구분을 따르고 있다. 이 중 조선 전기는 대체로 건국초에서 16세기경으로 인정되고 있다.[1] 하지만 조선 전기는 그 안에서

1) 김갑기 외의 『韓國漢文學史』에서는 조선을 전기(국초~목릉성세)와 후기(양란이후~19세기 후반)으로 구분하였고, 차용주는 『韓國漢文學史』에서 조선을 전기(국초~명종), 중기(선조~경종), 후기(영조~근대 한문학이 단절된 시기)로 구분하였다. 전송열의 『朝鮮 前期 漢詩史 硏究』에서는 국초에서 삼당시인까지의 시기를 다루고 있으며, 민병수는 『韓國漢詩史』에서 조선전기(국초~명종), 목릉성세, 조선후

다시 시기 구분이 이루어지는 경우가 있다. 조선 전기 시풍에 대한 선행 연구들을 보면 조선 전기 안에서도 중종 이후로는 강서시풍이 유행하고 당시에 대한 관심이 나타나기 시작했다고 하면서,[2] 조선 중종대의 시풍 변화에 주목하고 있다.

그런데 이와 같은 시기 구분과 연구 결과는 성종조까지 소식 위주의 송풍만을 학습하다가 중종조 이후에는 황정견黃庭堅과 진사도陳師道의 시풍인 강서시풍江西詩風이 유행하고, 당풍에 대한 관심이 싹트기 시작하였다는 단선적인 시각에 의한 것이 대부분으로 이 시기의 시문학 작품을 실증적으로 검토한 연구 결과라기보다 이 시기의 시풍에 대한 선인들의 언급을 따른 것이다.

申 欽 : 高麗朝와 我朝에서는 모두 소식을 숭상하여 고려 때에는 과거를

기(양란이후~19세기 후반)로 시기를 나누어 살피고 있다. 이 외에 문선규는 조선시대 시문단의 상황을 繼前期, 詩風轉換期, 熟爛期, 終末期로 나누었다. 그런데 우리나라의 공식적인 역사를 관장하는 국사편찬위원에서 간행한 『한국사』를 보면 조선 전기가 건국 이후부터 16세기까지로 규정되고 있음을 알 수 있다. (김갑기 외, 『韓國漢文學史』, 반도출판사, 1991.; 차용주, 『韓國漢文學史』, 경인문화사, 1995.; 전송열, 『朝鮮 前期 漢詩史 硏究』,이회, 2001.; 민병수, 『韓國漢詩史』, 태학사, 2014.; 문선규, 『韓國漢文學』, 이우출판사, 1980.)

2) 문선규는 중종·명종 시기에 한시 문단은 차차 宋風을 외면하고, 唐風을 따르려 했었다고 하였고, 김갑기는 성종조를 거쳐 중종대에 접어든 조선의 한시문학은 형식적 규범과 화려·장엄만을 드세우던 시풍에 변화가 오고, 宋風의 主理에서 唐風으로 기틀이 잡혀간다고 하였다. 차용주는 중종조 이후의 시단은 송풍에서도 소식과는 상당히 거리가 생겼고, 그에 따라 강서풍에 접근하면서 당시에 대해서 점차 관심을 가지기 시작한 것으로 볼 수 있다고 하였다. 민병수는 중종 연간에 黃庭堅과 陳師道의 시풍이 유행하기 시작하여 李荇·朴誾 등이 이로써 騷壇을 크게 울렸고, 李冑, 申從濩, 姜渾, 鄭希良, 朴祥 등이 당시의 풍격을 숭상하여 각각 다양한 詩作들을 남겼다고 하였다. (문선규, 『韓國漢文學』, 이우출판사, 1980, 228쪽.; 김갑기 외, 『韓國漢文學史』, 반도출판사, 1991, 298쪽.; 차용주, 『韓國漢文學史』, 경인문화사, 1995, 366~368쪽.; 민병수, 『韓國漢詩史』, 태학사, 2014, 218~239쪽.)

치를 때 33명의 동파라는 말이 나오기까지 할 정도였다. 그런데 근년 이래로 점차 그를 좋아하지 않게 되어 시를 짓는 자들 모두가 唐人을 배웠다.[3]

李睟光 : 우리나라의 시인들이 대부분 소식과 황정견을 숭상하여 200년간 모두 한 가지 투식을 답습하였는데 근세에 崔慶昌, 白光勳에 이르러 비로소 唐을 배웠다.[4]

尹根壽 : 기묘제현들에 대한 한 시대의 평론은 문장은 漢을 본받고, 글씨는 晉을 본받고, 시는 唐을 본받고, 인물은 宋의 여러 유학자들을 기준으로 삼았는데, 예를 들면 金元冲(金淨), 金大柔(金絿), 奇子敬(奇遵) 같은 이들이 이런 사람들이다. 沖庵과 德陽의 시는 뛰어났다."[5]

金萬重 : 조선초에는 고려의 풍상을 이어 순전히 소식을 배웠는데, 성종연간에 이르러서는 이행이 크게 이루었다고 이야기된다. 그 사이 황정견의 경지에 들어간 것은 박은의 재주이니, 실로 300년에 한 번 나올 사람이라 하겠다. 또 변하여 오로지 황정견과 진사도를 배웠으니 鄭士龍, 盧守愼, 黃廷彧 세 사람이 나란히 뛰어났다. 또 변하여 당시라는 바른 것으로 돌아갔으니, 崔慶昌, 白光勳, 李達이 뛰어난 자였다.[6]

---

3) 申欽, 「晴窓軟談」, 『象村稿』 卷51, "麗朝及我朝, 皆尚東坡, 故麗朝大比, 至有三十三東坡之語. 近年以來, 稍稍不喜, 爲詩者皆學唐人."

4) 李睟光, 「文章部二 · 詩」, 『芝峯類說』 卷8, "我東詩人, 多尚蘇黃, 二百年間, 皆襲一套, 至近世崔慶昌 · 白光勳, 始學唐."

5) 尹根壽, 『月汀漫筆』, "己卯諸賢一時之論以爲, 文則法漢, 書則法晉, 詩則學唐, 人物則當以宋諸儒爲準, 如金元冲金大柔奇子敬輩是已, 冲庵德陽之詩工."

6) 金萬重, 『西浦漫筆』, "國初承勝國之緒, 純學東坡. 以迄於宣靖, 惟容齋稱大成焉. 中間參以豫章, 則翠軒之才, 實三百年一人. 又變而專攻黃陳, 則湖 · 蘇 · 芝鼎足雄峙. 又變

申緯 :

학문이 재주에 부합한다고 한 시대에 논해지니	學副眞才一代論
용재는 바른 깨달음으로 선문에 들고	容齋正覺入禪門
해동에도 강서파가 있다하니	海東亦有江西派
늙은 나무에 봄바람 든다 한 읍취헌이라네	老樹春陰挹翠軒

「성수시화」에 "우리나라의 시는 용재 이행의 시를 제일로 삼아야 하니 그의 시는 깊이 있고 폭이 넓으며 조화롭고 평이하며 맑고 고우며 완전히 무르익었다. 그의 오언고시는 두보로 들어가서 진사도로 나왔으니 고상하고 예스러우며 간략하면서도 무게가 있다."라고 하였고, 남용익은 「호곡시화」에서 "국초 이래로 문체가 오로지 동파만을 숭상하였는데 읍취헌 박은이 홀로 황정견을 배워 동료들이 굴복하였다고 하였다."라고 하였다. 내가 보니 읍취헌 시에 "봄 구름이 비 되려는지 새 지저귀고, 늙은 나무 무정하여 바람 절로 서글프네."라는 구절은 가장 놀라운 구절이니, 황정견과 진사도를 두루 배운 것이다.[7]

이렇게 선인들의 언급을 살펴보면, 신흠은 고려조에서 16세기 후반까지는 모두 소식의 송시에 심취해 있다가, 16세기 후반에 이르러서는 모두 당시를 배웠다고 했다. 이수광 역시 조선의 시인들이 대부분 소식과 황정견의 송풍만을 답습하다가 최경창, 백광훈에 이르러 당풍을 배우기 시작했다고 했다. 이에 반해 윤근수는 중종대에 활동했던 김정, 김구, 기준과 같은 기묘사림들이 당시를 본받았다고 하였

而反正於唐, 則崔・白・李其粹然者也."

7) 申緯, 〈東人論詩・其十六〉, 『警修堂全藁』 冊17, "'學副眞才一代論, 容齋正覺入禪門. 海東亦有江西派, 樹春陰挹翠軒.' 惺叟詩話, '我朝詩, 當以李容齋爲第一, 沉厚和平, 淡雅純熟. 五言古詩, 入杜出陳, 高古簡重.' 南龍翼壺谷詩話, '國初以來文體, 專尚東坡, 而翠軒忽學山谷, 儕流皆屈服.' 余見翠軒詩'春陰欲雨鳥相語, 老樹無情風自哀.' 最是警策而兼學黃陳也."

으며, 김만중은 조선 초에는 소식을 배우다가 이행과 박은을 거쳐 황정견과 진사도를 배운 정사룡鄭士龍·노수신盧守愼·황정욱黃廷彧, 즉 호소지湖蘇芝가 나왔고 이후 당시를 배운 삼당시인으로 시풍이 변화했다고 하였다. 신위는 조선에 강서파가 있음을 말하면서 그 예로 박은을 들었다. 문학사에서는 박은과 이행, 호소지 삼인을 비롯한 일군의 인물들을 해동강서시파라고 지적하기도 하였다.[8)]

이렇게 언급된 인물들 가운데 윤근수와 김만중, 신위가 언급한 김정(1486~1521), 김구(1488~1534), 기준(1492~1521), 이행(1478~1534), 박은(1479~1504) 등의 생몰년을 확인해 보면, 박은을 제외하고는 모두 중종 연간(1506~1544)까지 활동한 인물들이다.

앞서 살펴본 선인들의 말을 종합해보면 성종조까지 소동파 위주의 송풍이 유행하다가 중종조 이후에는 황정견과 진사도의 시풍인 강서시풍이 유행하기 시작하였고, 당풍에 대한 관심도 싹트기 시작했다는 결론이 나온다. 이는 지금까지 한문학사에서 언급된 내용과 같은 것으로, 조선을 시기 구분하고 그 시기의 시풍에 대해 언급한 연구자들의 논의가 선인들의 이야기를 그대로 따르고 있음을 보여준다. 또 이러한 내용을 통해 현재까지 대부분의 연구자들이 조선 전기를 강서시파와 당풍에 대한 관심으로 시풍의 변화가 이루어졌다고 보는 중종 이후와 그 전 시기인 연산군까지로 구분하고 있음을 알 수 있다.

이 책에서는 연산군대를 기준으로 조선 전기를 두 시기로 나누는 일반적인 관점과 같이 조선 전기를 두 시기로 나누고 그중에서 시풍의 변화가 일어나기 전인 건국 초에서 연산군까지를 조선 초기로 설정하여 이 시기의 시문학 작품을 검토하고 그 시풍을 살펴보고자 한

8) 이종묵, 『海東江西詩派硏究』, 태학사, 1995, 3쪽.

다. 이 시기의 시풍을 논의의 중심에 두는 것은 선인들의 언급에 따르면 조선 초기의 시풍은 소식 위주의 송풍만을 배웠다고 하는데, 이에 대한 실질적인 해명이 이루어져야 할 것으로 보이기 때문이다. 이를 위해서는 이 시기에 활동했던 문인들의 시문학 작품에 대한 종합적이고 실제적인 검토가 이루어져야 할 것이다.

하지만 현재까지 이루어진 선행 연구를 살펴보면 조선의 시풍에 대한 연구는 상당히 축적되었지만 조선 초기의 시풍에 대한 논의는 그다지 이루어지지 않았다. 다만, 조선 초기의 시풍을 본격적인 논의의 대상으로 하지는 않았으나 전·후 시기의 시풍을 다루면서 이 시기의 시풍을 언급한 연구로 이종묵의 『해동강서시파연구海東江西詩派研究』,[9] 엄경흠의 「한국한시사韓國漢文學史에 있어서의 당시풍唐詩風 전개展開에 대한 일고찰一考察 -『명시종明詩綜』 소재所在 우리 한시漢詩를 중심으로」,[10] 전송열의 『조선朝鮮 전기前期 한시사漢詩史 연구研究』,[11]

9) 이종묵의 『海東江西詩派研究』는 성종에서 선조 연간에 우리나라에서 강서시파를 배운 해동강서시파를 연구한 것이다. 이 글의 중심이 되는 인물들은 박은(1479~1504), 이행(1478~1534), 박상(1474~1530), 정사룡(1491~1570), 노수신(1515~1590), 황정욱(1532~1607)으로 대체로 중종 이후에 활동한 인물들이 중심이 된다. 이 시기는 이 책에서 다루는 연산군까지 시기의 바로 다음 시기에 해당한다. 이종묵은 강서시파를 배우고자 한 배경의 하나로 국초의 화려한 대각의 시풍에 대한 반발을 들면서 조선 초기 시풍에 대해 언급하였다. 집현전을 중심으로 한 문인들이나, 안평대군을 중심으로 한 관각의 문인들은 화려한 시풍을 자랑하면서 수도 한양의 아름다움과 자신들의 즐거운 생활을 형상화했다고 하였다. 조선 초기의 시풍을 대각체의 화려한 시풍이라고만 하고 당풍 혹은 송풍으로 구분하지 않았지만 관각문학의 성격과 문예미를 다룬 논문에서 중국의 대각체는 당풍의 기미가 강한 것이 특징인데, 우리나라 관각문학의 흐름도 명대의 관각문학과 대동소이하다고 한 것으로 보아 조선 초기의 시풍이 당풍의 성격을 가진다고 여긴 것으로 보인다. 하지만 대각체의 화려한 시풍을 당풍으로 볼 수 있는지에 대한 해명이 없으며, 화려한 시풍이라고 한 것 또한 시문학 작품을 통해 확인된 사실이 아니라, 해동강서시파를 연구하기 위한 배경으로 언급된 것에 불과하다. (이종묵, 『海東江西詩派研究』, 태학사, 1995.)

정순희의 「조선조 시단詩壇의 당唐·송시풍宋詩風 변전의 의미」[12] 등

10) 엄경흠은 「韓國漢文學史에 있어서의 唐詩風 展開에 대한 一考察 -『明詩綜』 所在 우리 漢詩를 중심으로」에서 한국 한시 역사에 있어서 당풍과 송풍의 전개과정은 뚜렷한 구분이 있는 것이 아니라 항상 뒤섞여 전개되고 있다는 사실을 밝히고자 하였다. 『명시종』은 청대의 주이존이 명나라 洪武 연간부터 崇禎까지의 시를 모아 만든 책인데, 이 책에는 우리나라 고려 초기에서 17세기 중반까지 90명, 137수의 시가 수록되어 있다. 엄경흠은 조선 초기 송풍의 시를 숭상했다고 알려진 시인들의 시에도 실제는 당풍이 짙게 나타나는 시들이 있음을 밝히고, 이를 통해 당풍의 유행이 어느 시기에 수그러들었다고 하더라도 당풍은 계속되어 송풍과 함께 유행하며 발전하고 있었음을 밝히고자 하였다. 하지만 『명시종』에 실린 작품이 모두 당풍의 시인지 불분명하고, 이 논문에서 다룬 당풍의 작품 가운데 조선 초기의 것은 이첨의 시 한 수에 불과하다. 또 이첨의 작품은 기존에 당풍으로 평가받은 것이 많기 때문에, 이 논문의 분석을 통해 조선 초기의 시문학에 당·송풍이 공존하는 것을 확인하기는 어려워 보인다. (엄경흠, 「韓國漢文學史에 있어서의 唐詩風 展開에 대한 一考察 -『明詩綜』 所在 우리 漢詩를 중심으로」, 『동양한문학연구』 12, 동양한문학회, 1998.)

11) 전송열의 『朝鮮 前期 漢詩史 研究』는 조선 전기를 국초, 15세기 후반, 16세기 초반, 16세기 후반으로 나누어 각 시기의 시풍과 학당에 대해 논한 것이다. 이 글에서 전송열은 국초의 학당은 여말선초에 활동했던 정도전·이첨·정이오·유방선·정도에만 그쳤을 뿐이고 그 이후로 정치적으로 안정을 이루면서 문물이 정비되어 갔던 세종조에 이르러서도 구체적인 학당에로의 노력은 거의 찾아볼 수 없을 정도로 당풍은 지극히 미미한 상태에 머물렀다고 할 수 있다고 하였으나, 15세기 후반에 송풍이 주류를 이루었기는 하였지만 사실은 唐風과 宋風이 각 작가들의 작품 속에 다양하게 녹아 들어가면서 실험되었던 일종의 과도기적인 상태였다고 할 수 있고, 또 이 시기의 학당은 사림이라는 집단이 중심이 되어 이루어진 학당이라는 점에서 이전 시기와 뚜렷하게 구분될 수 있다고 하였다. 이 연구에서는 당풍의 시를 지은 작가의 시를 제시하고 허균의 비평을 인용하여 작품을 분석하였지만 당풍의 시에만 초점이 맞추어져 있어 조선 초기 시풍의 전체적인 양상을 확인하기에는 무리가 있다.(전송열, 『朝鮮 前期 漢詩史 研究』, 이회, 2001.)

12) 정순희는 「조선조 詩壇의 唐·宋詩風 변전의 의미」에서 조선조 한시의 변전을 다루었다. 고려 중기 이후 절대적 영향력을 발휘한 송풍은 극도의 형식과 의론, 학식의 결과물인 듯한 전고의 남용으로 주지적이고 형식적인 시창작의 관습으로 고착되어 자유로운 감정 표현을 억제하였고, 이에 대한 반발로 조선 중기의 시인들은 절구시를 선호하고, 단형의 절구시에 言外之意를 담으려 하다보니 시가 상대적으로 함축적이게 되었으며, 의론 위주의 사변성에 대한 반발로 환상적이고 낭만적인 시풍을 지향하게 되었다고 하였다. 이 논문은 조선 중기의 唐風과 조선 후기의 宋風을 중심으로 그 변전의 의미를 찾아 본 것이다. 따라서 조선 초기의 시풍에 대해서

이 있어 참고가 된다.

이들의 연구를 종합하여 정리해 보자면 조선 초에는 고려 중기 이후 유행한 송풍의 영향력이 지속되었는데, 관각풍의 한시에서 당풍의 성격을 엿볼 수 있고, 몇몇 개인의 시문학에서 당풍의 성격을 발견할 수 있다고 하는 것으로 정리할 수 있다. 그러나 관각체 시의 성격을 당풍이라고 한 것은 관각체 시의 대체적인 경향을 언급한 것이지, 조선 초기의 작품을 직접 검토한 결과가 아니다. 또 엄경흠이나 전송열은 조선 초기 개별 작가의 시문학에서 당풍의 성격을 발견할 수 있지만 미미한 정도에 그쳤다고 하였다. 이는 송풍이 중심이 되는 시기에 산발적으로 당풍의 영향을 받은 작가가 있었음을 지적한 것일 뿐이다.

이 외에도 조선 초기 개별 작가들의 시풍을 연구[13)]한 경우 당풍에 대한 관심이 지적되기도 한다. 그러나 조선 초기 개별 작가의 시풍 연구에서 당풍에 대한 관심이 지적된다고 하더라도 조선 초기 시풍에 대한 종합적인 이해가 이루어지지 않는다면 이러한 개별 작가의 당풍에 대한 관심이 시대의 전반적인 시풍의 흐름 속에 있는 것인지, 산발적으로 확인되는 개인의 특별한 지점인지를 확인할 수가 없다. 따라서 본 연구에서는 이 시기의 시문학 작품을 종합적으로 검토하여 이 시기의 시풍을 실증하는 연구를 진행하고자 한다.

는 단편적인 언급에 그쳐 조선 초기 시풍의 실제적인 양상을 확인하는 데에는 어려움이 있다. (정순희, 「조선조 詩壇의 唐·宋詩風 변전의 의미」, 『한국언어문학』 52, 한국언어문학회, 2004.)

13) 조선 초기 개별 작가의 시풍에 대한 연구는 그 대상 작가가 많은 만큼 연구의 역사가 길고 결과 물이 많아 이 책에서 다 다루기 어렵다. 따라서 이 책에서는 대표 작가를 설정하여 그들의 시풍에 대한 선행 연구를 검토하였다. 이에 대한 내용은 제1부의 3장 '시선집詩選集과 대표 작가'에서 자세히 다루었다.

이 연구가 진행된다면 조선 초기 당풍에 대한 관심을 어떻게 이해해야 하는지를 확인할 수 있을 것이다. 또한 이 시기의 시풍을 실질적으로 파악하고 그 시풍이 전·후 시기의 시풍과 어떠한 연계성을 가지는지를 확인하여 우리나라에서 시풍이 어떻게 전개되었는지 그 양상을 보다 구체적으로 확인할 수 있을 것이다.

건국 초에서 연산조까지 시풍의 실체를 확인하기 위해서는 이 시기 활동했던 작가들의 시문학 작품 전체를 분석하는 것이 가장 확실한 방법이다. 그러나 그 기간이 100여 년이 되어 시기가 매우 길고, 그만큼 자료가 방대하기 때문에, 이 시기 문인들의 시문학 작품 전체를 분석하여 이 시기 시풍의 실체를 밝히는 것은 현실적으로 불가능하다. 따라서 이 책에서는 그 대안으로 이 시기에 활동했던 작가들 가운데 이 시기를 대표할 수 있는 작가를 선정하고, 그 작가들의 대표 작품을 분석하여 이 시기 시풍의 실체를 밝혀보고자 한다.

하지만 한 시기의 대표 작가와 대표 작품을 선정한다는 것은 쉬운 일이 아니다. 특히 중요한 것은 자의성의 배제이다. 자의적으로 대표 작가와 대표 작품을 선정한다면, 그 결과는 실상과 멀어질 수밖에 없기 때문이다. 따라서 이 책에서는 자의적인 대표 작가와 대표 작품의 선정을 방지하기 위해, 조선을 대표할 수 있는 작가들과 그 작가의 대표 작품을 뽑아서 엮은 시선집을 통해 대표 작가와 대표 작품을 선정하고자 한다. 하지만 시선집의 편찬에는 편찬자의 편찬 의도나 편찬자가 지닌 작가와 작품에 대한 선호가 개입될 수밖에 없고, 편찬자의 감식안에 따라 시선집의 가치가 달라지기도 한다. 따라서 이 책에서는 조선 초기의 작가가 수록된 시선집들을 검토하여 그 시선집들 가운데 충분한 가치를 지닌 시선집을 선별하여 활용하고자 한다. 이렇게 선별된 시선집을 활용하여 조선 초기 대표 작가와 대표 작품을 선정하고 대표 작가와 대표 작품을 검토한다면 조선 초기 시문학의 실체를 파악할 수 있을 것이다.

이와 같은 조선 초기 시풍에 대한 연구가 수행된다면 아직까지 통합적·종합적으로 검토된 적 없는 조선 초기의 시풍을 당대 작가들의 시문학 작품을 통해 실증적으로 살펴볼 수 있을 것이고, 이를 통해 지금까지 개별 작가를 중심으로 산발적으로 논의되어 온 조선 초기의 시풍을 종합적으로 이해할 수 있을 것이다.

이와 같은 목적을 달성하기 위해 제1부에서는 조선 초기의 시풍 연구를 위한 논의의 전제가 되는 내용을 다루고자 한다. 1장에서는 당풍과 송풍의 구분이 어떻게 이루어지고 있는지, 각각의 특징은 어떠한지 선행 연구를 검토한 뒤, 중국과 조선의 문인들이 당풍과 송풍을 어떻게 이해하고 있었는지 확인하고자 한다. 이를 바탕으로 당풍과 송풍을 어떻게 구분할 수 있는지에 대한 기준을 제시한다. 2장에서는 당풍과 송풍이 언제 유입되었는지 그 시기를 확인하고, 고려시대까지 시기에 따른 시풍의 추이와 전개를 확인해보고자 한다. 3장에서는 대표 작가와 대표 작품을 선정한다. 이를 위해 대표성을 확인할 수 있는 시선집들을 선별하고, 건국 초에서 연산군까지의 작가들 가운데 대표 작가를 추출하고 대표 작품을 선정한다. 이후에는 시화집을 활용하여 선별된 대표 작가의 대표 작품들을 역으로 재점검하도록 한다.

제2부에서는 조선 초기 시풍의 검토 대상으로 선정된 대표 작가의 대표 작품들을 1부에서 제시한 당풍과 송풍의 구분 기준인 작시 기법을 적용하여 분석한다. 당풍의 시와 송풍의 시에서 활용되는 작시 기법이 각 구절, 혹은 각 연에서 어떠한 관계성을 가지는지 확인하여, 한 편의 시가 어떻게 당풍 혹은 송풍으로 읽히게 되는지 그 까닭을

밝히고자 한다. 2부의 1장에서는 당풍의 시를 살핀다. 표현의 기법을 중심으로 하는 시와 표현의 기법과 설명의 기법이 혼효된 시들이 당풍의 시로 읽히는 양상을 실질적으로 밝히고자 한다. 2부의 2장에서는 송풍의 시를 살핀다. 설명의 기법을 중심으로 하는 시와 설명의 기법과 표현의 기법이 혼효된 시들이 송풍의 시로 읽히는 양상을 밝힐 것이다.

제3부에서는 조선 초기의 다양한 문화 양상을 검토하고 그것이 조선 초기의 시풍과 어떠한 관계를 가지는지 살필 것이다. 모든 시기가 그러하듯 조선 초기 역시 고립된 시기가 아니라 앞으로는 고려 후기, 뒤로는 16세기와 이어진다. 이 시기의 시풍 역시 단절되는 것이 아니라 앞 시기에 유행하던 경향이 발전하기도 하고 쇠퇴하기도 이어진다는 사실을 확인한다. 이를 통해 조선 초기 시풍이 가지는 의미가 드러날 것으로 보인다.

제1부

조선 초기 시풍 논의의 전제

한시의 시풍을 논할 때 원나라와 명나라, 청나라에서도 한시를 지었고 또 각각의 시기에 나름의 시풍이 있었는데 왜 시풍에 대한 논의는 당풍과 송풍으로 한정하는가에 대한 의문이 있을 수 있다. 이 질문에 답하기 전에 우선 이 책에서 사용하는 당풍과 송풍의 개념에 대해 밝히면, 이 용어들은 당시와 송시, 즉 당나라 시기에 지어진 시와 송나라 시기에 지어진 시를 말하는 것이 아니라 한시의 특징적인 시경향인 당풍과 송풍을 말하는 것이다. 당풍과 송풍에 관한 논의는 송대부터 현대까지 꾸준히 이어지고 있다.

당시와 송시를 왕조로 구분하지 않는 이유는 명대 전후칠자前後七子 하경명何景明의 일화에서 찾아볼 수 있다. '시는 반드시 성당의 것을 따르고, 문장은 반드시 선진양한의 것을 따라야 한다[詩必盛唐, 文必秦漢]'라는 구호에서 볼 수 있듯 시에서 전후칠자의 문인들은 대표적인 존당론자이다. 이 가운데 한 명인 하경명은 송나라 사람의 책이나 시는 볼 필요가 없다고 말하는 인물이었는데, 양신楊愼이 하경명에게 송나라 시인인 장뢰張耒의 〈연꽃蓮花〉, 두연杜衍의 〈빗속의 연꽃雨中荷花〉, 구준寇準의 〈강남곡江南曲〉, 유재소劉才邵의 〈야도랑가夜度娘歌〉와 같은 송시를 보여주며 어느 시기 사람의 시냐고 묻자 당나라 사람의 시라고 대답하였다는 일화가 있다.[1] 이는 당과 송이라는 구분이 왕조를 기준으로 하기 어렵다는 사실을 보여주는 일례이다.

현대의 중국학자 전종서錢鍾書는 『담예록談藝錄』에서 "당시와 송시는 왕조의 구별일 뿐만 아니라 체태體態와 성분性分의 차이이다. …… 사람의 품성은 각각 치우침이 있는데 그것이 성시聲詩로 나타날 때, 고명高明한 사람은 당에 가깝고 침잠하는 사람은 송에 가까운 것은 약속하지 않고도 그러한 것이 있다. 그러므로 송 이래 원·명·청을 거치면서 재인才人들이 배출되었지만 지은 것은 당·송의 범위를 벗어날 수 없었으니, 모두 당·송의 범주로 나눌 수 있을 것이다. 당 이전의 한·위·육조는 비록 뒤섞여 구분되지 않고 쌓여서 나타나지 않지만, 또한 일찍이 이 예가 아닌 것이 없다."[2]라고 하여 당시와 송시를 나누는 것이 왕조의 차이에 의한 것만이 아니라는 사실을 밝히고, 당·송 이전이나 이후의 시 역시 당·송의 구분을 벗어날 수 없다고 하였다.

흔히 한시에서 말하는 당과 송은 한시의 경향 차이로 보아야 하고, 이를 지어진 왕조의 차이로 볼 수 없다는 것이 일반적인 인식이다.

---

1 楊愼, 「蓮花詩」, 『升菴詩話』 卷12, "張文潛蓮花詩 '平池碧玉秋波瑩, 綠雲擁扇靑搖柄. 水宮仙子鬥紅妝, 輕步淩波踏明鏡.' 杜衍雨中荷花詩 '翠蓋佳人臨水立, 檀粉不勻香汗濕. 一陣風來碧浪翻, 眞珠零落難收拾.' 此二詩絶妙. 又劉美中夜度娘歌 '菱花炯炯垂鸞結, 爛學宮妝勻膩雪. 風吹涼鬢影蕭蕭, 一抹疏雲對斜月.' 寇平仲江南曲 '煙波渺渺一千裏, 白蘋香散東風起. 惆悵汀州日暮時, 柔情不斷如春水.' 亡友何仲默嘗言宋人書不必收, 宋人詩不必觀, 余一日書此四詩訊之曰 '此何人詩' 答曰 '唐詩也.' 余笑曰 '此乃吾子所不觀宋人之詩也.' 仲默沉吟久之曰 '細看亦不佳.' 可謂倔强矣."(『續歷代詩話』 下, 藝文印書館, 1983.)

2 錢鍾書, 『談藝錄』, "唐詩宋詩, 亦非僅朝代之别, 乃體態性分之殊. …… 夫人秉性, 各有偏至, 發爲聲詩. 高明者近唐, 沈潛者近宋, 有不期而然者. 故自宋以來. 曆元·明·淸, 才人輩出. 而所作不能出唐宋之範圍. 皆可分唐宋之畛域, 唐以前之漢·魏·六期, 雖渾而未劃, 蘊而不發, 亦未嘗不可此例之." (『中國叢書』 第4編, 58. 1948年板影印.)

그렇기 때문에 전종서는 당시와 송시를 왕조의 차이에 의한 것이 아니라고 지적한 것이다. 그런 점에서 이 책에서는 당·송대에 지어진 시를 지칭하는 경우에는 당시·송시라고 하고, 시 경향의 차이를 말할 때는 당풍과 송풍이라는 용어를 사용하도록 한다.[3]

1. 당송풍唐宋風의 구분과 특징

당나라 시기는 시의 형식과 내용이 완비되어 중국 역사상 한시가 가장 성행했던 때이다. 당나라의 시사詩史는 명나라 고병高棅에 의해 초당初唐·성당盛唐·중당中唐·만당晩唐의 4시기로 구분[4]된 이후, 현재까지 이 구분 방식에 따라 당나라의 시사가 구분되고 있다. 초당 시기에는 이전 시기의 유미주의를 계승하여 형식과 시적 기교가 발전하였고, 시의 형식미와 아름다운 표현 및 성률의 해화諧和를 추구했던 이 시기 시인들은 근체시를 완성하였으며, 성당의 시기에는 아름다운 수사와 극도로 발달한 형식에 풍족한 생활과 안락한 삶에서 우러나온 사상과 감정을 실어 한시는 큰 발전을 이루었다. 중당 시기에는 시인들이 민중의 생활과 감정에 접근하여 그 시대의 사회문제를

3 당시와 송시가 朝代의 구분이 아니라 風格의 다름이기에 '唐音'과 '宋調'로 불리기도 하고,(강민호, 「唐宋詩 論爭에 있어서 杜甫의 위치」, 『중국문학』 54, 한국중국어문학회, 2008, 35쪽) '學唐·學宋', '唐詩風·宋詩風', '唐風·宋風'의 용어들이 사용되기도 하는데,(전송열, 『朝鮮 前期 漢詩史 硏究』, 이회, 2001, 9쪽.) '唐音'과 '宋調'는 우리 한시사에서 잘 쓰이지 않는 용어이고 '學唐·學宋'은 학습의 의미를 강조한 용어이다. '唐詩風·宋詩風', '唐風·宋風'은 별다른 구분없이 쓰이고 있는데 이 책에서는 '唐詩, 宋詩'와의 혼선을 방지하기 위해 '唐風·宋風'의 용어를 사용하고자 한다.

4 高棅, 〈唐詩品彙總叙〉, 『唐詩品彙』 叙目, "有唐三百年詩, 衆體備矣. …… 各有品格高下之不同, 畧而言之, 則有初唐·盛唐·中唐·晩唐之不同."

현실주의적인 감각으로 비판하면서 새로운 자아를 발견하였으며,[5] 만당의 시는 감미롭고 약간 퇴폐적인 경향의 시와 기려綺麗하면서도 관능적인 미를 추구한 경향의 시로 나누어져 발전했다.[6]

당나라가 멸망한 뒤 중국은 5대 10국의 혼란한 시기를 맞이하였고, 송나라의 태조 조광윤은 960년에 이 혼란한 세상을 정리하여 송나라를 세웠다. 개국 초 송나라에서는 송초삼체宋初三體 혹은 북송삼체北宋三體로 불리는 백체百體, 만당체晩唐體, 서곤체西崑體가 유행하였다. 이 세 가지 형식 가운데 서곤체가 가장 유행했던 것으로 보이는데, 서곤체는 양억楊億을 중심으로 한 송나라 시인들이 당나라 이상은李商隱의 시를 학습의 대상으로 삼아 시를 지어 풍부하고 화려하다는 특징을 보인다. 이는 만당 시기에 유행했던 시풍이 5대 10국 시기를 거치면서 더욱 화려해졌던 것에 영향을 받은 것으로 보인다. 이처럼 송나라 초기에는 만당의 영향을 받은 곱고 화려한 서곤체가 유행한 한편, 중당의 시인인 가도賈島와 요합姚合의 시를 좇아 자구字句의 단련과 구상에 힘쓰고자 한 만당체의 시인들과 백거이白居易의 시풍을 본받아 평이하고 담백한 시를 짓고자 한 왕우칭王禹偁을 비롯한 백체의 시인들도 있었다.[7]

북송 중기 이후 구양수歐陽脩, 소식蘇軾과 같은 시인들이 송시의 풍격을 갖추어 가는데, 그 발전 방향에 기초를 마련한 사람이 왕우칭이다. 왕우칭은 두보杜甫와 백거이의 시를 본받아 송 초기의 문풍을 일신하고자 하였다.[8] 청나라의 옹방강翁方綱은 "『소축집小畜集』의 오언

5 김학주, 『중국문학사』, 신아사, 2014, 212, 221, 234쪽.

6 안병국, 『唐詩概論』, 청년사, 1996, 299~300쪽.

7 박민정, 「宋初三體詩의 형식적 특징 비교 연구」, 『중국학논총』 44, 고려대학교 중국학연구소, 2014, 133~134쪽.

시는 두보를 배웠고, 칠언시는 백거이를 배웠으나 모두 평이하고 섬약하여 비록 홀로 송시의 기풍을 열었다고 하나 당시와 송시의 사이에서 이 둘을 이어줄 뿐이다."[9]라고 하였는데, 이는 왕우칭의 시에 한계가 있음을 지적하는 것이지만 왕우칭이 홀로 송시의 기풍을 열었다고 평가한 것을 볼 수 있다. 그렇다면 왕우칭의 시를 통해 송풍이 형성되는 단서를 찾아볼 수 있을 것이다.

현재까지 송풍의 시가 본격적으로 형성된 것은 왕우칭보다 한 세대 가량 뒤인 북송 중기의 구양수·매요신梅堯臣·소순흠蘇舜欽 등의 북송 시문혁신운동을 통해서였다고 알려져 있다. 북송의 섭몽득葉夢得은 구양수의 시가 서곤체를 변화시켜 오로지 기격氣格을 위주로 하여 그 시어가 평이하고 유창했다[10]고 했으며, 청나라의 섭섭葉燮은 송시가 진면목을 나타내는 것이 매요신과 소순흠에서 시작되었으며 매요신과 소순흠부터 서곤체를 완전히 변화시켜 독창적으로 새로운 것을 만들었다고 보았다.[11] 이들은 만당과 오내의 유미주의에 젖어 있던 당시의 문학풍조를 과감하게 배척하고, 시문혁신운동을 통해 내용이 있고 알기 쉬운 시문을 지을 것을 주장했는데,[12] 시론에 있어서는 구양수에게 의존하는 바가 컸으며 매요신과 소순흠은 각자의 창작의식을 실천하여 당시當時의 시가 혁신에 공헌하였다.[13]

8 이남종, 「왕우칭의 생애와 시」, 『중국문학』 40, 한국중어중문학회, 2003, 29~30쪽.

9 翁方綱, 『石洲詩話』, "小畜集五言學杜, 七言學白, 然皆一望平弱, 雖云獨開有宋風氣, 但于其間接引而已."

10 葉夢得, 『石林詩話』, "歐陽文忠公詩始矯崐體, 專以氣格爲主, 故其言多平易疎暢."

11 葉燮, 『原詩』 卷4, "開宋詩一代面目者, 始於梅堯臣·蘇舜卿二人. …… 自梅·蘇盡變崑體, 獨創生新."

12 이영주, 「北宋詩文革新運動과 歐陽修」, 『중국문학』 12, 한국중국어문학회, 1984, 55쪽.

13 송용준 외, 『宋詩史』, 역락, 2004, 179쪽.

이후 북송 초기 구양수의 제자인 왕안석王安石과 소식이 송나라의 시를 발전시켰는데, 왕안석은 한유의 시와 두보 시의 시율을 본받고자 하였고 소식은 도연명陶淵明과 유우석劉禹錫, 백거이, 이백李白 등 이전 시기 대가들의 시를 배우고자 하였다. 소식의 시에서 가장 특징적인 부분은 기상이 잘 드러난다는 것인데, 소식은 기상을 바탕으로 스케일이 큰 시들을 많이 창작하였다.[14] 소식의 문하에 있던 황정견黃庭堅과 진사도陳師道 등은 시의 표현과 기교, 시법詩法을 중시하여 시를 창작하였는데 후대에 이들을 강서시파江西詩派라고 칭하였다. 이들의 시는 남송의 시단에도 일정한 영향력을 미쳤다.[15]

현대의 많은 연구자들은 이러한 당시와 송시의 성격을 바탕으로 당·송풍을 구분하고자 하였다. 무월繆鉞은 『송시감상사전宋詩鑑賞辭典』의 「논송시論宋詩」에서 당시와 송시의 미감에 대해 논하였다. "당시는 작약이나 해당화처럼 짙은 화려함과 색채가 있지만, 송시는 매화나 국화처럼 그윽한 운치와 서늘한 향기가 있다.", "당시는 여지를 씹는 것처럼 한 알을 입 안에 넣으면 단맛과 향기가 양 볼에 가득 차지만, 송시는 감람을 씹는 것처럼 처음에는 떠름한 맛이 느껴지지만 뒷맛이 빼어나고 오래간다."라고 하였다.[16]

김학주는 『중국문학개론中國文學概論』의 '당시唐詩에 대한 송시宋詩의 특징特徵'에서 송시의 구체적인 특징을 언급하였는데, 먼저 옛 시론가들이 흔히 '논리로써 시를 지었다'고 한 것은 성리학이 시에 미친

14 김학주, 『中國文學史』, 신아사, 1994, 367~370쪽.

15 김학주, 『中國文學史』, 신아사, 1994, 375~381쪽.

16 繆鉞, 『宋詩鑑賞辭典』, 上海辭書出版社, 1986, 3쪽, "唐詩如芍藥海棠, 穠華繁彩; 宋詩如寒梅秋菊, 幽韻冷香. 唐詩如啖荔枝, 一顆入口, 則甘芳盈頰; 宋詩如食橄欖, 初覺生澀, 而回味雋永."

영향을 단적으로 지적한 것이며, 철학적 경향은 송시에서 발견되는 일반적인 특징이라고 하였다. 또 이전 시인들이 크고 깊은 정서를 중점적으로 표현하여 독자들에게 큰 감흥을 일으키려고 애썼던 것에 비하여, 송시는 분석적이고 이지적인 감각을 꾸밈없이 섬세하게 서술하는 데에 주력하여 미문美文이나 묘문妙文을 이루기를 거부했다고 하였다. 송나라 사람들은 특별한 감정이나 아름다운 풍경뿐만 아니라 이전까지만 해도 시의 제재가 될 수 없었던, 작가가 일상생활을 통하여 보고 느낀 조그만 일들까지도 빠짐없이 세밀히 노래하고 있으며, 오히려 인간을 둘러싸고 있는 절대적 자연을 부정한다고 하였다. 또 이러한 특징들이 송시의 문장이 서술적인 특색을 지니게 한다고 하였는데, 이전에는 시어가 되지 못한다고 생각했던 말들까지도 시에 사용하였고, 산문으로나 써야 할 내용들을 서술적으로 노래하였다고 했다. 송시의 서술적이고 산문적인 표현은 사회적 · 정치적인 많은 문제들을 시의 내용으로 담게 만들어 시의 공용성이 일반화되었다고 한다. 송나라 사람들은 시에 있어서 평담을 중시했는데 이는 작시자의 마음가짐이나 시에 적용되는 말이며 이는 이전까지의 시에서 흔히 보이던 비애를 극복한 것이었다고 하였다.[17]

막여봉은 「당송시唐宋詩의 공통점과 차이점」에서 당 · 송시의 차이를 내용상의 차이와 예술성의 차이로 나누어 세 가지씩 언급하였다. 그는 내용상의 차이로 당나라 시인이 범속하다고 생각해서 시 속에 넣지 않았던 것을 송나라의 시인들은 시의 제재로 삼았으며, 당시의

17 김학주, 『中國文學概論』, 신아사, 1993, 79~99쪽.(엄경흠, 「韓國漢文學史에 있어서의 唐詩風 展開에 대한 考察 - 『明詩綜』 所在 우리 漢詩를 중심으로」, 『동양한문학연구』 12, 동양한문학회, 1998.에서도 이 구분에 따라 당 · 송시의 차이를 제시하고 있다.)

의상은 자연 경물을 대상으로 하여 자연 의상이라 부를 만한데, 송시는 인류의 문화 활동을 취해서 의상으로 삼아 인문 의상이라고 부를 수 있고, 송시에는 의론을 따진 작품이 많고, 정치·학문·이치·고인·서화 등 다양한 것을 논하고 있다고 하였다. 예술성에 있어서 송나라 시인들은 예술 기교에 대해 정묘한 데에서 더욱 정미함을 추구하여 당나라 시인의 경지를 넘어섰으며, 당시는 함축온자含蓄溫藉한 것을 아름답게 여기고 송시에도 함축미 있는 작품이 있지만 대부분의 작품이 전체를 표현하기를 추구한다고 하였다. 또, 당시가 사경寫景할 때는 간략하게 묘사하지만 송시는 경치의 면면을 모두 그리고 투명하게 묘사하기를 좋아하며, 당시는 색채가 풍부·화려한 것을 아름답게 여기지만 송시는 깡마르면서도 굳센 것, 평담한 것을 추구하여 일종의 내재미를 추구한다고 하였다.[18]

주승택은 「조선말엽朝鮮末葉 당시풍唐詩風과 송시풍宋詩風의 갈등양상」의 '당시풍唐詩風과 송시풍宋詩風의 성립배경'에서 당풍과 송풍을 구분하였다. 이 글에서는 당풍을 성당의 시풍으로 설정하고 있는데, 그는 먼저 송대의 시인들은 당대의 시인들처럼 생득적인 리듬 감각을 구사하지 못하여 리듬이 생명인 서정시의 영역은 축소되고 서술시가 많아지면서 시의 분량도 점점 길어지게 되어 송시를 '문장으로 시를 짓는다[以文爲詩]'라고도 한다고 하였다. 또 당시는 태생적으로 낭만주의적 경향을 띠는 데 비해 송시는 현실주의적 경향을 띠어 일상사를 노래하는 경우가 많아지고 사회문제에 대한 관심이 일반화되어 사회시가 지어지며 철학적·논리적 내용을 시의 소재로 택하는 '이치

18 막여봉, 「唐宋詩의 공통점과 차이점」, 『한민족어문학』 31, 한민족어문학회, 1997, 208~211쪽.

로 시를 짓는다[以理爲詩]'·'의론으로 시를 짓는다[以議論爲詩]'의 새로운 경지가 개척되었다고 하였다. 이와 함께 송시는 경물 자체에 관심을 두지만 당시는 묘사된 경물에 시인의 정감을 투영하고 이를 통하여 독자의 마음을 흥기시키는 흥興의 수법을 사용하였다고 하였다. 그는 당풍은 평범한 표현 속에 깊은 흥취와 여운을 함축하기 위해 명사나 명사구만으로 시를 이루는 경우가 많고 송풍은 산문적 어휘나 구어적 표현을 바탕으로 한 일상어를 많이 사용하였다고 했다. 이에 송풍에는 당풍의 장점인 암시·비유·함축이 배제되고 그 대신 직서법直敍法으로 노래하는 '부賦'의 수법이 송풍의 기본적인 창작 방법론이 되었다고 하였다.[19]

홍우흠은 「당송시唐宋詩의 차이差異에 대한 제가諸家의 견해見解」에서 당시唐詩와 송시宋詩의 차이를 탐색하기 위해서는 당대唐代의 성당시盛唐詩와 송대宋代의 성리학파性理學派 및 강서파江西派 시의 차이를 살펴야 한다고 했는데, 그 결과로 성당시는 언외유의言外有意의 무궁한 함축미를 지니고 있는 반면, 강서파의 시는 심상心象이 언어에 가려져 난해하고 경직된 시가 되었으며, 성당시인들은 시적인 언어로 정감을 표현하고 있는 데 반해 송대의 성리학자들은 물리物理를 산문적인 언어로 표현하고 있고, 성당시인들은 새로운 형식에 의해 새로운 풍격과 새로운 내용을 창조하는 반면 송대의 강서파 시인들은 이른바 환골換骨·탈태脫態의 방법으로 전대 문인들의 시를 모방·표절하는 시를 쓰는 것을 큰 장기로 여겼다고 하였다.[20]

19 주승택, 「朝鮮末葉 唐詩風과 宋詩風의 갈등양상」, 『한국시학연구』 1, 한국시학회, 1998, 321~323쪽.

20 홍우흠, 「唐宋詩의 差異에 대한 諸家의 見解」, 『대동한문학』 11, 대동한문학회, 1999, 27~28, 38~39쪽.

안병학은 「조선朝鮮 중기中期 당시풍唐詩風과 시론詩論의 전개展開 양상樣相」의 '당시唐詩의 본질本質과 학당론學唐論의 전개展開'에서 조선 중기 시론에서 논의의 중심을 형성하였던 당·송시에 대한 해석과 평가 그리고 그 근저에 놓인 시에 대한 관점의 문제에 집중하였다. 이수광이 당시가 당시가 되는 본질로 의흥意興을 들은 것을 시의 본질에 대한 규정으로 파악하였고, 이를 송시를 산문화하는 특색으로 지적되는 '의론議論'과 대비되는 개념으로 파악하였다. 그러면서 당시와 비교하면 송시는 과다한 전고의 사용과 시가 전달하고자 하는 의미와 그 의미를 드러내는 방법의 논리성 혹은 논리적 전개를 중요시하며, 그 결과 산문과 같아져 시의 본질을 상실했다고 하였다. 또 송시, 특히 강서시파의 시풍은 지나친 시적 기교와 수식을 존중했기 때문에 결국은 기괴한 용사, 희귀한 전고의 사용 등에 의한 난삽·신기를 추구하는 폐단을 노출하여 표절과 구분할 수 없는 경지에 이르렀다고 하였다. 당시는 언어의 형상성을 통해 풍부한 의미를 함축함으로써 시의 원리를 구현하는 데 비해 송시는 상세하고 자세하게 설명하여 시인의 의도 혹은 세계에 대한 시인의 해석을 모두 드러내거나 논리적으로 해명하고자 하기 때문에 함축미가 부족해져 시의 본질 혹은 원리를 상실했으며, 당시와 시의 본질을 달리한다고 보았다. 또 김창흡의 논리를 인용하면서 『시경詩經』의 풍風은 경물의 묘사를 통한 암시적 표현이 환기하는 흥취를 주로 하고, 아雅는 논리적·직설적 설명을 위주로 하는데 이것이 그대로 당·송시의 특징에 적용될 수 있다고 하였다.[21]

---

21 안병학, 「朝鮮 中期 唐詩風과 詩論의 展開 樣相」, 『한국문학연구』 1, 고려대학교 민족문화연구원 한국문화연구소, 2000, 120~130쪽.

전송열은 『조선朝鮮 전기前期 한시사漢詩史 연구硏究』에서 '당시唐詩의 미학美學'을 다루면서 송시와 구분되는 당시의 미학을 정리하였다. 그는 한시에서 당시에 높은 가치를 두는 이유를 당시가 인간의 본성을 그대로 발현시킴으로써 성정을 잘 드러내어 시의 근본적인 모형이 되기 때문이라고 하였다. 이에 덧붙여 송시와 구분되는 당시만의 독특한 표현 기법을 제시하였는데, "1) 평범한 시어로 함축과 여운의 묘미를 살린다. 2) 정경의 결합을 통하여 언외의言外意의 미美를 드러낸다. 3) 부르기 쉽도록 음운미를 살림으로써 시의 소리에 대한 감각을 최대한 고려한다. 4) 회화적인 표현을 지향한다. 5) 독자가 최대한 상상할 수 있도록 숨김의 구조를 적극 구사한다. 6) 주로 설명이 아닌 제시의 형태를 띤다. 7) 정감이 극대화되도록 한다. 8) 술어 사용을 절제하고 명사나 명사구를 최대한 활용하려는 문법적인 특징을 보인다. 9) 시적 자아가 대상에 몰입되어 대상과 합일을 추구한다. 10) 가능한 한 전고의 사용을 자제한다."라는 10가지이다. 이를 바탕으로 당시의 미학을 결정하는 외면적인 모습이라 할 수 있는 당시의 표현 기법 중 정경의 결합, 언어학적 특징, 회화적 표현의 지향이라는 세 가지의 특징을 들어 송시와 구분되는 당풍만의 미학을 검토하였다.[22]

변종현은 「당唐 · 송시宋詩가 고려조高麗朝 한시漢詩에 미친 영향」에서 당시와 송시의 대비적 특질을 정리하고, 당 · 송시가 고려조 한시에 미친 영향에 대해 총체적인 흐름을 살피고자 하였다. 이 글에서 변종현은 당시와 송시의 대비적 특질을 "1) 당시는 주정적主情的인데 비해 송시는 주리적主理的(주기적主氣的)이다. 2) 당나라 사람들은 시로 시를 지었는데, 송나라 사람들은 문으로 시를 지었다. 3) 당시는 주로

22 전송열, 『朝鮮 前期 漢詩史 硏究』, 이회, 2001, 42쪽.

주정主情을 표현해 내었고, 송시는 의론적인 성격이 강하다. 4) 당시의 표현 기법에는 영묘影描가 많고, 송시에는 포진鋪陳이 많다. 5) 당대는 시가 성행했고, 송대는 시법이 성행했다. 6) 당시는 명사를 즐겨 사용하는 데 비해 송시는 동사를 즐겨 사용한다. 7) 당시는 시적 자아가 대상에 몰입되어 있는 데 비해, 송시는 대상과의 거리를 유지하면서 대상을 객체화시킨다."라는 7가지로 정리하고, 대체로 당대의 작가들이 감성적인 자세로 시를 썼다면, 송대의 작가들은 지성적인 자세로 시를 썼기 때문에 당시에는 시적 자아가 대상에 몰입되어 있는 경우가 많고 송시에는 대상과의 일정한 거리를 유지하면서 주리적으로 대상을 탐색하면서 대상을 객체화시키고 있는 경우가 많다고 하였다.[23]

강택구의 「당송시지쟁唐宋詩之爭과 송시宋詩의 특성特性」은 송시의 특성을 밝히고 송시가 당시와 다른 특성을 형성하게 된 원인을 규명하는 데에 목적을 둔 연구이다. 이 연구에서는 송시의 특성으로 1) 설리적說理的·서술적 경향, 2) 학인學人의 시, 3) 사회의식의 세 가지를 들었는데, 송시의 설리성은 시의 사회적 기능을 확대했다는 관점에서 긍정적으로 볼 수 있으며, 시에서의 설리說理가 모두 비판을 받는 것이 아니라, 이치를 어떻게 성공적으로 형상화했느냐가 중요하다고 하였다. 또 당대唐代의 시인이 예술가적 기질이 강하다고 한다면, 송대宋代의 시인은 학자나 연구자의 기질에 가깝고, 당시가 거칠면서도 열정적이라면, 송시는 섬세하면서도 냉정하며, 당시가 감성적이라면 송시는 반성적이고, 당시가 외향적 인간의 기질에 가깝다면 송시는

23 변종현, 「唐·宋詩가 高麗朝 漢詩에 미친 영향」, 『동방한문학』 27, 동방한문학회, 2004, 9쪽.

내향적 인간의 기질에 가깝다고 하며, 학인의 시의 기질은 송시의 시야의 확대, 인생이나 대상을 보는 세밀하면서도 거시적인 관점과 연결된다고 하였다. 마지막으로 송나라 사람들은 문치文治를 중시하여 사대부의 위상이 강화된 시대적 분위기 속에서 책임감과 사명감이 강했고, 이는 관심과 시야를 가까이로는 마음의 움직임으로부터 멀리는 사회와 국가에 이르게 하여 정치와 사회문제를 제재로 하는 시를 지었다고 하였다.[24]

이종묵은 「조선朝鮮 전기前期 한시漢詩의 당풍唐風에 대하여」에서 당풍과 송풍의 특질을 조선 전기의 시를 들어 설명하고 당풍의 의의와 한계를 논하였다. 그는 송풍의 특징으로 내용의 측면에서 정치의 득실을 논하고 백성의 생활상을 묘사하며 우국의 주제를 발현하고 제 방면의 생활상을 다루며 예술 작품을 소재로 한 것이 많다고 하였다. 또한 작법의 측면에서는 의논을 위주로 하고 구법에 있어서는 산문화의 경향이 강하다는 점을 들었다. 또 그는 송풍은 경물을 묘사할 때 경물의 모습에서 자신의 철학적 주장을 펴고, 공교롭거나 기발한 묘사를 하며, 기세나 기상을 중시한다고 하였다. 이와 달리 당풍은 기본적으로 시인의 흥감을 중시하고 대상과의 합일을 추구하거나 대상 속에 감정이 이입될 때가 많다고 하였다. 또 당풍은 대수롭지 않은 듯한 말속에 깊은 의미가 들어 있어 긴 여운을 주며, 가장 높은 평가를 받은 당풍의 한시는 정경의 융합을 꾀하여 경물 자체에 관심이 있는 것이 아니라 묘사된 경물을 통해 시인의 정감을 투영하고 이를 통해 독자의 마음을 흥기시킨다고 하였다. 그리고 시인이 정서를 표

24 강택구, 「唐宋詩之爭과 宋詩의 特性」, 『중국학논총』 20, 한국중국문화학회, 2005, 194~201쪽.

출하는 데 있어 당풍은 온축蘊蓄, 송풍은 발로發露라는 차이를 보여주는데, 당풍은 명사나 명사구로만 한 구를 구성하여 그림을 지향하면서 소리의 울림이 있다고 하였다.[25]

일본인 학자 요시카와 고지로는 『송시개설』에서 송시는 몇 가지 특수한 성질을 가지는데 한마디로 개괄하자면 시를 단순히 서정과 감정을 표출하는 장으로 생각하지 않고, 감정과 함께 이지理智를 표출하는 장으로 생각하는 것이라고 하였다. 그는 먼저 송시의 서술성을 거론하였는데 이전이라면 산문으로 서술했을 내용과 제재를 시로 읊었다고 하였으며, 다음으로 특별하지 않은 사물에도 눈길을 주어 생활에 밀착된 일면이 강하다고 하였다. 당시에서 서술적인 부분이나 생활의 밀착을 찾아볼 수 없는 것은 아니지만 송시에 더 두드러진다고 하였다. 또 연대감은 중국 문학이 일찍부터 하나의 사명감으로 가지고 있던 것인데 송시, 적어도 대가의 시에서는 보편적인 의식이 되어 사회와 정치를 비판하지 않은 시가 드물 정도가 되었으며, 중국 철학의 최전성기라는 시대적 배경 아래 시인이 철학을 갖고 시로서 이야기하고 싶어한다고 하였다. 또 송시는 거시적인 태도를 바탕으로 비애의 관습을 극복하였는데, 이는 당시와 구별되는 송시의 가장 큰 성질이라고 하였다. 그는 송시는 당시의 격정에 대한 반발로 평정한 심정으로 인간의 여러 모습을 다각도로 파악하고 표현한다고 했으며, 마지막으로 표현상의 특징으로는 당시의 표현이 화려하다면 송시는 화려함을 피하고 실질에 기운다고 하였다.[26]

25 이종묵, 「朝鮮 前期 漢詩의 唐風에 대하여」, 『한국한문학연구』 18, 한국한문학회, 2005, 209~228쪽.

26 요시카와 고지로(호승희 역), 『송시개설』, 동문선, 2007, 16~54쪽.

지금까지 살펴본 내용을 표로 간단하게 정리하면 다음과 같다.

〈표 1〉 선행 연구에서 언급된 당·송풍의 분류와 그 특징

唐風	宋風
▸ 화려하고 색채가 있음 (繆鉞, 막여봉) ▸ 단맛과 향기가 가득함 (繆鉞)	▸ 운치와 향기가 있음 (繆鉞) ▸ 뒷맛이 빼어남 (繆鉞)
▸ 정서를 중점적으로 표현, 서정시 (김학주, 주승택, 홍우흠, 전송열, 변종현) ▸ 낭만주의적 경향 (주승택) ▸ 감성적 (강택구) ▸ 예술가적 기질 (강택구) ▸ 경물에 정감 투영 (주승택, 전송열, 이종묵)	▸ 철학적 경향 (김학주, 주승택, 이종묵, 요시카와 고지로) ▸ 분석적·이지적 (김학주, 요시카와 고지로) ▸ 의론적 경향 (막여봉, 안병학, 변종현, 이종묵) ▸ 主理的(主氣的) (변종현, 이종묵) ▸ 논리성, 논리적 전개 중시 (안병학) ▸ 이치의 형상화 (강택구) ▸ 學人의 시 (강택구)
▸ 함축 중시, 간략한 묘사 (막여봉, 주승택, 홍우흠, 안병학, 전송열, 이종묵) ▸ 숨김의 구조 구사 (전송열) ▸ 제시의 형태 (전송열) ▸ 風이 중심으로 경물의 묘사를 통한 암시적 표현 (안병학)	▸ 雅가 중심으로 논리적, 직설적 (안병학)
▸ 대상과의 합일 추구 (전송열, 변종현, 이종묵) ▸ 興의 수법 사용 (주승택) ▸ 명사, 명사구 사용 (주승택, 전송열, 변종현, 이종묵) ▸ 시적인 언어 사용 (홍우흠, 변종현) ▸ 평범한 시어 사용 (전송열) ▸ 언어의 형상성 (안병학)	▸ 공용성(사회·정치적 문제)의 일반화 (김학주, 주승택, 강택구, 이종묵, 요시카와 고지로) ▸ 일상적 제재의 사용 (김학주, 막여봉, 주승택, 강택구, 이종묵, 요시카와 고지로) ▸ 인류 문화 활동 위주의 인문 의상 (막여봉, 이종묵) ▸ 절대적 자연 부정 (김학주) ▸ 백성의 생활상 묘사 (이종묵) ▸ 우국의 주제 (이종묵) ▸ 시야의 확대, 세밀하면서도 거시적인 관점 (강택구, 요시카와 고지로) ▸ 현실주의적 경향 (주승택)
▸ 義興이 본질 (안병학) ▸ 흥취 위주 (안병학, 이종묵) ▸ 거칠면서 열정적 (강택구) ▸ 외향적 인간의 기질 (강택구)	▸ 서술적·산문적 표현 (김학주, 막여봉, 주승택, 홍우흠, 안병학, 변종현, 강택구, 이종묵, 요시카와 고지로) ▸ 美文, 妙文 거부 (김학주, 요시카와 고지로)
▸ 자연 경물 위주의 자연 의상 (막여봉) ▸ 새로운 풍격과 내용을 창조 (홍우흠) ▸ 음운미, 소리에 대한 고려 (전송열, 이종묵) ▸ 회화적 표현 지향 (전송열, 이종묵) ▸ 전고 사용 자제 (전송열)	▸ 일상어(산문적 어휘, 구어적 표현) 사용 (주승택) ▸ 동사의 사용 (변종현) ▸ 賦의 수법 사용 (주승택) ▸ 평담 중시 (김학주, 막여봉, 요시카와 고지로) ▸ 비애의 극복 (김학주, 요시카와 고지로) ▸ 내재미 추구 (막여봉)

▸ 시가 성행 (변종현)	▸ 섬세하면서 냉정 (강택구)
	▸ 반성적 (강택구)
	▸ 내향적 인간의 기질 (강택구)
	▸ 기괴한 용사, 과다한 전고의 사용 (안병학)
	▸ 공교롭고 기발한 묘사 (이종묵)
	▸ 시적 기교, 수식 존중 (안병학)
	▸ 換骨奪胎의 방법 (홍우흠)
	▸ 심상이 언어에 가려져 난해하고 경직됨 (홍우흠)
	▸ 경물 자체에 관심 (주승택)
	▸ 시법이 성행 (변종현)
	▸ 대상의 객체화 (변종현)
	▸ 고시의 발전 (강택구)

이 표는 앞의 연구사 검토에서 살핀 내용을 정리한 것이다. 선행 연구에서 당풍과 송풍의 특징을 정리한 내용을 살펴보면 당풍의 특징에 대한 설명보다는 송풍의 특징에 대한 설명이 더 많고 자세하다는 것을 확인할 수 있다. 당시는 중국 역사상 한시가 가장 성행했을 때 지어진 시이지만 시를 짓는 방법에 대한 이해는 특별히 이루어지지 않았다. 하지만 송시는 한시의 전성기였던 당나라 시대가 지난 후에 지어진 시이기 때문에 송시는 당시와 구별되는 송시 나름의 특색을 발견하고, 그에 대한 가치를 부여할 필요가 있었다고 보인다. 따라서 현대 연구자들의 송풍에 대한 설명이 자세해진 것으로 보인다. 이 표를 보면 송풍을 당풍에 비해 열등한 것으로 이해하여 송풍을 폄하하는 내용들도 일부 있지만, 대부분의 연구자들이 언급한 당·송풍의 특징은 대체로 비슷하다고 볼 수 있다.

당풍의 성격으로 가장 많은 연구자들이 언급하고 있는 것은 정서가 중심이 된다는 것[主情的]과 함축을 중시하여 묘사가 간결하다는 것이다. 이에 반해 송시에 대한 설명에서 가장 많이 언급된 것은 서술적 · 산문적 표현을 사용한다는 것이며, 다음으로, 공용성(사회 · 정치적 문제)의 일반화와 일상적 제재의 사용이다. 또 송풍의 성격으로 분석적 · 이지적, 의론적 경향, 논리 중시, 이지의 형상화 등을 언급한 것은 표현이 조금씩은 다르기는 하나 모두 송풍의 주리적主理的인 측면을 지적한 것이다. 이러한 선행 연구들은 남송 이후의 문인들이 당시와 송시를 비교하였던 내용을 바탕으로 한 것이다.

① 근대의 여러 시인들은 독특한 이해를 가져 끝내 문자로 시를 짓고, 학식으로 시를 짓고, 의론으로 시를 지으니 어찌 공교롭지 않겠는가마는 끝내 옛사람의 시가 아니라 一唱三歎의 소리에는 부족함이 있다. 또 대체로 전고의 사용에 힘써 興致는 따지지 않으며, 글자를 쓸 때 반드시 내력이 있으며, 압운을 할 때는 반드시 출처가 있으니 반복하여 끝까지 읽어도 뜻을 어디에 두었는지 알 수 없다.[27]

② 당나라 사람은 시로 시를 짓고, 송나라 사람은 문장으로 시를 짓는다. 당시는 성정을 통함을 주로 하기 때문에 시경에 가깝고, 송시는 의론을 주로 하기 때문에 시경에서 멀다.[28]

③ 問 "송시가 당시만 못한 것이 혹 기의 두텁고 옅음으로 구분됩니까?"
答 "당나라 사람은 정을 위주로 하기 때문에 깊이 쌓아두는 것이 많고, 송나라 사람은 기를 위주로 하기 때문에 곧장 드러내는 것이 많다. 이는 송시가 당시에 미치지 못한 이유로서, (기의) 두텁고 옅음과는 관계가 없다."

27 嚴羽, 「詩辯」, 『滄浪詩話』, "近代諸公乃作奇特解會, 遂以文字爲詩, 以才學爲詩, 以議論爲詩, 夫豈不工, 終非古人之詩也. 蓋於一唱三歎之音, 有所歉焉. 且其作多務使事, 不問興致, 用字必有來歷, 押韻必有出處, 讀之反覆終篇, 不知着到何在."

28 高棅, 「歷代敍論」, 『唐詩品彙』, "唐人以詩爲詩, 宋人以文爲詩. 唐詩主於達性情, 故於三百篇爲近, 宋詩主議論, 故於三百篇爲遠."

問 "송시에서는 대체로 이치를 말하지만, 당나라 사람들은 그렇지 않은데, 어째서 이치를 말하지 않았는데도 이치가 자연스레 그 안에 있습니까?"

答 "옛날 사람들이 시를 논하면서 '이치의 길을 걷지 않아야 하고, 말의 통발에 떨어지지 않아야 한다'고 하였는데, 송나라 사람들로 程顥·程頤 형제와 邵康節, 朱熹, 이 몇 사람들이 시를 지으면서 이치를 말하기를 좋아하였다."[29]

①~③은 각각 남송南宋의 엄우嚴羽, 명나라의 고병, 청나라의 유대근劉大勤과 왕사정王士禎의 말이다. 이들의 말을 보면 당시에 대한 논의와 송시에 대한 논의가 남송에서부터 청대까지 대체로 유사한 경향을 띤다는 것을 알 수 있다. ①은 남송 말엽 『창랑시화滄浪詩話』를 지은 엄우의 말이다. 엄우는 송나라의 시인들이 시를 짓는 방식에 대해 논했는데, 송나라 시인들은 문자로 시를 짓고, 학식으로 시를 짓고, 의론으로 시를 짓는다고 하였는데 문자로 시를 짓는다고 한 것은 글자를 쓸 때 그 내력을 따진다고 한 것과 통하고, 학식으로 시를 짓는다고 한 것은 압운을 할 때 반드시 그 출처를 따진다고 한 것과 통하며, 의론으로 시를 짓는다고 한 것은 흥치興致는 따지지 않고 전고의 사용에 힘을 쓴다고 한 것과 통한다.

②는 명나라 초기의 시인인 고병의 말이다. 고병은 당시를 초初·성盛·중中·만晩으로 나누었으며, 당시선집인 『당시품휘唐詩品彙』를 지은 것으로 유명한 인물이다. 고병은 당나라 사람들은 시로 시를

29 劉大勤·王士禎, 『師友詩傳錄』 續錄, "問'宋詩不如唐者, 或以氣厚薄分耶?' 答'唐人主情, 故多蘊藉, 宋詩主氣, 故多徑露, 此其所以不及, 非關厚薄.' 問'宋詩多言理, 唐人不然, 豈不言理. 而理自在其中歟?' 答'昔人論詩曰, '不涉理路, 不落言詮' 宋人惟程邵朱諸子, 爲詩好說理.'"

짓고, 당시는 성정을 통함을 주로 하여 시경에 가까운 것에 비해, 송나라 사람들은 문장으로 시를 짓고, 송시는 의론을 주로 하여 시경과 멀다고 평가하였다.

③은 『사우시전록師友詩傳錄』 속록續錄에서 인용한 것인데, 『사우시전록』은 청대 신운설神韻說을 제창한 왕사정의 제자인 유대근이 왕사정과 시에 대해 묻고 답한 것을 정리한 것으로, 당・송시에 대한 왕사정의 시선을 엿볼 수 있는 책이다. 이 책에서 왕사정은 당나라 시인들은 정을 위주로 하여 깊이 쌓아둠이 많다고 하였는데, 이는 당시가 함축을 중심으로 한다는 것으로 이해할 수 있다. 반면 송시는 기를 위주로 하여 곧장 말하는 것이 많다고 하였는데, 이는 당시와 달리 송시는 직설적으로 바로 드러내는 것이 많다는 것이다. 또 송시에서는 이치를 말하는 것이 많은데, 당시에서는 이치를 직접적으로 말하지 않지만 이치가 그 안에 있다고 하였다.

종합하여 정리해보면, 당시에 대한 논의는 대체로 '성정을 통함을 주로 한다', '정을 위주로 한다'고 하여 정情이 논의의 중심이 되고, '시로 시를 짓는다', '깊이 쌓아두는 것이 많다'고 하여 함축이 두드러진다고 하였음을 볼 수 있다. 송시에 대한 논의는 대체로 '문자・학식・의론으로 시를 짓는다', '의론을 주로 한다', '이치를 말한다'고 하여 의론을 위주로 한다는 말이 대부분이고, '문자・문장으로 시를 짓는다', '곧장 드러내는 것이 많다'고 하여 서술적이라고 보고 있음을 알 수 있다.

① 송나라에 작가들이 적지 않은 것은 아니지만 모두 뜻을 다 드러내기를 좋아하고 고사를 인용하는 데 힘썼으며 또 險韻을 가지고 군색하게 압운하여 스스로 그 격조를 손상시켰다.[30]

② 시는 실로 당나라 시를 배워야 하지만 당나라 시를 닮을 필요도 없다. 당나라 사람의 시는 성정과 흥을 위주로 하고 역사나 사실·의론을 일삼지 않았는데, 이것이 본받을 만한 점이다.[31]

③ 만당을 배운 사람들은 用事를 가리켜 당나라의 시법이 아니라고 하나, 성당의 시에도 用事를 한 곳이 또한 많아서 때때로 宋詩와 비슷하다. 그러나 句法은 저절로 구별이 되는데도 세상에선 아는 사람이 드물다. …… 당시와 송시의 분별은 격률과 음향 사이에 있으니, 아는 사람만 아는 것이다.[32]

①, ②, ③은 각각 허균許筠(1569~1618), 김창협金昌協(1651~1708), 양경우梁慶遇(1568~?)의 논의이다. 이들의 논의는 앞서 살펴본 중국 문인들의 그것과 크게 다르지 않다. ①은 대표적인 존당론자尊唐論者인 허균의 말인데, 송시에 대해 상당히 비판적임을 확인할 수 있다. 여기에서는 그가 '뜻을 다 드러내기를 좋아하였다'고 한 것에 초점을 두고자 한다.

②에서 김창협은 당시를 배워야 한다고 하였는데, 당시는 성정과 흥을 위주로 하여 본받을만한 것이 있다고 하였다. 송시에 대해서는 언급한 바가 없지만 역사나 사실, 의론을 일삼지 않았다고 한 것은 송시를 염두에 두고 한 말이라고 유추할 수 있다.

30 許筠, 「宋五家詩鈔」, 『惺所覆瓿藁』 卷4, "宋代作者, 不爲不少, 俱好盡意而務引事, 且以險韻窘押, 自傷其格."

31 金昌協, 「雜識·外篇」, 『農巖集』 卷34, "詩固當學唐. 不必似唐. 唐人之詩, 主於性情興寄, 而不事故實議論, 此其可法也."

32 梁慶遇, 「詩話·唐宋詩之卞」, 『霽湖集』, "學晩唐者, 指用事曰非唐也, 盛唐用事處亦多, 時時有類宋詩. 然句法自別, 世人鮮能知之. …… 唐宋之卞, 在於格律音響間, 惟知者知之."

③은 양경우의 말인데, 용사가 당의 시법이 아니라고 한 것에 대해 반론을 제기하였다. ①에서 허균은 송시에서 고사를 인용하는 데 힘쓴다고 하였는데, 양경우의 말에 따르면 성당의 시에서도 용사를 한 부분이 많아 때때로 송시와 비슷하다고 한 것이다.

이를 정리해 보면 당시는 성정과 흥을 위주로 하고, 송시는 뜻을 다 드러내기를 좋아한다고 하며 고사를 인용하는 것을 송시의 전유물처럼 여기고 비판하지만 실제로 성당의 시에서도 용사를 하는 경우가 많다는 것이다.

특히 이 책에서 인용한 글을 보면 당시를 송시보다 우월하다고 인식하는 경향이 강하지만 당시 중에서 만당의 시에 대해서는 비판적인 평가들도 확인된다. 송대의 시인 오가吳可는 "만당 시의 잘못은 너무 기교를 부린 것이다, 오로지 외적 화려함에만 힘쓰다 보니, 기세가 약하고 격이 떨어져, 사체詞體로 흘렀을 뿐이다."[33]라고 하였고, 『학림옥로鶴林玉露』를 지은 남송의 나대경羅大經은 "만당의 시는 기려綺靡하여 풍골風骨이 결핍되었는데, 그것을 낮추어 보는 사람들도 있었다."[34]라고 하였으며, 곽조기郭兆麒는 "만당의 시는 조탁이 너무 많아 연지분으로 더럽혀지는 느낌이 들 정도이다."[35]라고 혹평하였다. 앞서 송시에 대해 비판적인 태도를 보였던 허균 역시 박은의 시를 평가하면서 "당唐의 섬세하고 화려한 시풍만을 배운 자가 어찌 감히 그 경지에 오를 수 있겠는가."[36]라고 하여 당풍의 시 중에서도 섬세하

---

33 吳可, 『藏海詩話』, "晚唐詩失之太巧, 只務外華, 而氣弱格卑, 流爲詞體耳."

34 羅大經, 『鶴林玉露』 卷12, "晚唐詩綺靡乏風骨, 或者薄之."

35 郭兆麒, 『梅崖詩話』, "晚唐詩彫琢太多, 便覺脂粉汚人."

36 許筠, 「惺叟詩話」, 『惺所覆瓿藁』 卷25, "朴之詩, 雖非正聲, 嚴縝勁悍. 如 '春陰欲雨鳥相語, 老樹無風情自哀.' 之句, 學唐纖麗者, 安敢劘其墨乎."

고 화려하게 꾸미기만 하는 부분에 대해서는 비판하고 있다. 대체로 예쁘고 화려하게 꾸며 기세가 약하고 감상적인 데로 빠져버린다는 것이 당시의 한계로 지적되는데, 이런 문제는 당시의 성격으로 언급되었던 정情, 곧 느낌이나 감정이 한 극단으로 치우치기 때문에 발생하는 것이다. 이렇게 본다면 당시라고 하여 모든 시가 좋은 것이 아니고 또 송시라고 하여 모든 시가 부족한 시라고 볼 수 없다.

지금까지 선행 연구에서 언급된 당·송풍의 분류와 그 특징에 대한 남송 이후 중국 문인들의 언급과 조선 문인들의 언급을 확인하였다. 그렇다면 시를 당·송풍으로 분석할 때도 이러한 내용들이 고려되어야 할 것으로 보인다. 하지만 시를 당·송풍으로 나누어 분석할 때 기준이 분명하지 않다면 시마다 다른 기준을 적용하여 시를 분석하게 되는 문제가 발생할 수 있다. 따라서 당·송풍을 구분하기 위해서는 앞서 살펴본 역대 문인들의 언급과 선행 연구에서 지적된 내용들을 모두 담아낼 수 있는 하나의 기준을 설정해야 한다.

구조주의에서는 어떤 사물이나 문화를 설명할 때, 상반되는 두 개의 항목들, 즉 이항대립을 대입하면 그 대상의 속성을 과학적으로 설명할 수 있게 된다고 본다.[37] 이 이론에 따른다면 한시의 시풍 역시 당풍과 송풍의 이항대립으로 이루어지기 때문에, 당풍과 송풍을 구분하는 기준 역시 분명한 이항대립으로 이루어져야 한다.

그런데 앞에서 살펴본 내용을 보면 당시의 특징은 '정을 위주로 하여 함축적으로 표현한다'는 것이고, 송시는 '의론을 위주로 하여 말로 모두 드러낸다'는 것이다. 이는 각각 '정을 위주로 한다', '의론을 위주로 한다'는 특징과 '함축적으로 표현한다', '말로 모두 드러낸다'는 특

37 오민석, 『현대문학이론의 길잡이』, 시인동네, 2018, 77쪽.

징으로 구분할 수 있다. 정을 위주로 한다거나 의론을 위주로 한다는 특징으로 당풍과 송풍을 구분하는 것에는 무리가 있다. 송시가 의론을 위주로 한다고 한 것은 시를 단순히 서징과 감정을 표출하는 장으로 생각하지 않고, 감정과 함께 이지理智를 표출하는 장으로 생각한 것이지,[38] 의론만을 위한 것이 아니기 때문이다. 이는 송시라고 해서 서정과 감정이 없는 것은 아니라는 말이다. 시라는 것은 기본적으로 뜻을 말하는 것이고, 그 뜻에는 자신의 감정이 당연히 포함되기 때문에 당풍의 시이건 송풍의 시이건 감정이 표출되는 것은 당연한 것이다. 그렇다면 당풍의 시와 송풍의 시를 구분하기 위해서는 '함축적으로 표현한다', '말로 모두 드러낸다'고 한 부분에 집중해야 할 것으로 보인다. '함축적으로 표현한다'거나 '말로 모두 드러낸다'고 하는 것은 시에 담긴 내용이나 정서적인 측면이 아니라 시에 담을 것을 시를 통해 어떻게 나타내는가의 문제이다. 시인이 말하고자 하는 내용을 직설적으로 다 드러내는지, 비유를 통하거나 수식을 통하여 보여주는지는 시를 짓는 기법에 해당한다. 그렇다면 당풍의 시와 송풍의 시를 구분하기 위한 기준은 작시 기법으로 설정하는 것이 적절할 것이다.

작시 기법에 관한 논의는 『시경詩經』의 육의六義에서부터 찾아볼 수 있다. 『모시정의毛詩正義』에는 육의에 대한 논의들이 구체적으로 제시되어 있는데, "시에는 육의가 있으니 첫째가 풍風이고, 둘째가 부賦이고, 셋째가 비比이고, 넷째가 흥興이고, 다섯째가 아雅이고, 여섯째가 송頌이다."[39]라고 한 서문에 대해 공영달孔穎達은 다음과 같이

---

38 요시카와 고지로(호승희 역), 『송시개설』, 동문선, 2007, 16쪽.

39 孔穎達, 「序」, 『毛詩正義』, "詩有六義焉, 一曰風, 二曰賦, 三曰比, 四曰興, 五曰雅, 六

주석을 하였다.

> 風의 쓰임을 賦比興이라고 하기 때문에, 風의 다음에 부비흥을 두었고, 그런 뒤에 雅와 頌을 두었으니 雅와 頌도 賦比興으로 만들지만 이미 賦比興을 풍의 다음에 두었으니, 아와 송도 같다는 것이 분명하다. 鄭玄이 "賦의 뜻은 펼쳐놓는 것이니, 선악을 펼쳐놓는 것이다."라고 하였으니, 시문에서 사실을 곧바로 말하고 비유를 하지 않는 것은 모두 賦의 수사이다. 鄭司農이 "比는 외물에 비유하는 것이니, 같다[如]고 말한 경우는 모두 比의 수사이다."라고 하였고, 또, "興은 사실을 외물에 가탁하는 것이니, 興은 일으킴이다. 비유를 쓰고 동류를 인용하여 자기의 마음을 일으키는 것이니, 시문에서 때로 초목이나 조수를 들어 뜻을 나타내는 것은 모두 흥의 수사이다."라고 하였다. …… 風雅頌은 시편의 다른 문체이고, 賦比興은 시문의 다른 수사법이니, 크고 작음이 다른데도 모두 六義가 되는 것은 賦比興은 시를 쓰는 법이고, 風雅頌은 시가가 이루어진 모습이다. 賦比興을 이용하여 風雅頌을 이루기 때문에 육의라고 한 것이지 따로 篇과 卷이 있는 것은 아니다.[40]

이와 같은 공영달의 주석을 보면 부비흥賦比興을 내용적인 측면이 아니라 방법론적인 측면의 수사법으로 인식하고 있음을 분명하게 확인할 수 있다. 선행 연구에서는 풍風・아雅・송頌・부賦・비比・흥興의 육의六義를 당풍과 송풍에 대응시키기도 한다. 당풍에 풍風과 흥興,

---

曰頌."

40 孔穎達, 「關雎」, 『毛詩正義』 卷1, "風之所用, 以賦比興爲之辭, 故於風之下卽次賦比興, 然後次以雅頌. 雅頌亦以賦比興爲之, 旣見賦比興於風之下, 明雅頌亦同之. 鄭以'賦之言鋪也, 鋪陳善惡.' 則詩文直陳其事, 不譬喩者, 皆賦辭也. 鄭司農云, '比者, 比方於物, 諸言如者, 皆比辭也.' 司農又云, '興者, 託事於物, 則興者起也. 取譬引類, 起發己心, 詩文時擧草木鳥獸, 以見意者, 皆興辭也.' …… 風雅頌者, 詩篇之異體, 賦比興者, 詩文之異辭耳, 大小不同, 而得竝爲六義者, 賦比興, 是詩之所用, 風雅頌, 是詩之成形, 用彼三事, 成此三事, 是故同稱爲義, 非別有篇卷也"

송풍에 아雅와 부賦를 대응시키는 것이 그것이다. 하지만 당풍과 송풍을 육의에 일대일로 대응시키는 것은 무리다.[41] 그러나 그럼에도 불구하고 이에 대해 이 책에서 언급하는 것은 작시 기법으로 시를 분석하려는 시도가 오래전부터 있었다는 사실을 밝히기 위해서이다.

또 당·송풍의 창작 방법론, 또는 작시 기법에 대한 논의는 조선 후기 신경준의 언급에서도 어느 정도 유추를 해볼 수 있다.

> 鋪陳이라는 것은 사실을 곧바로 서술하는 것이고, 影描라는 것은 모습을 그려내는 것이다. 같은 산악인데 韓愈의 〈南山〉시는 포진이고, 이백의 〈蜀道難〉은 영묘이다. 같은 음악인데 백거이의 〈琵琶行〉은 포진이고 가도의 〈擊甌歌〉는 영묘이다. 시의 작법이 많지만 이 두 가지에서 벗어나지 않는다. 體라는 것은 이 두 가지의 제도이고, 意라는 것은 이 두 가지를 주장하는 것이고, 聲이라는 것은 이 두 가지에 붙어있는 것이다. 당나라 사람은 풍경을 서술하기를 좋아하기 때문에 그 시에 영묘가 많고, 송나라 사람은 의론을 세우기를 좋아하기 때문에 그 시에 포진이 많다. 대개 풍경을 서술하는 것은 國風에서 나온 나머지에서 나와서 진실되고 두터운 맛이 적고, 의론을 세우는 것은 大雅와 小雅에서 나온 나머지에서 나와서 생각하고 나눈 자취가 온전히 드러나니, 모두 처음에는 시경의 나머지에서 나오지 않은 것이 없었으나, 시경과 비교하면 또 멀어졌다. 세상 사람들이 모두 당나라 사람들은 시로 시를 짓고, 송나라 사람들은 문장으로 시를 지어, 당시가 진실로 송시보다 낫고 송시는 진실로 당시보다 못하다고 여기는데, 이는 당시에는 영묘가 많고, 송시에는 포진이 많기 때문이

41 강택구는 「唐宋詩之爭과 宋詩의 特性」에서 송시에 賦의 수법만 있고 比興의 기법은 거의 사용되지 않았다는 데에 대한 반론을 제기한 바 있다. 송시가 당시에 비해 이치를 말하는 경향이 강하고, 설리성이 강하다고 해서 송시에 정이 없다거나, 송시에는 부만 있고 비흥이 없다고 하는 것은 송시가 갖는 이러한 경향을 지나치게 과장하는 것이라고 하였다. (강택구, 「唐宋詩之爭과 宋詩의 特性」, 『중국학논총』 20, 한국중국문화학회, 2005, 195쪽.)

> 다. 그러나 송시가 당시만 못한 것은 氣味와 體格이 모두 낮아서이지 포진이 본래 영묘보다 못해서 그런 것은 아니다. 세상이 흘러가면서 문장의 폐단이 심해져 風韻과 景色만을 숭상하고 다시 體格과 氣味가 어떠한지 살피지 않으니, 애석하다.[42]

여기서 신경준은 '영묘影描'와 '포진鋪陳'이라는 작시 방법을 언급하면서 시의 작법이 많지만 이 두 가지에서 벗어나지 않는다고 했다. 당나라 사람들은 풍경 서술을 좋아하기 때문에 시에 그 모습을 그려내는 영묘가 많다고 하고, 송나라 사람들은 의론 세우기를 좋아하기 때문에 시에 그 사실을 곧바로 서술하는 포진이 많다고 하였다. 여기서 말하는 영묘와 포진은 당시와 송시가 아니라 당풍과 송풍의 시경향에서 확인할 수 있는 작시 기법인데, 이는 포진의 예로 든 시인이 당나라 시인 가운데 '문장으로 시를 짓는다[以文爲詩]'라는 평을 받았던 한유와 백거이라는 사실에서도 알 수 있다.

신경준은 영묘를 모습을 그려낸다는 것으로 정의하였는데, 이는 대상을 이미지화하여 묘사하는 것이다. 기존에 당풍의 시를 대상으로 한 연구에서 이미지를 중심에 둔 연구가 많은 것도 이러한 이유에서이다. 또 포진은 사실을 곧바로 서술하는 것이라고 정의하였는데, 이는 사실을 직설적으로 말하여 시의 문면에 그대로 드러내는 것이

42 申景濬, 「詩則」, 『旅菴遺稿』 卷8, "鋪陳者, 直敍其實也, 影描者, 繪象其影也. 同一山岳, 而韓退之之南山詩, 是爲鋪陳, 李太白之蜀道難, 是爲影描. 同一樂律, 而白樂天之琵琶行, 是爲鋪陳, 賈浪仙之擊甌歌, 爲影描. 詩之作法雖多, 而無出於此二者矣. 所謂體者此二者之制度也, 意者主張乎此二者也, 聲者寓於此二者也. 唐人喜述光景, 故其詩多影描, 宋人喜立議論, 故其詩多鋪陳. 大抵述光景, 出於國風之餘, 而頗小眞厚之味, 立議論, 出於兩雅之餘, 而全露勘斷之跡, 俱未始不出於三百篇之餘, 而其視三百篇, 亦遠矣. 世之人皆以爲唐人以詩爲詩, 宋人以文爲詩, 唐固勝於宋, 宋固遜於唐, 此以唐詩多影描, 宋詩多鋪陳故也. 然而宋之不如唐, 是因氣格俱下之致也, 非由於鋪陳素不如影描而然也. 世末而文弊勝, 只以風韻景色爲尙, 不復審體格氣味之如何, 惜哉."

다. 신경준은 송시가 당시만 못한 것이 포진이 영묘보다 못해서 그런 것은 아니라고 하였는데, 이것은 당시와 송시의 우열을 가르는 기준이 창작 방법론 또는 작시 기법이 아니라는 것이다.

앞에서 당풍의 시는 '함축적으로 표현한다'고 했는데, 신경준은 영묘를 모습을 그려내는 것으로 정의하였다. 이렇게 본다면 당풍은 표현의 기법을 중심으로 하는 시라고 할 수 있다. 따라서 이 책에서는 당풍의 주된 작시 기법을 표현의 기법으로 보고자 한다. 표현은 사전적으로 '생각이나 느낌 따위를 언어나 몸짓 따위의 형상으로 드러냄', '사상이나 감정 따위를 말이나 행동으로 드러내어 나타냄', '사물이나 정신의 내적인 본질을 객관화하여 드러내는 것을 뜻한다'고 정의된다.

이 책에서 사용하는 표현의 기법은 시 속에 자신의 감정 혹은 상태를 나타내는 시어를 직접 사용하지 않고 자신의 감정이나 상태를 파악할 수 있게 하는 작시 기법이나 표현 방법을 말한다. 표현의 기법이 시 속에서 구현되는 양상을 살펴보면 먼저 이미지를 적극적으로 활용한다는 점을 들 수 있다. 표현의 기법은 이미지를 적극적으로 활용하여 감각적인 묘사를 가능하게 한다. 시에서 경물을 제시할 때 표현의 기법을 사용하는 경우, 경물의 외형을 직접적으로 보여주는 것이 아니라 감각적으로 이미지화하여 보여주는 경향이 강하다. 자신이 본 그대로, 있는 그대로 서술하기보다는 감각적으로 느껴지게끔 하는 것이다. 감각적인 묘사를 통해 특정한 부분을 부각하고 강조하여 시에 생동감을 부여한다. 이를 통해 막연하게 생각되는 이미지 혹은 그 시에서 느껴지는 분위기를 독자가 생동감 넘치게 떠올릴 수 있게 한다. 이러한 표현의 기법은 신경준이 언급한 영묘(모습을 그려낸다)와 맥을 같이하는 것이다.

다음으로 자신이 말하고자 하는 내용을 시 속에 직접 언급하지 않고 구체화하는 경우가 있다. 설명의 기법을 사용하는 경우에는 작가가 말하고자 하는 내용을 분명하게 시의 문면에 그대로 담아내지만, 표현의 기법에서는 직접적으로 드러내지 않고 자신이 말하고자 하는 내용을 시 속에 구체화한다. 이는 자신이 직접 보거나 들은 것이 아니라 상상한 내용을 시 속에 담아내는 경우에도 해당된다. 상상한 것은 실제로 경험한 것이 아니어서 있는 그대로를 시 속에 담아낼 수 없기 때문에 상상한 내용을 시 속에 담아내는 경우에는 표현의 기법이 쓰인다. 하지만 자신이 경험하지 않은 일을 시 속에 담아낸다고 해서 모두 표현의 기법이라고 볼 수는 없다. 오히려 합리적이고 논리적인 선에서의 예측과 같은 경우에는 설명의 기법이 주로 사용된다.

앞에서 송풍의 시는 '말로 모두 드러낸다'고 하였다. 신경준은 이를 포진이라고 명명하고, 포진은 사실을 곧바로 서술하는 것이라고 하였다. 그런 점에서 이 책에서 사용하는 설명의 기법은 '포진'과 유사한 개념이라고 볼 수 있다. 설명은 '어떤 일이나 대상의 내용을 상대편이 잘 알 수 있도록 밝혀 말함. 또는 그런 말', '어떤 일의 내용이나 이유 따위를 상대편이 잘 알 수 있도록 밝혀 말함. 또는 그 말', '일정한 사물이나 어떠한 문제를 알기 쉽게 풀이하거나 그 사실에 대해 자세하게 해명하여 그것의 실체가 무엇인가를 알게 해 주는 기술 양식'이라고 정의된다.

이 책에서 사용하는 설명의 기법은 시 속에 자신의 감정이나 상태를 시어를 통해 직접적으로 노출하는 것을 말하는데, 설명은 시에서 말하고자 하는 내용을 시어를 통해 직접 제시하는 경우나, 서술을 통해 제시하는 경우를 모두 포함한다. 설명의 기법이 시 속에서 구현되는 양상을 살펴보면 경물을 제시할 때 '있는 그대로'를 핍진하게 서술하는 경향이 강하다. 이는 꾸밈없이 눈에 보이는 그대로를 보여주는 것으로, 표현의 기법에서 경물을 제시할 때 이미지를 활용하여 감각적인 묘사를 구사한 것과는 대조적이다. 표현의 기법에서 특징적인 면을 부각하고 강조하여 생동감을 부각했다면 설명의 기법은 자세하고 세세하게 서술하여 자신이 본 그대로를 전달하고자 한다.

다음으로 설명의 기법은 시의 각 구절과 연을 순차적으로 구성한다. 앞 구절과 뒤 구절, 앞 연과 뒷 연을 순차적으로 구성하여 독자가 시를 논리적으로 이해할 수 있게 만든다. 여기서 순차적인 구성이라는 것은 시간의 순서 혹은 인과의 순서를 포함하는 것으로, 선행 연구에서 송풍의 특징으로 밝힌 이지적·논리적이라는 내용과 맥을 같이 한다. 이를 통해 시를 감각적으로 느끼기보다 시 속의 상황을 이해하게 된다. 그것은 설명의 기법이 사용되는 경우에는 작가 자신이 주체가 되어 자신의 상황을 서술하는 경우가 많은데, 주체가 작가 자신이 되는 경우 사고하고 행위하는 것을 시 속에 직접적으로 분명하게 드러내기 때문에 사고와 행위의 원인과 결과가 드러나는 경우가 많아서이다. 시 속에 드러나는 사고와 행위의 주체가 추상적인 누군가가 아니라 작가 자신이라고 분명히 확인되는 경우, 작가가 인식하는 바를 따라가게 되기 때문에 작가의 생각과 행위를 분명하게 이해할 수 있다.

당풍의 작시 기법이 표현이고 송풍의 작시 기법이 설명이라고 하였지만, 당풍의 시에서 표현의 기법만 사용되는 것도 아니고 송풍의 시에서 설명의 기법만 사용되는 것도 아니다. 표현과 설명의 작시 기법은 한 편의 시에서 각각 사용되기도 하고 혼합적으로 사용되기도 한다. 한 편의 시에서 각 구절, 혹은 각 연은 표현 혹은 설명의 기법으로 구성되어 있는데, 각 구절 혹은 각 연에 사용된 표현과 설명의 기법은 일정한 관계를 가지고 있다.

시에서 표현의 기법과 설명의 기법이 모두 사용되었을 때, 표현의 기법이나 설명의 기법은 시 속에서 일정한 역할을 하게 되는데, 각각의 기법이 어떠한 역할을 하고 다른 기법과 어떠한 관계를 가지느냐에 따라 시가 당풍이 되는지 송풍이 되는지가 결정된다. 먼저 표현의 기법과 설명의 기법이 모두 사용되었을 때 당풍이 되는 경우를 살펴보면, 한 편의 시에서 설명의 기법을 통해 시상을 촉발하는 경우 시가 당풍으로 읽히게 된다. 여기서 설명의 기법을 통해 구현된 부분은 시 전체에서 작가가 전달하고자 하는 내용을 촉발하는 역할에 그치고, 시에서 전달하고자 하는 내용은 다른 부분에서 이루어지게 된다. 다음으로 표현의 기법을 통해 설명의 기법으로 제시된 시어를 형상화하는 경우가 있다. 이 경우 작가가 말하고자 하는 내용이 시어로 직접 제시되는데, 표현의 기법을 통해 시어로 제시된 내용을 형상화하고 시의 전체적인 분위기를 만들어낸다. 그 결과 설명의 기법을 통해 제시된 부분에 대한 이해의 폭이 확장된다. 따라서 시에 표현과 설명의 기법이 모두 사용되었지만 표현의 기법이 더 두드러지게 되고, 시가 당풍으로 읽히게 된다. 그런데 설명 기법이 더 두드러지게 사용되었음에도 당풍의 시가 되는 경우가 있다. 시의 각 구절이 설명의 기법을 통해 제시되어 있는데, 이 설명의 기법으로 제시된 부분이 작가가 전달하고자 하는 내용을 표현할 경우 이 시는 당풍의 시가 된다. 시가 설명의 기법으로 구성되어 있지만 작가가 전달하고자 하는 내용이 설명의 기법으로 제시된 내용을 넘어서기 때문에 당풍의 시가 되는 것이다.

앞에서 살펴본 것과 반대로 표현의 기법과 설명의 기법이 모두 사용되어 송풍의 시가 되는 경우도 있다. 설명의 기법으로 제시된 상황을 표현의 기법을 사용하여 비유하는 경우 표현의 기법이 사용되었지만 송풍의 시가 된다. 한 편의 시는 전체적으로 설명의 기법을 통한 순차적인 구성으로 이루어져 있지만, 여기에 표현의 기법이 삽입되는데, 삽입된 표현의 기법이 시의 내용을 비유하는 역할에 그칠 경우, 시 전반에는 설명의 기법이 두드러지기 때문에 송풍의 시가 되는 것이다. 다음으로 표현의 기법을 통해 공간적 배경을 형성하거나 작가의 시상을 촉발하는 경우, 설명의 기법으로 이루어진 부분이 시의 중심적인 내용이 되고 표현의 기법은 시의 공간적 배경을 형성하거나 작가의 시상을 촉발하는 데 그치기 때문에 이러한 시는 송풍의 시가 된다.

이렇게 한시는 표현과 설명이라는 작시 기법에 따라 당풍과 송풍으로 구분하고 분석할 수 있다. 기존에 당풍과 송풍을 구분하는 연구에서는 당·송풍의 시를 분석하면서 〈표 1〉에 제시된 다양한 요소들을 자의적으로 적용하여 각각의 시를 당·송풍으로 구분하였다. 하지만 이렇게 하나의 기준을 정하지 않고 시마다 다른 기준을 적용하여 당·송풍으로 구분한다면, 이럴 경우 기준이 명확하지 않기 때문에 당·송풍을 구분하는 설득력이 떨어질 뿐만 아니라, 구분된 결과도 신뢰하기 어렵다. 그러므로 분명한 하나의 기준을 적용하여 시풍을 구분하여야 시의 분석에서도 설득력을 획득할 수 있다. 또 이러한 선명한 분석의 기준은 인상비평을 지양하게 한다. 시에서 느껴지는 정서를 중심으로 시풍을 구분하려고 한다면 정감을 표출하지 않는 시는 드물기 때문에 대부분의 시가 당풍으로 읽히게 될 것이다. 또 소재를 중심으로 시풍을 구분하고자 하더라도 조선시대에 쓰인 한시는 이미 이전 시기의 시에 사용된 소재를 두루 사용하고 있기 때문에 이 역시 무리가 있다. 또 시를 단순히 감상하고자 하는 것이라면 인상비평을 통해 시를 감상할 수 있겠지만, 시를 분석하고자 한다면 분명한 분석의 도구가 필요하다. 따라서 이 책에서는 시를 읽고 감각적으로 느껴지는 결과가 아니라 '표현'과 '설명'이라는 작시 기법을 통해 조선 초기의 시를 분석하고자 한다.

이 책에서는 당풍의 작시 기법인 '표현'과 송풍의 작시 기법인 '설명'으로 조선 초기의 시를 분석하여 조선 초기의 시풍을 실증해 보고자 한다. 하지만 당풍과 송풍의 작시 기법상의 차이는 창작 기법, 즉 창작 방법론의 측면에서만 차이를 가지는 것이지 우열 관계에 있는 것이 아니라는 사실을 유념하여야 한다.

2. 당송풍唐宋風의 유입과 시대적 추이

한시 문학이 우리나라에 유입된 이후 당풍과 송풍은 역학관계를 이루며 공존하였다. 신라 말엽에 당풍이 유입되고 고려시대에 송풍이 유입된 이후 당풍과 송풍은 조선시대까지 공존하였다.

> 우리나라 사람들의 시를 읽어보면 그 격률이 무려 세 번이나 변했으니, 신라 말과 고려 초는 오로지 만당을 익혔으며, 고려 중엽에는 오로지 동파를 배웠고 그 말기에 이르러서는 익재 등 여러 분이 구습을 조금 바꾸어 아정하게 재단함으로써 조선조의 문명에 이르러서도 오히려 그 궤도를 그대로 따랐다.[43]

43 金宗直, 『青丘風雅』 序, "得吾東人詩而讀之, 其格律無慮三變, 羅季及麗初, 專習晚唐, 麗之中葉, 專學東坡, 迨其叔世, 益齋諸公, 初變舊習, 裁以雅正, 以迄于盛朝之文明, 猶循其軌轍焉."

이는 김종직金宗直의 『청구풍아青丘風雅』 서문이다. 이 글에는 나말羅末에서 선초鮮初까지 당송풍의 전환이 단적으로 나타나 있는데, 신리 말에서 고려 초에는 오로지 만당시에 몰두하였고, 고려 중엽에는 소식만을 배웠다고 평가했다. 그리고 고려 말에 시풍을 아정하게 재단하여 한 차례 더 전환이 이루어졌다고 평가하였다. 여기서 아정하게 재단하였다고 한 것은 고려 말 성리학의 유입 이후 염락풍의 한시가 하나의 경향을 형성했던 사실을 말하는 것으로 보인다. 김종직이 세 번의 변화를 이처럼 단적으로 설명하였으나, 시풍의 변화는 이처럼 뚜렷하게 이루어지는 것이 아니라 새로운 시풍의 유입과 향유 계층의 변화 등 다양한 요소를 바탕으로 하여 점진적으로 이루어진다. 이러한 점을 염두에 두고 당풍과 송풍의 유입과 시대적 추이를 살펴보도록 하겠다.

신라가 삼국을 통일하기 이전 삼국시대의 사람들이 지은 한시는 남아있는 작품이 매우 한정적이기 때문에 그 전모를 확인하기 어렵다. 고구려 때에 지어진 한시 작품은 작자미상의 〈인삼찬人蔘讚〉, 을지문덕乙支文德의 〈우중문에게 주다遺于仲文〉, 정법사定法師의 〈외로운 바위를 읊다詠孤石〉 등이 있으며, 신라의 한시로 최치원崔致遠 시대 이전에 지어져 현재까지 전하는 작품은 진덕여왕眞德女王이 지은 〈대당태평송大唐太平頌〉, 왕거인王巨仁의 〈분원시憤怨詩〉, 설요薛瑤의 〈속세로 돌아가며 지은 노래返俗謠〉, 김지장金地藏의 〈산을 내려가는 동자를 전송하다送童子下山〉, 『왕오천축국전往五天竺國傳』에 수록된 혜초慧超의 한시 5수 등이 있다. 이 시들 가운데 〈외로운 바위를 읊다詠孤石〉, 〈속세로 돌아가며 지은 노래返俗謠〉, 〈산을 내려가는 동자를 전송하다送童子下山〉와 같은 시들은 중국에서 지어진 시로, 그 시기 중국 시문학의 영향을 받은 시들이다. 〈외로운 바위를 읊다詠孤石〉에서는 위진시대에 유행했던 영물시의 영향을 찾아볼 수 있으며, 〈속세로 돌아가며 지은 노래返俗謠〉는 초당 진자앙陳子昂의 시 형식을 따왔고, 〈산을 내려가는 동자를 전송하다送童子下山〉는 7언율시로 지어졌다는 점에서 성당시기 완성된 근체시의 영향이 엿보인다.[44] 이런 모습은 이들의 시문학적 역량이 당대 중국의 문학 경향을 자신들의 시에 즉각적으로 반영할 수 있을 정도였다는 것을 보여준다. 이 시기의 한시는 대체로 직선적이며 굵고 강한 톤[45]을 가진 것들이 많은데, 이러한 시문학 경향은 당나라 유학생들에 의해 유입된 만당풍의 경향으로 변화하게 된다.

당 태종 정관 14년(640)에서 오대 중엽에 이르기까지 신라인 재당 유학생 수는 대략 2천여 명에 육박했으며,[46] 821년 김운경金雲卿이 빈공과에 합격한 것을 시작으로 당나라가 멸망할 때까지 58명이 빈공과에 급제하였고, 오대五代의 양梁·당唐에서도 32명의 합격자가 있었다.[47] 837년에는 당나라에서 유학하는 신라 학생의 수가 216명이나 되었다[48]고 하는 것으로 보아 당나라에서 유학한 신라인의 수가 상당했으며, 당나라 말기에는 그 수가 더 많았음을 짐작할 수 있다.

신라에서 처음 당나라에 유학생을 보낸 것은 당 태종 때의 일로

44 김은정, 「韓國漢詩 형성 과정 고찰」, 『국문학연구』 30, 국문학회, 2014, 15~20쪽.

45 심호택, 「삼국시대와 신라중대의 한시에 대하여」, 『한문학논집』, 근역한문학회, 2018, 19쪽,

46 빠이건싱, 「9세기 당과 신라의 관계 고찰 - 양국의 사신 왕래를 중심으로 -」, 『불교연구』 25, 한국불교연구원, 2006, 13~14쪽.

47 崔瀣, 「送奉使李中父還朝序」, 『拙藁千百』 卷2, "進士取人, 本盛於唐, 長慶初, 有金雲卿者, 始以新羅賓貢, 題名杜師禮榜, 由此以至天祐終, 凡登賓貢科者五十有八人. 五代梁唐, 又三十有二人, 盖除渤海十數人, 餘盡東士."

48 「附學讀書」, 『唐會要』 卷36, "開成 …… 二年三月 …… 又新羅差人朝宿衛王子, 幷准舊例, 割留習業學生, 首及先任學生等, 共二百十六人請時服糧料."

초당시기에 해당하지만, 김운경이 최초로 빈공과에 급제한 것은 중당 말엽인 821년의 일이다. 만당시기에 해당하는 837년에 재당 유학생의 수가 상당히 많았고, 신라 말 시문학을 대표하는 최치원, 최광유崔匡裕, 최승우崔承祐, 박인범朴仁範이 모두 만당시기 당나라에 유학하여 급제한 인물이라는 점에서 당나라 유학생의 수는 뒤로 갈수록 점점 많아졌다고 할 수 있다. 물론 초당에서 중당시기에도 당나라에 유학한 인물들이 있었겠지만 현재 확인할 수 있는 자료에는 만당시기에 유학한 사람들의 시만 남아있다. 따라서 중당시기 이전에 신라가 당나라 시풍의 영향을 받았는지는 구체적으로 확인할 수 없지만 만당시기 유학생들의 시를 통해 신라에 미친 당나라 시풍의 영향을 확인할 수 있다.

당나라 유학생들은 신라의 6두품 출신들이 많은데, 이들은 중국 유학을 통해 자연스럽게 당대 중국에서 유행하던 만당의 시들을 습득하였고, 이들을 통해 만당시가 우리나라에 유입되었다고 추정된다. 만당풍의 시경향은 최치원, 최광유, 최승우, 박인범을 비롯한 이 시기 신라 문인들의 시에서 확인할 수 있는데, 유학생들은 귀국 후 당시 신라의 중앙정권에 대항해 세력을 키우던 호족들과 연결되어 문학을 담당하였다. 대표적인 인물로 왕건을 도운 최언위崔彦撝가 있다.[49]

고려 초기에는 나말에 유행하던 당풍의 시가 여전히 유행하였다. 고려의 4대 왕인 광종은 왕권 강화에 힘썼는데, 이를 위해서는 새로운 제도의 수용이 필요했다. 광종은 이를 위해 중국인들의 고려 귀화에 힘썼는데, 후주後周의 쌍기雙冀가 956년 사신으로 고려에 왔다가 고려로 귀화하였다. 958년 쌍기는 광종에게 과거제 시행을 건의하여

49 이혜순, 『고려 전기 한문학사』, 이화여자대학교출판부, 66쪽.

고려에서 처음 과거가 시행되었고, 쌍기는 3차례 연속으로 지공거를 담당하였다. 이후에도 귀화한 인물로 추측되는 왕융王融[50]이 광종에서 성종대에 11차례나 지공거를 담당하였다. 이들의 문풍은 이 시기 과거 응시자들의 문풍에 지대한 영향을 미쳤다.

후주에서 귀화한 쌍기나 귀화한 인물로 추정되는 왕융은 오대의 문풍을 직접 접하고 그 시기에 활동하던 인물이었는데, 오대의 문풍은 만당의 섬려하고 화려한 시풍보다 더욱 섬려하고 화려했다. 이제현李齊賢은 쌍기의 문풍에 대해 "부화한 글을 주창하여 후세에서 그 폐단을 견디지 못하였다."[51]라고 하였다. 이는 만당의 화려하고 정감적인 요소가 더욱 극대화되어 나타난 오대의 문풍이 후주 사람 쌍기의 문풍에도 그대로 나타났다는 것을 의미한다. 그리고 이러한 문풍을 가진 인물들이 고려 초기 문단을 주도하였기 때문에 고려 초기에는 만당의 시풍이 두드러졌을 것이라고 추정할 수 있다.

또 과거제로 힘을 얻게 된 세력은 신라 말 당나라에 유학을 다녀온 6두품 세력이다. 처음 시행된 과거에서 급제한 인물의 출신배경은 미상이지만 경주 6두품 출신일 가능성이 크고, 광종 때 급제한 최량崔亮은 경주 6두품 문인으로 추정되며 성종 때 장원을 한 최항崔沆은 최언위의 손자로 목종 연간(997~1009)에 두 차례나 지공거를 역임했다.[52] 만당풍에 익숙했던 신라의 6두품 세력들은 과거를 통해 고려에

50 왕융은 중국에서 고려로 귀화한 인물로 추측되는데, 오대의 시기에 귀화한 인물인지 송대에 귀화한 인물인지는 구체적으로 알 수 없다. 하지만 왕융이 고려에서 지공거로 활동하던 시기를 고려해 본다면, 오대의 문풍을 직접적으로 접하고 그 시기에 활발하게 활동하였던 인물로 추측된다. 때문에 왕융의 문풍 또한 쌍기의 문풍과 크게 다르지 않았다고 볼 수 있다.

51 『高麗史』 卷2, 光宗 26년, "李齊賢贊曰 …… 惟其倡以浮華之文, 後世不勝其弊云."

52 이혜순, 『고려 전기 한문학사』, 이화여자대학교출판부, 68쪽.

서 세력을 형성하고 문벌귀족화 하였다.

한편 960년 중국에는 송나라가 건국되었다. 당나라가 멸망한 뒤 중국 연해지방을 중심으로 하는 해상 활동이 활발해져 국제 시장이 형성되었고 이에 따라 민간무역 또한 성행하게 되었다. 송나라는 개국 초부터 중상주의를 채택하여 무역 진흥을 도모하였고, 고려와의 무역 역시 활발하게 이루어졌다. 특히 민간 무역이 활발하게 이루어져 고려 현종 3년(1012)부터 충렬왕 4년(1278)까지 200여 년 동안 송나라 상인의 내항 횟수가 120여 회에 달했고 송나라 상인으로 내항 인원은 5천 명에 달했다고 한다. 1127년에 남송이 재건된 이후로 양국간의 교류가 쇠퇴하였다고 하지만, 고려 인종 연간(1122~1146)까지의 교류는 상당히 활발하게 이루어졌다.[53] 이렇게 활발한 교류는 고려가 그만큼 송나라의 문화를 즉각적으로 수입할 수 있는 배경이 되었다. 이런 교역 활동 가운데 특히 주목할 만한 것은 서적의 유통이었다. 11세기 후반 소식蘇軾은 고려에서 서적을 사가는 것을 문제 삼아 세 차례나 「고려가 서적을 사 가는 것에 대한 이해를 논한 차자論高麗買書利害箚子」[54]를 올렸는데, 이는 송나라 내부에서 고려에서 서적을 사 가는 것에 문제를 제기하였다는 사실을 보여준다.

고려와 송나라의 무역이 활발하게 이루어지던 11세기 후반, 송나라에서는 구양수를 중심으로 시문혁신운동이 일어나 만당풍이 일소되고 송풍이 유행하기 시작하였으며, 출판문화가 급속하게 발달하여 당시 문단에서 활동하고 있던 문인들의 시문집이나 문학에 관한 각종 서적들이 곧바로 간행되어 저자에서 손쉽게 구할 수 있던 때였

53 나종우, 『韓國史』 卷15, 국사편찬위원회, 1995, 296~297쪽.

54 蘇軾, 「論高麗買書利害箚子」, 『東坡全集』 卷63.

다.[55] 소식의 문집이 고려에 들어온 것도 이즈음의 일로 보인다. 소식의 문집이 고려에 들어온 시기는 비교적 정확하게 확인할 수 있는데, 이는 어느 서점이 소식의 시문을 임의로 편집한 방각본『전당집錢塘集』으로 추정할 수 있다.

아득한 문장의 근원은 촉강이 흐름 같고	詞源遠遠蜀江流
낭랑한 풍운은 순묘의 구슬 같아	風韻琅琅舜廟球
책문을 올리면 중어부로 들어가고	擬策進歸中御府
문장을 지으면 대방주로 전해지며	文章傳過帶方州
윤각으로 돌아가지 못해도 때마다 칭찬은 남아있고	未歸綸閣時稱滯
지방관으로 다시 교체되니 정사도 함께 넉넉해지네	再換銅符政並優
종요와 왕희지의 행초 필법을 한탄하고 아쉬워하면서	歎惜鍾王行草筆
도리어 다른 관리 따라 털끝으로 배껴 내네	却隨諸吏寫毛頭[56]

이 시는 송나라의 소송蘇頌이 지은 시인데, 소송은 오대시안사건烏臺詩案事件으로 소식이 조사를 받을 때 함께 조사를 받은 인물이다. 이 시에는 소송이 평가하는 소식의 모습이 담겨있다. 수련과 함련은 소식의 문장과 시를 칭송한 부분인데 4구에서 문장을 지으면 대방주帶方州로 전해진다고 하였다. 대방주는 당나라가 백제를 멸망시키고 남원에 설치한 대방군帶方郡을 말하는데, 여기에서는 한반도를 의미하는 것이다. 4구에는 "작년에 고려의 사신이 여항餘杭을 지나다 소식의 시문집을 사서 돌아갔다.[前年, 高麗使者過餘杭, 求市子瞻集以歸.]"라는 내용의 주석이 부기되어 있는데, 이 내용으로 보아 소송이 항주에

55 정선모, 「소식문학초기수용양상고」, 『동방한문학』 36, 동방한문학회, 2008, 277쪽.

56 蘇頌, 〈已未九月, 予赴鞫御史, 聞子瞻先已被繫. 予晝居三院東閣, 而子瞻在知雜南廡. 才隔一垣, 不得通音息. 因作詩四篇, 以爲異日相遇一噱之資耳〉, 『蘇魏公文集』 卷10.

있을 때 소식의 시문집이 고려에 수입되었음을 짐작할 수 있다. 소송이 항주 자사로 있었던 것이 1076년 정월에서 이듬해 5월까지이니 당시에 고려 사신이 사간 문집은 소식이 항주 통판으로 재임하던 시기에 간행된 『전당집錢塘集』인 것으로 추정된다.[57]

기록으로 확인되는 소식 문집의 전래는 이것이 최초이다. 하지만 김부식金富軾의 아버지 김근金覲이 소식·소철蘇轍 형제의 이름을 따와 아들의 이름을 김부식·김부철金富轍로 지었다는 것을 고려한다면, 고려에 소식의 이름이 알려진 것은 김부식의 생년인 1075년 이전으로 추산할 수 있다.

고려의 귀화 한인 수용은 오대가 송나라로 통일된 이후에도 지속적으로 이루어졌다. 고려는 귀화한 송나라 사람들에게 다양한 우대정책을 실시하며 그들의 귀화를 장려하였는데, 귀화한 송나라 사람들 가운데 상당수는 관료와 문인 출신이었다.[58] 이들의 귀화는 송시의 유입과 확산에 상당한 영향을 끼쳤을 것으로 보인다.

송나라와의 상선을 통한 교류와 송나라 사람의 귀화를 통해서만 송시가 유입된 것은 아니다. 송나라에서는 고려의 한학 수준을 알고 고려에 국서를 보낼 때 사신詞臣에게 문장을 짓게 하여 잘 지은 문장을 가려서 보냈다고 한다.[59] 그렇다면 고려에서 송나라로 유학생들을 보낼 때 역시 뛰어난 인물들을 추려서 보냈을 것이라고 짐작할 수 있다. 『고려사高麗史』에는 유학생 파견 기사들이 남아있어 유학생들

57 蘇軾의 『錢塘集』 수입에 관한 자세한 내용은 정선모, 「소식문학초기수용양상고」의 '4. 『錢塘集』의 전래 과정' 참고. (정선모, 앞의 논문.)

58 정일교, 「宋人의 高麗 歸化 원인과 유형」, 『인문논총』 49, 경남대학교 인문과학연구소, 2019, 56, 60쪽.

59 나종우, 『韓國史』 卷15, 국사편찬위원회, 1995, 291쪽.

의 유학과 급제 내용을 확인할 수 있는데, 976년 김행성金行成이 송나라의 국자감에 입학하였고,[60] 980년 최한崔罕과 왕빈王彬이 송나라에 유학하여 6년 뒤인 986년에 빈공과에 급제하였다.[61] 998년에는 김성적金成績이 송나라에서 급제하였고,[62] 1115년에는 김단金端·견유저甄惟底·조석趙奭·강취정康就正·권적權迪 등이 태학에 들어갔다가[63] 2년 후, 김단·조석·권적이 상사上舍에 급제하였다고 한다.[64]

이유원李裕元은 「중국 과거 시험에 합격한 우리나라 사람들東人爲中州科」에서 송나라에 유학하여 송의 제과制科에 합격한 이들에 대해 언급하였는데, 『고려사』에서 확인되지 않는 인물들도 있음을 알 수 있다.

> 송나라 과거에서 방목 끝에 이름을 붙인 자는 고려의 金行成·康戩, 崔罕·王彬·金成績·康撫民·權適·趙奭·金端·康就正이다.[65]

이 가운데 강전康戩과 강무민康撫民, 강취정康就正의 급제 기록은 『고려사』에서 확인되지 않는데, 강취정이 급제했다는 것은 이유원이 잘못 확인한 것으로 『군서고색群書考索』에는 견유저가 급제한 것으로 되어있다. 이 외에 강전은 980년 진사에 급제하여, 중국에서 관직을

60 『高麗史』 卷2, 景宗 元年, "是歲, 遣金行成如宋, 入學國子監."

61 『高麗史』 卷74, 科目 2, "五年, 遣崔罕·王琳如宋入學, 十一年, 罕·琳登賓貢科, 授秘書郎."

62 『高麗史』 卷74, 科目 2, "穆宗元年 金成積入宋, 登第."

63 『高麗史』 卷74, 科目 2, "睿宗十年七月 遣金端·甄惟底·趙奭·康就正·權迪如宋, 赴大學."

64 『高麗史』 卷74, 科目 2, "十二年 迪·奭·端登上舍及第."

65 李裕元, 「東人爲中州科」, 『林下筆記』 卷11, "宋朝科附名榜尾, 高麗金行成, 康戩, 崔罕, 王彬, 金成績, 康撫民, 權適, 趙奭, 金端, 康就正."

지내다가 생을 마쳤고, 강무민은 1034년 빈공진사시에 응시하여 동출신同出身을 받았다고 하였다. 이유원이 언급한 인물 가운데 최한, 왕빈, 김성적, 권적權適, 조석, 김단 6명은 이후 고려로 귀국한 인물이다.[66] 이를 보면 10세기부터 12세기까지 고려에서 송나라 유학이 꾸준히 이루어졌음을 알 수 있다.

이 가운데 권적權適에 관한 기록을 보한집에서 확인할 수 있는데, 상당히 유능한 인물로 송나라에 유학을 가 태학에서 공부하였고 재학하던 7년간 여러 차례 고예과考藝科의 수석을 차지하였으며, 황제가 직접 와서 책시策試를 볼 때는 갑과 1등에 뽑혔다. 또 고려에 돌아와서는 청요직을 두루 역임하였다.[67] 권적의 시는 『동문선東文選』에 2수가 남아있는 것으로 확인[68]되지만 이 2수의 시만으로 그의 시풍이 어떻게 구현되었는지를 정확하게 파악하기 어렵다.

하지만 권적의 기록에서 볼 수 있듯이 송나라에 유학한 고려 유학생들의 수준이 상당히 뛰어났음을 짐작할 수 있다. 그러나 고려 유학생들의 시문학 작품 가운데 현재 확인할 수 있는 것은 권적의 시 2수가 전부이기 때문에 이들의 시문학이 어떻게 구현되었는지는 알 수 없다. 하지만 이들은 송나라에서 그곳의 시풍을 직접적으로 접했던 인물들이 있었고, 이들이 고려로 귀국하여 고려의 시단에 영향을 미쳤을 것이라는 점은 충분히 짐작할 수 있다. 이는 고려의 송시 수용이

66 강전과 강무민, 견유저의 급제 사실 여부의 확인과 유학생의 귀국 여부는 김덕수의 「고려의 對중국 遊學과 制科 급제자」를 참고하였다. (김덕수, 「고려의 對중국 遊學과 制科 급제자」, 『인문연구』 87, 영남대학교 인문과학연구소, 2019, 176~179쪽.)

67 崔滋, 『補閑集』 卷上, "詔入辟廱承學. 凡在學七年, 屢居考藝科魁, 皇帝臨軒策試, 擢甲科第一人. 及還本朝, …… 不數年間備歷淸要."

68 權適, 〈朝送路上寄諸友〉, 『東文選』 卷9.; 〈安北寺詠竹〉, 『東文選』 卷19.

상선을 통한 문화 교류나 귀화인을 통해 일방적으로 이루어진 것이 아니라 고려 문인들의 주체적이고 자발적인 수용이었음을 보여주는 것이다.

고려 건국 초에는 신라 6두품 출신과 오대 출신 지공거의 영향으로 만당풍이 유행하다가, 11세기 즈음에 소식의 문집이 고려에 들어왔다는 사실을 확인하였다. 그러나 소식의 문집이 들어온 시점과 소식의 시가 유행을 한 시점이 동일하다고 볼 수는 없다. 하지만 12세기 후반에서 13세기 초반에 활동한 문인들의 언급을 보면 소식의 영향력을 확인할 수 있다. 이규보李奎報는 "과거에 급제한 뒤에 그제야 시를 배우는데 동파의 시를 더욱 즐겨 읽어서 매해 과거 합격자의 방이 붙은 뒤에는 사람마다 올해도 30명의 동파가 나올 것이라고 한다."[69] 라고 하였는데, 이 언급은 과시科詩가 소식의 시경향으로 지어졌다는 것이 아니라, 이제 막 과거에 급제한 젊은 문인들에게 소식의 시가 새로운 유행으로 받아들여졌다는 것이다. 이 외에 이규보가 "문집이 세상에 유행하는 것은 각각 한 시기에 숭상될 뿐이었다. 그러나 지금까지 『동파집東坡集』만큼 성행하여 더욱 사람들이 즐기게 된 것은 없었다."[70]라고 한 것이나, 임춘林椿이 "내가 보니 근세에 동파의 문장이 한 시대에 크게 유행하였다."[71]라고 한 것, 이인로李仁老가 "내가 문을 닫아 걸고 『산곡집山谷集』과 『동파집』 두 문집을 읽은 뒤에 시어가 굳세지고 시운이 맑아져서 작시의 삼매를 얻었다."[72] 라고 한 언급들

69 李奎報, 「答全履之論文書」, 『東國李相國集』 卷26, "及得科第, 然後方學爲詩, 則尤嗜讀東坡詩, 故每歲榜出之後, 人人以爲今年又三十東坡出矣."

70 李奎報, 「全州牧新雕東坡文集跋尾」, 『東國李相國集』 卷21, "夫文集之行乎世, 亦各一時所尙而已. 然今古已來, 未若東坡之盛行, 尤爲人所嗜者也."

71 林椿, 「與眉叟論東坡文書」, 『西河集』 卷4, "僕觀近世, 東坡之文大行於時."

을 보면 이규보와 임춘, 이인로가 활동하던 12세기 후반에서 13세기 초반에는 소식의 시풍이 당대 시단에 상당한 영향을 끼치고 있었음을 알 수 있다.

여기까지 살펴본 내용을 다시 정리해 보면, 고려의 시문학 경향은 과거제도 도입 초기에 지공거를 담당했던 쌍기나 왕융 등의 영향에 의해 만당풍이 크게 유행하였고, 당나라에서 만당의 시를 익혔던 6두품 세력은 고려 전기에 문벌귀족이 되어 지속적으로 만당풍의 시를 향유하고 있었다. 문벌귀족들은 후에 지공거를 맡았고, 그들의 문학적 기호는 급제자 선발에 영향을 미치기도 하였는데, 문단의 주류 세력으로 활동하였던 문벌귀족은 만당풍을 지속적으로 향유하였지만, 새로운 경향을 추구하던 일각의 문인들은 여러 경로를 통해서 수입된 송풍을 받아들이면서 세력을 형성해가고 있었다는 것이다.

이런 상황에서 무신란이 일어나 문벌귀족이 몰락하게 되면서 그들이 향유하던 만당풍의 한시가 퇴조하기 시작했고, 송풍의 대두가 가속화되었던 것으로 보인다. 무신란 이후 송시의 영향으로 특징적인 점은 시화서의 편찬이 이루어졌다는 것이다. 송대에 시화서, 시론서가 유행하게 된 가장 큰 이유는 송나라 문인들이 당나라의 문인들보다 학문과 독서를 중시했다는 데에서 찾을 수 있다. 송대의 시인들은 과거 문인들의 문화유산을 계승하여 이를 학습의 전범으로 삼고자 하였으며, 고대의 전적을 섭렵하여 정신을 살찌우고, 시가 작품을 보다 많이 숙독하여 시가 창작의 원리와 방법을 파악해야 한다고 여겼다.[73] 이러한 풍조의 유행으로 송대에는 많은 시화서와 시론서가 나

72 崔滋,『補閑集』卷中, “李學士眉叟曰, 吾杜門讀黃蘇兩集然後, 語遒然韻鏘然, 得作詩三昧.”

오게 되었다.

고려 무신란 이후 문인들은 정치적으로 힘을 잃게 되었지만, 이들은 자신들의 존재가치를 문학에서 찾고자 하였다. 이들 중 일부는 지공거를 맡기도 하였으나, 대다수의 문인들은 정치적으로 도태되어 승려가 되거나 은거하는 삶을 택하였다. 이 시기 대표적인 문인집단으로 죽림고회竹林高會가 있는데, 이들은 모두 출중한 문학적 능력을 가져 당대 문학적으로 큰 명성을 얻었지만 정치적으로는 현달하지 못하였다. 그럼에도 이들은 자신의 문장에 대단한 긍지를 가지고 있었던 것으로 보인다.[74] 특히 능력을 가지고도 출세할 수 없었던 그들의 현실은 그들에게 현실 비판적인 태도를 가지게 했을 것이고, 그런 만큼 이들은 점점 더 문학에 빠져들 수밖에 없었을 것이다. 송나라 문인들은 학문과 독서를 중시하고 시가 창작의 원리를 파악하기 위해 시화서나 시론서를 창작하였지만, 고려의 문인들은 자신들의 긍지를 표출하고 존재가치를 확인하는 수단으로 시화서를 창작하였던 것으로 보인다. 이러한 영향으로 『파한집破閑集』이나 『보한집補閑集』과 같은 시화서가 편찬되었고, 여기에서 고려 문인들의 긍지와 존재가치를 드러내는 부분을 발견할 수 있다.

> 천하의 일 중에 귀천이나 빈부로 높고 낮게 할 수 없는 것은 문장뿐이다. 대개 문장으로 지어진 작품은 마치 해와 달이 하늘에서 빛나고, 구름과 안개가 太虛에서 모였다 흩어졌다 하는 것과 같다. 눈이 있는 사람은

73 양충열, 「송대 시론가의 '시법'에 대한 인식」, 『중국인문과학』 21, 중국인문학회, 2000, 120쪽.

74 김현주, 「高麗 武人執權期 竹林高會의 成立과 性格」, 충북대학교 석사학위논문. 2008, 51쪽.

> 보지 않을 수 없으니 가려 덮을 수가 없다. 이 때문에 布葛을 입은 선비라도 충분히 무지개처럼 빛을 드리울 수 있다. 趙孟의 고귀함은 그 형세가 어찌 나라를 부유하게 하고 집안을 풍요롭게 할 수 없었겠느냐만, 문장에 있어서는 일컬어짐이 없다. 이 때문에 말하건대, 문장에는 절로 일정한 가치가 있으니 부유함으로 그것을 줄일 수가 없다.[75]

이러한 이인로의 언급에는 자신이 가지고 있었던 문인으로서의 자부심이 두드러지게 나타난다. 이인로는 문장에 뛰어난 능력이 있었음에도 높은 관직에 오르지 못한 인물이다. 이인로는 지위나 부로 좋거나 나쁘게 할 수 없는 것이 문장이라고 하여 문장에 능력을 가진 자기 자신에 대한 자부심을 드러내었다.

무신정권이 끝나고 고려 후기가 되었을 때 중국에는 몽고의 원나라(1271~1368)가 들어섰다. 원나라는 이민족의 나라로 한족들로부터 인정받기 어려웠기 때문에 주자학을 더 철저히 숭상하였다.[76] 고려 후기 원 간섭기가 시작되자 고려에서는 원나라에 유학하거나 방문하는 학자들이 많았는데, 이들에 의해 원나라에서 큰 영향을 떨치고 있던 주자학이 수입되었다. 고려 역시 무신집권기를 지나면서 사상·이념적 기반이 무너져 있었고, 불교는 이미 폐단이 너무 심해져 있었기 때문에 고려 후기에 새롭게 등장한 세력들은 원나라에서 주자학을 보다 적극적으로 받아들이게 되었다. 이 시기 고려에 미친

75 李仁老,『破閑集』卷下, "天下之事, 不以貴賤貧富爲之高下者, 唯文章耳. 盖文章之作, 如日月之麗天也, 雲烟聚散於大虛也, 有目者無不得覩, 不可以掩蔽. 是以布葛之士, 有足以垂光虹霓. 而趙孟之貴, 其勢豈不足以富國豐家, 至於文章, 則蔑稱焉. 由是言之, 文章自有一定之價, 富不爲之減."

76 허권수,「고려후기 성리학과 한문학의 교섭양상」,『한문학보』13, 우리한문학회, 2005, 7쪽.

성리학의 영향은 서거정徐居正의 언급에서 찾아볼 수 있다.

> 대체로 성리학은 송대에 성하였으니 송나라 이전부터 子思·孟子 이후로 작가들이 한둘이 아니었지만, 李翰과 韓愈만이 바른 도에 가까웠으니 하물며 우리나라에 있어서이겠는가. 충렬왕 이후 집주가 처음 간행되어 학자들이 차츰 성리학의 영역에 들어가, 이제현 이후의 이곡, 이색, 정몽주, 정도전, 권근 등 여러 선생들이 이어서 일어나 도학을 창도하니, 문장의 氣習이 고문에 가까워지고 시부와 사륙문도 자연스럽게 우열이 있게 되었다.[77]

주자학이 고려에 처음 전래된 것은 충렬왕 때에 안향安珦이 주자서를 필사해 온 뒤로, 충선왕 때에 안향의 제자 백이정白頤正이 충선왕과 함께 원나라의 수도에 10년간 머물면서 정주程朱의 성리서를 많이 구해온 것에서 시작된다. 안향이 들여온 성리학은 사승 관계를 통해 백이정·권부權溥·우탁禹倬에게로 이어지고, 이어 이제현·이곡李穀을 거쳐, 이색李穡·정몽주鄭夢周·정도전鄭道傳 등에게 송시와 함께 전해지게 된다.

고려 후기에는 고려 중엽부터 유행하던 소동파의 송풍이 일정한 영향력을 행사하고 있었으며, 황정견黃庭堅에 대한 관심 역시 커지고 있었다. 여기에 성리학의 전래로 인해 철리적인 세계관을 읊는 염락풍 한시가 고려로 전파되어 고려의 문인들에게 영향을 미치게 되었다. 이처럼 송풍의 영향이 두드러지는 때이기는 했지만 당시에 대한

77 徐居正, 『東人詩話』 卷下, "蓋性理之學, 盛於宋, 自宋以上, 思孟以下, 作者非一, 唯李翰韓愈爲近正, 況東方乎. 忠烈以後, 輯注始行, 學者駸駸入性理之域, 益齋以下, 稼亭牧隱圃隱三峯陽村諸先生, 相繼而作, 倡明道學, 文章氣習, 庶幾近古, 而詩賦四六, 亦自有優劣矣."

관심 역시 유지되고 있었음을 확인할 수 있다. 고려 중기 문인들에게 두시杜詩가 수용되었고, 만당의 시인 두목杜牧의 문집인 『번천문집樊川文集』이 읽혔으며 이에 대한 협주夾註도 작성되었다는 것[78]이 확인되어 송시와 함께 당시의 수입과 수용 또한 이루어지고 있었음을 확인할 수 있다.

3. 시선집詩選集과 대표 작가

조선 건국 초에서 연산조까지 시풍의 실체를 확인하고자 하는 이 책의 목적을 완벽하게 달성하기 위해서는 이 시기 활동했던 작가들의 시문학 작품 전체를 분석하는 것이 가장 확실한 방법이다. 그렇지만 조선 건국 초에서 연산조까지는 그 기간이 100년이 넘고, 활동한 작가들 또한 너무 많아 그들이 지은 시문학 작품 전체를 분석 대상으로 삼기에는 자료가 너무 방대하다. 따라서 이 책에서는 실현 가능한 현실적인 방법으로 이 시기 활동했던 전체 작가들 가운데 이 시기를 대표할 수 있는 작가를 선정하고, 이어 그 작가들의 대표 작품을 선별하여 분석과 논의를 진행하고자 한다. 이와 같은 방법이 이 시기 시문학 작품의 전체를 분석한 것만큼 정확하지는 않겠지만, 이 시기 시풍의 실체에 다가갈 수 있는 현실적인 유일한 방법이라고 생각한다.

이와 같은 방법을 통해 조선 초기 시풍의 실체를 확인해 보고자 하는 이 책에서는 이 시기의 대표 작가와 작품을 선정하기 위해 시선집을 활용하고자 한다. 그것은 시선집이 시선집 편찬 대상 시기의

78 김호, 「朝鮮刊本 〈樊川文集夾註〉의 夾註者 國籍에 관한 一考 - 고려시대 중국서적 장서환경의 관점에서 -」, 『중국어문학지』 43, 중국어문학회, 2013.

대표 작가들과 그 작가의 대표작을 뽑아서 엮은 책이기 때문이다. 시선집에는 편찬자의 의도나 시에 대한 선호가 개입될 수밖에 없고, 편찬자의 감식안에 따라 시선집의 가치나 시선집에 수록된 시의 가치가 달라지기도 한다. 그러므로 이 책에서는 여러 시선집의 가치를 검토한 뒤, 복수의 시선집을 통해 조선 초기의 대표 작가와 작품을 선정하고자 한다. 이렇게 한다면 시선집을 통한 대표 작가와 작품의 선정이 최소한의 객관성을 보장할 수 있을 것이다.

조선조에서 나온 시선집을 대략적으로 살펴보면, 조선 전기에는 관찬 시선집인 『동문선東文選』과 『속동문선續東文選』, 사찬 시선집인 『청구풍아靑丘風雅』·『신편유취대동시림新編類聚大東詩林』·『당송연주시격부록唐宋聯珠詩格附錄』 등이 있으며,[79] 조선 중기의 시선집으로는 중국의 요구에 의해 편찬된 관찬 시선집 『해동시부선海東詩賦選』과 별본 『동문선東文選』, 사찬 시선집으로는 허균의 『국조시산國朝詩刪』과 유근柳根의 『속청구풍아續靑丘風雅』가 있다.[80] 조선 후기의 시선집으로는 사대부 시인의 시를 주로 하는 『기아箕雅』와 위항시인의 작품을 위주로 하는 『육가잡영六家雜詠』과 『해동유주海東遺珠』, 그리고 신분에 관계없이 이 시기까지의 시인 전체를 대상으로 하는 『대동시선大東詩選』이 있다.[81]

이 가운데 『신편유취대동시림』과 『당송연주시격부록』은 유희령柳希齡이 편찬한 것이다.[82] 『신편유취대동시림』은 중종 37년에 편찬된

79 황위주, 「朝鮮 前期의 漢詩選集」, 『한국학』 20, 한국학중앙연구원, 1997.
80 이종묵, 「朝鮮 中期의 漢詩選集」, 『한국학』 20, 한국학중앙연구원, 1997.
81 성범중, 「朝鮮 後期의 漢詩選集」, 『한국학』 20, 한국학중앙연구원, 1997.
82 김휴의 『海東文獻總錄』에 『大東詩林』과 『大東聯珠詩格』에 대한 간략한 설명이 수록되어 있다. (김건곤 외, 『역주 해동문헌총록』, 한국학중앙연구원출판부, 2018, 816

시선집으로 동문선의 3배 이상이 될 만큼 방대한 분량의 시선집이다. 하지만 현재까지 완질이 발견되지 않아 그 실체를 온전히 파악할 수 없는 형편이다. 『당송연주시격부록』은 20권 정도의 규모로 편찬되었고 우리나라의 7언절구를 선집한 것이라고 하나 이 책 역시 현재까지 발견되지 않아 그 정체를 확인하기 어렵다.[83] 유근의 『속청구풍아』는 김종직의 『청구풍아』 이후부터 17세기 이전까지를 대상으로 546제의 작품을 수록하고 있다. 하지만 이주, 박은 등의 뛰어난 작가들의 시가 전혀 수록되어 있지 않다. 중국의 요청으로 편찬된 『해동시부선』 역시 지금 전하지 않고, 증보된 필사본으로 숙종 대에 별본 『동문선』이 간행되었다. 별본 『동문선』에 수록된 시는 『청구풍아』와 『국조시산』에서 수록된 작품을 대상으로 다시 선별 작업을 거쳐 수록된 것으로 보이는데, 전체적으로는 『기아』와 거의 흡사하다.[84] 후기에 편찬된 시선집들 가운데 위항시인의 시를 대상으로 하는 시선집은 이 책과의 연관성이 크게 떨어져 다시 거론하지 않는다.

따라서 이 책에서는 『청구풍아』·『동문선』·『속동문선』·『국조시산』·『기아』·『대동시선』을 중심으로 조선 초기의 대표 작가와 작품을 선별하는데, 선별된 대표 작가의 문집이 현존하는 경우 문집도 참고하도록 한다.

이 책에서 대상으로 하는 시선집을 간략하게 살펴보면 먼저 『청구풍아』·『동문선』·『속동문선』 세 시선집은 조선 전기에 편찬된 시선집이다. 『청구풍아』는 김종직이 1466년(세조 12)에 편찬을 시작하여

~818쪽.)

83 황위주, 「朝鮮 前期의 漢詩選集」, 『한국학』 20, 한국학중앙연구원, 1997, 58, 62~65쪽.

84 이종묵, 「朝鮮 中期의 漢詩選集」, 『한국학』 20, 한국학중앙연구원, 1997, 71~72, 75, 88쪽.

1475년(성종 6)에 완성한 시선집으로, 조선 최초의 사찬 시선집이다. 『동문선』은 1475년(성종 6) 경에 편찬되기 시작[85]하여 1478년(성종 9)에 완성된[86] 관찬 시문선집이다. 『속동문선』은 그 이름에서 볼 수 있듯 『동문선』의 후속이라는 성격을 가지는데, 『동문선』이 완성되고 40년 가량 지난 1518년(중종 13)에 편찬되었다. 『속동문선』은 『동문선』의 후속 작업으로 이루어졌기에 『동문선』에 수록된 작품 이후의 작품들부터 수록되어 있다. 따라서 『동문선』보다 더 일찍 편찬된 『청구풍아』와도 수록 작가와 작품이 중복되지 않는다. 이 세 시선집은 성종에서 중종 연간에 편찬되어 이 책에서 다루고자 하는 작가와 작품의 당대적인 평가를 확인할 수 있다. 또한 『동문선』과 『속동문선』은 관찬이고, 『청구풍아』는 사찬이기 때문에 당대 시문학에 대한 보다 다양한 시선을 확인할 수 있을 것이다.

17세기는 조선 문단의 급성장과 문인들의 다양성 지향으로 인해 우리나라 시문선집 편찬사에서 양적, 질적으로 매우 뚜렷한 특성을 형성한 시기이다. 이 시기의 시선집은 분명한 경향성과 전범성을 확립하였는데,[87] 이 시기에 편찬된 시선집 가운데 가장 대표적인 것이 허균의 『국조시산』이다. 『국조시산』에 대해 홍만종洪萬宗은 다음과 같이 평가하였다.

> 시를 알아보는 것은 시를 짓는 것보다 어렵다. 예로부터 시에 능한 이들이 모두 시를 선별하는 것을 어렵다고 여겼다. 내가 선배들에게 듣자니

85 『成宗實錄』卷5, 6년 5월 7일, "居正曰, '…… 臣等欲倣古文選, 自新羅至我朝, 類選詩文, 今已裒集, 時未成書耳.' 上曰, '第撰之, 當印頒.'"

86 徐居正, 「東文選序」, 『東文選』 序, "成化紀元之十四年蒼龍戊戌二月下浣."

87 최은주, 「17세기 시선집 편찬에 대한 연구」, 경북대학교 박사학위논문, 2006, 3쪽.

> 石磵 趙云仡이 편찬한 『三韓龜鑑』은 빠지고 소략한 부분이 많으며, 夢窩 柳希齡의 『大東詩林』은 고루하고 치우침을 면치 못했으며, 四佳 徐居正의 『東文選』은 하나로 모았을 뿐이니 또한 선별하는 방법을 따른 것이 아니다. 陽谷 蘇世讓의 『續東文選』은 취사가 공정하지 않아 (자신이) 좋아하고 싫어하는 것을 따랐으며, 佔畢齋 金宗直의 『靑丘風雅』는 정밀하고 간결한 것을 취하고 격앙된 것은 버렸고, 西坰 柳根의 『續靑丘風雅』는 취하고 버리는 것이 분명하지 않으니 요령을 얻지 못하였다. 오직 許筠의 『國朝詩刪』은 澤堂과 여러 분들이 모두 잘 선별하였다고 칭찬하였으니 『국조시산』이 세상에 성행하는 것은 이 때문이다.[88]

홍만종은 『시화총림詩話叢林』에서 역대의 시선집들에 대해 이와 같은 평가를 내렸다. 다른 시선집들에 대해서는 문제점을 지적하면서 혹평을 한 것에 비해 『국조시산』에 대해서는 유독 후하게 평가하고 있음을 알 수 있다. 또 홍만종의 이 글을 통해 『국조시산』이 당대에 많은 문인들에게 읽히며 성행했었음을 알 수 있다.

이 시기에 편찬된 시선집으로 17세기 말 남용익南龍翼이 편찬한 『기아』가 있다. 남용익은 이전에 편찬된 시선집의 문제점을 극복하기 위해 『기아』를 편찬한 것으로 보인다.

> 『東文選』은 넓지만 정밀하지 못하고, 『續東文選』은 수록한 것이 많지 않고, 『靑丘風雅』는 정밀하지만 넓지 않고, 『續靑丘風雅』는 취한 것이 분명하지 않다. 최근의 『國朝詩刪』은 꽤나 자세하고 갖추어진 듯 하지만

88 洪萬鍾, 「附證正」, 『詩話叢林』, "知詩難於作詩, 自古能詩者, 咸以選詩爲難. 余聞之先輩, 趙石磵所選, 三韓龜鑑, 多所缺畧, 柳夢窩, 大東詩林, 未免固詖 徐四佳, 東文選, 卽一類聚, 亦非選法. 蘇陽谷, 續東文選, 取舍不公, 頗因愛憎, 金佔畢, 靑邱風雅, 只取精簡, 遺其發越, 柳西坰, 續靑邱風雅, 與奪不明, 不得其要領. 惟許筠國朝詩刪, 澤堂諸公皆稱善揀, 詩刪之盛行於世, 盖以此也."

> 國初에서부터 宣祖대에 그쳤으니, 처음과 끝이 또 완비되지 못한 흠이 있어서 내가 모두 문제로 여겼다.[89]

이 글은 『기아』를 편찬한 남용익의 『기아』 서문의 일부이다. 여기서 남용익은 그때까지 편찬된 시선집 가운데 『동문선』·『속동문선』·『청구풍아』·『속청구풍아』·『국조시산』을 언급하면서 각 시선집의 장단점을 언급하였는데, 이는 『기아』를 편찬하면서 이러한 한계를 극복하고자 했던 것으로 볼 수 있다. 그런데 남용익이 『기아』의 서문에서 이 시선집들을 지적하며 극복하고자 했던 것은 이 시선집들이 각각의 한계를 가지고 있기는 하지만, 남용익이 『기아』를 편찬했을 당시 이 시선집들이 당대의 문인들에게 널리 읽혔던 것이라고 유추해 볼 수 있게 한다.

마지막으로 살펴볼 시선집은 1918년 장지연張志淵에 의해 편찬된 『대동시선』이다. 장지연의 『대동시선』은 2,073인의 작가가 창작한 5,320수의 시가 수록된 우리나라 최대의 한시선집으로, 장지연이 특정한 작가군이나 작품군을 한정하지 않고[90] 최대한 많은 작가를 수록하는 데에 시선집 편찬의 목적을 두었다[91]는 점에서 의미가 크다.

지금까지 살펴본 시선집들은 앞서 언급된 홍만종이나 남용익의 평가에서처럼 각각의 한계를 가지기도 하고, 편집자의 역량에 따라 시

---

89 南龍翼, 「箕雅序」, 『壺谷集』 卷15, “東文選, 博而不精, 續則所載無多, 青丘風雅, 精而不博, 續則所取不明. 近代國朝詩刪, 頗似詳核, 而起自國初, 迄于宣廟朝, 首尾亦欠完備, 余皆病之.”

90 鄭萬朝, 「序」, 『大東詩選』 序, “余友韋庵張君選東詩 箕子以降數千年中, 自大儒名公以洎市井輿臺衲 徒娼家, 而詩之古近典俚正變長短愉怨笑罵, 靡不取焉.”

91 황재문, 「『大東詩選』의 편찬 경위와 문학사적 위상」, 『진단학보』 107, 진단학회, 2007, 219, 243쪽.

선집의 가치 평가가 달라지기도 한다. 그런 점에서 각각의 시선집을 완벽하다고 할 수는 없다. 하지만 이 시선집들을 종합적으로 살펴본다면 조선 초기 한시에 대한 당대와 후대의 평가를 확인할 수 있을 것으로 보인다.

따라서 이 책에서 조선 초기 대표 작가와 작품 선별의 대상으로 삼고자 하는 시선집은 『청구풍아』·『동문선』·『속동문선』·『국조시산』·『기아』·『대동시선』이다.

이 6종류의 시선집에 수록되어 있는 조선 초기의 작가는 모두 177명이고, 이들의 시문학 작품은 모두 1,158제 1,430수이다. 문집의 현존 여부를 포함하여 이 6종류의 시선집에 수록된 작가와 작품의 수량을 표로 정리해 보면 아래와 같다.

〈표 2〉 6종류 시선집 작가와 작품의 수량 및 문집 현전 여부[92]

연번	이름	시 수	문집	연번	이름	시 수	문집
1	權近 (1352-1409)	23제 25수	陽村集	90	李永瑞 (?-1450)	3제 3수	
2	鄭道傳 (1342-1398)	30제 34수	三峯集	91	柳誠源 (1426-1456)	1제 1수	六先生遺稿 柳先生遺稿
3	鄭俊 (?-1467)	1제 1수		92	兪應孚 (?-1456)	1제 1수	
4	釋宏演 (?-?)	8제 9수		93	申叔舟 (1417-1475)	7제 7수	保閑齋集
5	趙浚 (1346-1405)	12제 12수	松塘集	94	成聃壽 (?-?)	1제 1수	

92 〈표 2〉에 나온 작가는 『대동시선』 권2에 제시된 작가순을 따랐으며 시기의 하한선은 중종반정으로 연산군이 폐위된 1506년이 넘으면 중종조의 영향을 많이 받은 인물로 간주하여 제외하였다. 이 책에서 논의의 대상으로 삼은 6종류의 시선집에 수록된 조선 초기의 작가와 작품의 현황은 필자의 박사학위논문 「조선 초기 시풍 연구 - 唐·宋風의 眞存 樣相을 중심으로」의 〈부록 1〉에 구체적으로 제시되어 있다.

6	權湛 (?-1423)	3제 3수		95	金時習 (1435-1493)	52제 64수	梅月堂集
7	河崙 (1347-1416)	1제 1수	浩亭集	96	南孝溫 (1454-1492)	18제 30수	秋江集
8	權弘 (1360-1446)	1제 1수		97	李達善 (1457-1505)	1제 1수	
9	釋卍雨 (?-?)	2제 2수		98	趙旅 (1420-1489)	2제 2수	漁溪集
10	權軫 (1357-1435)	1제 1수		99	茂豊都正李摠 (?-1504)	1제 1수	
11	梁汝恭 (1377-1433)	5제 5수		100	金守溫 (1410-1481)	14제 16수	拭疣集
12	釋丁近 (?-?)	1제 1수		101	金克儉 (1439-1499)	5제 5수	
13	李行 (1352-1432)	2제 2수	騎牛集	102	姜希顔 (1418-1464)	7제 7수	
14	辛引孫 (1384-1445)	1제 1수		103	成熺 (?-1458)	1제 1수	
15	朴堧 (1378-1458)	1제 2수		104	洪逸童 (?-1464)	2제 2수	
16	成石璘 (1338-1423)	9제 9수	獨谷集	105	李石亨 (1415-1477)	5제 5수	樗軒集
17	釋祖異 (?-?)	1제 1수		106	曺尙治 (?-?)	1제 1수	
18	曹庶 (?-?)	6제 6수		107	元柱 (1463-1499)	1제 1수	
19	偰循 (?-1435)	1제 1수		108	任元濬 (1423-1500)	1제 1수	
20	鄭招 (?-1434)	2제 2수		109	徐居正 (1420-1488)	74제 83수	四佳詩集
21	南在 (1351-1419)	1제 1수	龜亭遺稿	110	金壽寧 (1436-1473)	5제 5수	
22	黃喜 (1363-1452)	3제 3수		111	尹子濚 (?-?)	1제 1수	
23	孟思誠 (1360-1438)	1제 1수		112	魚世謙 (1430-1500)	8제 8수	
24	咸傅霖 (1360-1438)	3제 3수		113	柳文通 (1438-1498)	2제 2수	

25	安省 (1344-1421)	1제 1수		114	盧思愼 (1427-1498)	2제 2수	
26	鄭摠 (1358-1397)	4제 4수	復齋集	115	李承召 (1422-1484)	31제 50수	三灘集
27	姜淮伯 (1351-1402)	7제 7수		116	崔淑精 (1433-1480)	9제 9수	逍遙齋集
28	朴宜中 (1337-1403)	8제 8수	貞齋逸稿	117	成任 (1421-1484)	5제 5수	
29	尹紹宗 (1345-1393)	20제 20수		118	姜希孟 (1424-1483)	50제 114수	私淑齋集
30	李詹 (1345-1405)	29제 29수	雙梅堂 篋藏集	119	朴楗 (1434-1509)	1제 1수	
31	成石珚 (?-1414)	1제 1수		120	李淑瑊 (?-?)	3제 3수	
32	韓處寧 (?-1428)	1제 1수		121	成侃 (1427-1456)	17제 22수	眞逸遺藁
33	李原 (1368-1429)	3제 3수	容軒集	122	許琮 (1434-1494)	7제 7수	
34	鄭悛 (1356-1435)	5제 5수		123	朴撝謙 (?-?)	4제 4수	
35	柳方善 (1388-1443)	12제 12수	泰齋集	124	李智活 (1434-?)	1제 1수	
36	鄭以吾 (1347-1434)	6제 6수		125	鄭種 (1417-1476)	1제 1수	
37	權遇 (1363-1419)	5제 5수	梅軒集	126	金漢 (?-?)	1제 1수	
38	李惠 (?-?)	1제 1수		127	金宗直 (1431-1492)	93제 148수	佔畢齋集
39	卞仲良 (?-1398)	10제 10수		128	洪貴達 (1438-1504)	21제 25수	虛白亭集
40	卞季良 (1369-1430)	18제 18수	春亭集	129	南怡 (1441-1468)	1제 1수	
41	柳寬 (1346-1433)	1제 1수		130	李瓊仝 (1438-1494)	8제 8수	
42	陳義貴 (?-1424)	1제 1수		131	成俔 (1439-1504)	38제 59수	虛白堂集
43	朴瑞生 (?-?)	4제 4수		132	孫比長 (?-?)	1제 1수	

44	金自知 (1367-1435)	1제 1수		133	李仁亨 (1436-1504)	1제 1수	
45	李先齊 (1390-1453)	2제 2수		134	孫舜孝 (1427-1497)	4제 4수	勿齋集
46	兪孝通 (?-?)	2제 2수		135	崔應賢 (1428-1507)	1제 1수	
47	金久冏 (?-?)	2제 2수		136	金訢 (1448-1492)	21제 32수	顔樂堂集
48	李孟畇 (1371-1440)	3제 3수		137	丁壽崐 (1452-1486)	2제 2수	
49	黃鉉 (?-1372)	1제 1수		138	柳壕 (?-?)	2제 2수	
50	許稠 (1369-1439)	1제 1수		139	趙之瑞 (1454-1504)	1제 1수	
51	崔脩 (?-?)	2제 2수		140	崔敬止 (?-1479)	1제 1수	
52	趙須 (?-?)	2제 2수		141	月山大君李婷 (1454-1488)	10제 10수	風月亭集
53	李稷 (1362-1431)	4제 4수	亨齋詩集	142	成聃年 (?-?)	1제 1수	
54	李來 (1362-1416)	1제 1수		143	朱溪君李深源 (1454-1504)	4제 5수	
55	尹淮 (1380-1436)	6제 6수		144	鳴陽正李賢孫 (1467-?)	6제 7수	
56	金益精 (?-1436)	2제 2수		145	安應世 (1455-1480)	3제 3수	
57	朴致安 (1380-?)	1제 1수		146	金宏弼 (1454-1504)	2제 2수	
58	魚變甲 (1381-1435)	4제 4수		147	鄭汝昌 (1450-1504)	1제 1수	一蠹集
59	金叔滋 (1389-1456)	1제 1수		148	兪好仁 (1445-1494)	18제 29수	潘谿集
60	陳義貴 (?-1424)	1제 1수		149	曺偉 (1454-1503)	25제 28수	梅溪集
61	尹祥 (1373-1455)	1제 1수	別洞集	150	金孝貞 (1383-?)	1제 1수	
62	讓寧大君李禔 (1394-1462)	1제 1수		151	金馹孫 (1464-1498)	1제 1수	濯纓集

63	孝寧大君李ネ+甫 (1396-1486)	1제 1수		152	權五福 (1467-1498)	1제 1수	睡軒集
64	崔致雲 (1390-1440)	1제 1수		153	權達手 (1469-1504)	1제 1수	
65	鄭矩 (1350-1418)	1제 1수		154	許琛 (1444-1505)	14제 18수	
66	姜碩德 (1395-1459)	4제 13수		155	權健 (1458-1501)	9제 9수	
67	辛碩祖 (1407-1459)	2제 2수		156	金孟性 (1437-1489)	3제 3수	止止堂詩集
68	李邴 (?-?)	3제 3수		157	黃啓沃 (?-1494)	1제 1수	
69	崔恒 (1409-1474)	8제 8수	太虛亭集	158	申洞 (1449-1487)	4제 4수	
70	權踶 (1387-1445)	2제 2수		159	金勘 (1466-1509)	1제 1수	
71	李孟常 (1376-?)	1제 1수		160	李宜茂 (1449-1507)	3제 3수	蓮軒雜稿
72	朴元亨 (1411-1469)	5제 5수		161	李湜 (1458-1489)	2제 2수	四雨亭集
73	權攀 (1419-1472)	1제 1수		162	申從濩 (1456 1497)	19제 19수	
74	權擥 (1416-1465)	3제 3수		163	權柱 (1457-1505)	2제 2수	
75	金禮蒙 (1406-1469)	2제 2수		164	崔溥 (1454-1504)	1제 1수	
76	宋處寬 (1410-1477)	1제 1수		165	李胄 (1468-1504)	16제 16수	忘軒遺稿
77	朴仲孫 (1422-1466)	1제 1수		166	申溥 (?-?)	2제 2수	
78	崔士老 (?-?)	2제 2수		167	李克堪 (1423-1465)	3제 3수	
79	張脩 (?-?)	1제 1수		168	李黿 (?-1504)	5제 5수	再思堂逸集
80	柳義孫 (1398-1450)	1제 1수		169	洪彦忠 (1473-1508)	7제 7수	寓菴稿
81	安平大君李瑢 (1418-1453)	1제 1수		170	楊熙止 (1439-1504)	1제 1수	大峯集

82	金宗瑞 (1383-1453)	1제 1수		171	表沿沫 (1449-1498)	1제 1수	藍溪集
83	成三問 (1418-1456)	4제 4수	成謹甫集	172	鄭希良 (1469-1502)	10제 10수	虛庵遺集
84	朴彭年 (1417-1456)	4제 4수	六先生遺稿 朴先生遺稿	173	金千齡 (1469-1503)	4제 4수	
85	安止 (1377-1464)	1제 1수		174	趙廣臨 (1463-1494)	1제 1수	
86	李塏 (1417-1456)	7제 7수	六先生遺稿 李先生遺稿	175	朴誾 (1479-1504)	65제 86수	挹翠軒遺稿
87	河緯地 (1412-1456)	2제 2수	丹溪遺稿	176	申沆 (1477-1507)	1제 1수	
88	金淡 (1416-1464)	1제 1수	撫松軒集	177	成重淹 (1474-1504)	12제 12수	
89	權採 (1399-1438)	1제 1수			소계	1,158제 1,430수	

위의 표는 이 책에서 논의의 대상으로 하는 6종류의 시선집에 수록된 조선 초기의 작가들과 작품의 수, 그리고 문집의 현존 여부를 정리한 것이다. 작가에 따라 적게는 1제 1수에서 많게는 100수 이상의 시가 6종류의 시선집에 수록되어 있다. 이 177명의 작가 중에서 조선 초기의 대표 작가를 선정하기 위해 먼저 6종류의 시선집에 수록된 시가 많은 작가부터 우선적으로 생각해 볼 수 있다.

하지만 177명의 작가 가운데 1수 내지 3수의 시가 수록된 작가가 110명이고, 이 가운데 73명의 경우는 1수의 시만이 수록되어 있다. 그리고 이마저도 한 종의 시선집에만 수록되어 있는 경우가 대부분이다. 이런 작가들의 경우 소량의 시만이 한 종류의 시선집에 수록되어 있어 이들을 대표 작가로 보기는 어렵다. 물론 대표 작가가 반드시 많은 작품을 창작한 작가를 의미하지는 않지만, 1수 내지 3수라는 소수의 작품만 남아 전하는 작가를 대표 작가로 본다는 것은 쉽지 않을 뿐만 아니라 이들을 통해 당대 시문학의 실체를 살피는 것은 더욱 어렵다고 생각된다. 따라서 이 책에서는 한 종류의 시선집에 1수 내지 3수 정도의 시만 수록된 작가들은 특별한 경우가 아니라면 대표 작가에서 제외하도록 한다.

177명의 작가 가운데 6종류의 시선집에 10수 이상의 작품이 수록되어 있는 작가는 모두 29명에 불과한데, 이들을 수록된 시의 수량 순으로 정리해보면, ① 김종직(93제 148수), ② 강희맹(50제 114수), ③ 박은(65제 86수), ④ 서거정(74제 83수), ⑤ 김시습(52제 64수), ⑥ 성현(38제 59수), ⑦ 이승소(31제 50수), ⑧ 정도전(30제 34수), ⑨ 김흔(21제 32수), ⑩ 남효온(18제 30수), ⑪ 이첨(29제 29수), ⑫ 유호인(18제 29수), ⑬ 조위(25제 28수), ⑭ 권근(23제 25수), ⑮ 홍귀달(21제 25수), ⑯ 성간(17제 22수), ⑰ 윤소종(20제 20수), ⑱ 신종호(19제 19수), ⑲ 변계량(18제 18수), ⑳ 허침(14제 18수), ㉑ 이주(16제 16수), ㉒ 김수온(14제 16수), ㉓ 강석덕(4제 13수), ㉔ 유방선(12제 12수), ㉕ 성중엄(12제 12수), ㉖ 조준(12제 12수), ㉗ 변중량(10제 10수), ㉘ 월산대군(10제 10수), ㉙ 정희량(10제 10수) 순으로 정리된다. 이 가운데 50수 이상의 시가 수록된 작가는 김종직 · 강희맹 · 박은 · 서거정 · 김시습 · 성현 · 이승소 6명이다.

177명의 작가 가운데 문집이 남아 전하는 작가는 56명으로 전체의 31% 정도에 불과하다. 다만 10수 이상의 시가 수록된 작가 29명 가운데에서는 윤소종 · 변중량 · 강석덕 · 허침 · 신종호 · 성중엄 6명을 제외한 23명의 문집은 현재 전하고 있다. 문집이 없는 작가의 경우 시선집에서 보이는 시 외의 다른 작품을 확인할 수 없기에 작가의 시세계의 전모를 확인하기 어렵다. 따라서 이 책에서 문집이 전하지 않는 작가의 경우에는 대표 작가에서 제외하고자 한다.

이와 함께 6종류의 시선집에 많은 시가 수록되었다고 해서 이들을 모두 조선 초기의 대표 작가로 선정할 수는 없다. 그것은 이 작가들의 시가 대표성을 가지는지는 미지수이기 때문이다. 따라서 시가 수록되어 있는 시선집의 수가 몇 종류가 되는지를 확인해 보도록 한다. 그것은 동일한 시가 각기 다른 시기, 다른 편찬자가 편찬한 시선집에 중복하여 수록되어 있을수록그 시가 한 시기의 대표 작품으로 간주되었을 가능성이 크기 때문이다. 아래의 표는 6종류의 시선집에 중복되어 수록된 시의 수량을 파악한 것이다.

〈표 3〉 6종류의 시선집에 중복 수록된 시 수

수록 시선집 수	수록 시선집	수록 시 수	
1종	동문선	224제 240수	792제 1,022수
	속동문선	498제 712수	
	청구풍아	18제 18수	
	국조시산	15제 15수	
	기아	3제 3수	
	대동시선	34제 34수	
2종	동문선 / 청구풍아	18제 19수	101제 126수
	동문선 / 국조시산	1제 1수	
	동문선 / 기아	7제 7수	
	동문선 / 대동시선	2제 2수	
	속동문선 / 국조시산	22제 45수	
	속동문선 / 기아	21제 21수	
	청구풍아 / 국조시산	3제 3수	
	국조시산 / 기아	5제 5수	
	기아 / 대동시선	22제 23수	
3종	동문선 / 청구풍아 / 국조시산	4제 4수	131제 136수
	동문선 / 청구풍아 / 기아	1제 1수	
	동문선 / 국조시산 / 대동시선	1제 1수	

	동문선 / 기아 / 대동시선	25제 25수	
	속동문선 / 국조시산 / 기아	19제 19수	
	속동문선 / 국조시산 / 대동시선	6제 6수	
	속동문선 / 기아 / 대동시선	36제 38수	
	청구풍아 / 국조시산 / 기아	1제 1수	
	청구풍아 / 기아 / 대동시선	8제 8수	
	국조시산 / 기아 / 대동시선	30제 33수	
4종	동문선 / 청구풍아 / 국조시산 / 기아	2제 2수	112제 124수
	동문선 / 청구풍아 / 기아 / 대동시선	10제 10수	
	동문선 / 국조시산 / 기아 / 대동시선	5제 8수	
	속동문선 / 국조시산 / 기아 / 대동시선	76제 85수	
	청구풍아 / 국조시산 / 기아 / 대동시선	19제 19수	
5종	동문선 / 청구풍아 / 국조시산 / 기아 / 대동시선	22제 22수	22제 22수
	소계	1,158제 1,430수	

앞서 살펴본 6종류의 시선집에 수록된 시 1,430수 가운데 1종의 시선집에만 수록된 작품은 1,022수로 전체의 70%가 넘는 분량이다. 한 종류의 시선집에만 수록된 작품이 1,022수인 것에 비해, 2·3·4종류의 시선집에 중복되어 수록된 작품은 그 수가 126, 136, 124수로 대체로 비슷하다. 5종류의 시선집에 중복 수록된 시는 22제 22수로 얼마 되지 않는다.

한 종류의 시선집에만 수록된 작품의 수가 전체의 70%나 되는 것은 『동문선』과 『속동문선』에만 수록된 시가 많기 때문이다. 1,022수 가운데 240수는 『동문선』에만 수록되어 있고, 712수는 『속동문선』에만 수록되어 있어 한 종류의 시선집에만 수록된 작품 가운데 93%는 『동문선』 혹은 『속동문선』에 수록되어 있다. 『기아』를 편찬한 남용익은 『기아』의 서문에서 "『동문선』은 넓지만 정밀하지 못하고, 『속동문선』은 수록한 것이 많지 않다."[93]라고 평가하였다. 『속동문선』에 수록된 시가 많지 않다고 하였으나, 『속동문선』은 『동문선』을 이어 편찬된 시선집으로 『동문선』이 만들어진 이후의 작품들만 984수를 수록하고 있다. 1478년(성종 9)에 완성된 『동문선』에 수록된 작가들은 성종 초기까지 활동한 작가들이다. 그런데 『속동문선』은 『동문선』이 완성되고 40년이 지난 1518년(중종 13) 편찬[94]되었음에도 불구하고 『속동문선』에는 모두 80명의 작가가 지은 984수의 시가 수록되어 있다. 『동문선』과 『속동문선』의 수록 작품이 중복되지 않고, 40년 가량의 짧은 기간의 공백을 채우는 것임에도 80명의 작가, 984수의 시가 『속동문선』에 수록되었다고 한다면 남용익이 수록한 것이 많지 않다고 한 평가는 적절하지 않은 것으로 보인다. 『속동문선』에 수록된 작가들 가운데 이 책의 대상 시기에 해당하는 작가는 성종대에서 연산군대까지 활동했던 작가들로 한정된다. 그럼에도 712수의 시가 『속동문선』에만 수록된 것을 보면 『속동문선』에 상당히 많은 작품이 수록되어 있다는 사실을 알 수 있다.

『청구풍아』는 6종류의 시선집 가운데 그 편찬 시기가 가장 빠른데, 『청구풍아』에서 대상으로 하는 작가 가운데 가장 몰년이 늦은 사람은 권람權擥(1416~1465)이다.[95] 그렇다면 『청구풍아』가 성종 6년에 편찬되었지만 그 속에 수록된 작품은 세조 11년인 1465년 이전에 활동한 작가들의 것이고, 세조 11년 이후의 작품은 전혀 다루어지지 않았다. 그렇다면 『청구풍아』에 수록된 작품은 성종 이후에 활동한 작가

93 南龍翼, 「箕雅序」, 『壺谷集』 卷15, "東文選, 博而不精, 續則所載無多."

94 『中宗實錄』 卷34, 13년 7월 12일, "撰集廳堂上申用漑・金銓・南袞等, 進所撰續東文選."

95 김영봉, 「『青丘風雅』 硏究」, 『열상고전연구』 11, 열상고전연구회, 1998, 232쪽.

들의 작품을 수록한 『속동문선』에 수록된 작품과 중복되지 않는다는 것을 알 수 있다.

『속동문선』에 수록된 작품은 『동문선』과 『청구풍아』에 수록된 작품과 중복되지 않기 때문에 6종류의 시선집에 모두 수록된 시는 없다. 따라서 『속동문선』을 제외한 5종류의 시선집에 중복 수록된 시가 이 책에서 살펴볼 수 있는 가장 많은 시선집에 수록되어 있는 시가 된다. 즉 조선 초기의 작가와 작품을 수록한 시선집에서 공통적으로 인정한 이 시기의 대표작이라고 볼 수 있다.

그러나 『청구풍아』에는 세조 11년 이후의 작품은 수록되어 있지 않기 때문에 이 5종류의 시선집에 수록된 작품은 세조 11년 이전의 작품으로 한정된다. 이 이후의 작품을 살펴보고자 한다면 『청구풍아』를 제외한 시선집에 중복 수록된 작품을 살펴야 한다. 그렇다면 『동문선』, 『국조시산』, 『기아』, 『대동시선』에 중복 수록된 5제 8수의 작품과, 『속동문선』, 『국조시산』, 『기아』, 『대동시선』에 중복 수록된 76제 85수의 작품이 그 대상이 된다. 이 가운데 『동문선』, 『국조시산』, 『기아』, 『대동시선』에 수록된 5제 8수는 정도전, 성석린, 조서, 변계량, 성간의 작품이다. 이들은 모두 세조 11년 이전에 활동했던 인물들로 『청구풍아』에서 대상으로 한 시기의 작가들임에도 『청구풍아』에는 수록되어 있지 않기 때문에 대표성이 떨어진다. 따라서 세조 11년 이후의 작품 가운데 대표성을 가지는 작품을 파악하려고 한다면 『속동문선』, 『국조시산』, 『기아』, 『대동시선』에 중복 수록된 76제 85수의 작품을 아울러 살펴야 한다.

먼저 『속동문선』을 제외한 5종류의 시선집에 중복 수록된 시 22수의 시를 정리해 보면 아래와 같다.

〈표 4〉 5종류 시선집 중복 수록 시 목록

연번	이름	제목	형식
1	鄭道傳 (1342-1398)	癸酉正朝, 奉天殿口號	7언절구
2		嗚呼島弔田橫	5언고시
3		題公州錦江樓	7언고시
4	成石璘 (1338-1423)	送僧之楓嶽	5언절구
5		在固城寄舍弟	7언율시
6	姜淮伯 (1351-1402)	春日寄昆季	7언율시
7	朴宜中 (1337-1403)	次韻	7언절구
8	李詹 (1345-1405)	夜過涵碧樓, 聞彈琴有作	7언절구
9		慵甚	7언절구
10		又題, 用登州韻	5언율시
11		舟行至沐陽潼陽驛	5언율시
12		寒食	7언율시
13	柳方善 (1388-1443)	述懷	5언절구
14		卽事	5언율시
15		曉過僧舍	5언율시
16		卽事	7언율시
17	鄭以吾 (1347-1434)	竹長寺	7언절구
18		次寄鄭伯容	7언절구
19	卞仲良 (?-1398)	鐵關途中	7언절구
20		寄金副令	5언율시
21		次孟郊遊子吟	5언고시
22	卞季良 (1369-1430)	題惠上人院	7언율시

5종류의 시선집에 중복되어 수록된 시를 파악해보면 작가는 9명이고 시는 22수이다. 이 시들이 가장 많은 시선집에 수록되어 이 시들을 조선 초기의 대표작으로 설정할 수 있다. 이 시들을 작가별로 살펴보

면 이첨의 시가 5수, 유방선의 시가 4수, 정도전과 변중량의 시가 각 3수, 성석린과 정이오의 시가 2수, 강회백, 박의중, 변계량의 시가 각각 1수씩이다. 〈표 2〉에서 이들의 시가 6종류의 시선집에 모두 몇 수씩 수록되어 있는지 살펴보면 이첨의 시가 29제 29수, 유방선의 시가 12제 12수, 정도전의 시가 30제 34수, 변중량의 시가 10제 10수, 성석린의 시가 9제 9수, 정이오의 시가 6제 6수, 강회백의 시가 7제 7수, 박의중의 시가 8제 8수, 변계량의 시가 18제 18수가 수록되어 있다. 이 가운데 변중량은 문집이 현재 전하지 않아 그의 시의 전모를 확인하는 데에는 무리가 있을 것으로 보인다.

이들은 모두 세종조 이전에 사망한 인물들인데, 그 이유는 『청구풍아』가 세조 시기까지 활동했던 작가들을 대상으로 하고, 『동문선』은 성종조 초반까지 활동했던 문인들의 시를 수록하고 있기 때문이다. 따라서 성종조 이후에 활동한 작가를 살펴보려고 한다면 『속동문선』을 아울러 확인하여야 한다. 『속동문선』에는 성종조에서 중종조까지 활동한 작가들의 작품이 수록되어 있어 성종조 이후에 활동한 작가들의 작품을 확인할 수 있다. 『속동문선』은 『청구풍아』, 『동문선』과는 수록 작가와 작품이 중복되지 않아 『속동문선』과 수록 작가의 시기가 중복되는 『국조시산』과 『기아』, 『대동시선』에 중복 수록된 작품들을 확인한다면 성종조 이후 활동했던 작가들의 작품 가운데 시선집에 가장 많이 중복 수록된 작품을 확인할 수 있다.

〈표 5〉 『속동문선』·『국조시산』·『기아』·『대동시선』 중복 수록 시 목록

연번	이름	제목	형식	연번	이름	제목	형식
1	金時習 (1435-1493)	途中	5율	39	成俔 (1439-1504)	對雨, 題淸州東軒	7절
2		登樓	5율	40		大興隆寺	7율

3		登昭陽亭	5율	41	金訢 (1448-1492)	馬島舟中夜坐	7절
4		何處秋深好	5율	42		賞花釣魚次韻應製	7율
5		山居 贈山中道人(3)	7율	43	月山大君 李婷 (1454-1488)	寄君實	5절
6		獨木橋	7율	44		寒食	7절
7		題清平山細香院南窓	7율	45		有所思	5고
8		贈峻上人	7율	46		待月有懷	5고
9	南孝溫 (1454-1492)	西江寒食	7절	47	朱溪君 李深源 (1454-1504)	雲溪寺	7절
10	金克儉 (1439-1499)	閨情	5절	48		山水圖	7율
11	徐居正 (1420-1488)	春日	7절	49	安應世 (1455-1480)	秋晩	7절
12		題畫十二首, 爲權護軍作	7절	50	金宏弼 (1454-1504)	書懷	7절
13		菊花不開, 悵然有作	7절	51	兪好仁 (1445-1494)	竹枝曲	7절
14		三田渡道中	5율	52		沙斤驛亭	5율
15		夏日卽事	7율	53		登鳥嶺	5율
16		古意	7고	54	曺偉 (1454-1503)	荅淳夫	5율
17	李承召 (1422-1484)	留義州, 待使臣, 次朴判書韻	7절	55	許琛 (1444-1505)	春寒次大虛韻	7절
18		美人圖	7절	56		觀音窟前溪夜飮	7고
19		次陸放翁集詩韻	7율	57	申從濩 (1456-1497)	傷春	7절
20		鷰	7율	58		正月十六日都中女子群渡玉河橋	7율
21	崔淑精 (1433-1480)	宿碧蹄驛	7율	59	李胄 (1468-1504)	謾成	7절
22	姜希孟 (1424-1483)	摩尼塹城	7절	60		夜坐	7절
23		病餘, 吟成四絶, 呈崔	7절	61		通州	5율
24		作墨戲, 題其額, 贈姜國鈞	7절	62		次安邊樓題	7율
25	金宗直 (1431-1492)	和洪兼善濟川亭次宋中樞處寬韻	7절	63		卽事, 效拗體	7율
26		二月三十日, 將入京	5율	64	鄭希良 (1469-1502)	讀宋史	7율

27		洛東津	5율	65		寄容齋	7율
28		佛國寺, 與世蕃話	5율	66		鴨江春望	7율
29		病後, 將赴善山, 舟過驪州, 步屧登淸心樓, 不與主人遇, 徑還舟中, 忽忽次稼亭韻	7율	67		混沌酒歌	7고
30		夜泊報恩寺下, 贈住持牛師. 寺舊名神勒, 或云甓寺, 睿宗朝, 改創, 極宏麗, 賜今額	7율	68	金千齡 (1469-1503)	永濟道中	7절
31		登綾城鳳栖樓, 倥傯中, 月上東峯, 始悟今日爲中秋, 與李都事崔同年, 小飮	7율	69	朴誾 (1479-1504)	雨中有懷擇之	5율
32		伏龍途中	7율	70		曉望	5율
33		閏八月十九日, 直廬偶吟	7율	71		萬里瀨	5율
34		寒食村家	7율	72		再和擇之	7율
35		鳳臺曲, 昭帝上官后	5고	73		福靈寺	7율
36		登金剛, 看日出	7고	74		僕一二年來, 頭有白毛始生之髮, 屢見素莖, 室婦嘗鑷以視我, 付之戲笑, 蓋偶然耳, 自經憂患, 種種見之, 眼昏復甚於曩日, 嗟乎, 在世者能幾何久, 而士華且箴以節飮乎, 風雨襲人, 獨坐長歎之餘, 情發爲詩, 吟罷有感於殘生, 故書以示君, 君其謂何, 五月廿有八日, 誾再拜擇之先生.	7율
37		東都樂府(7)	7고				
38	李瓊仝 (1438-1494)	用鮑昭韻別東門判官	5고	75		營後亭子	7율
				76		霖雨十日, 門無來客, 悄悄有感於懷, 取舊雨來今雨不來爲韻, 投擇之乞和示.	5고

『속동문선』·『국조시산』·『기아』·『대동시선』에 중복 수록된 시를 정리해 보면 작가는 총 23명이고 시는 76제 85수이다. 이 가운데 남효온·김극검·최숙정·이경동·안응세·김굉필·조위·김천령의 시는 1수뿐이고, 성현·김흔·주계군 이심원·허침·신종호의 시가 2수, 강희맹·유호인의 시가 3수, 이승소·월산대군 이정·정희량의 시가 4수가 중복 수록되어 있다. 5수 이상의 작품이 중복 수록된 작가들을 살펴보면 이주의 시가 5수, 서거정의 시가 6수, 박은의 시가 8수, 김시습의 시가 8제 10수, 김종직의 시가 13제 19수 중복 수록되어 있음을 확인할 수 있다. 5수 이상의 작품이 중복 수록된 작가들 가운데 이주를 제외한 김시습·서거정·김종직·박은은 위의 〈표 2〉에서 살펴보았던 것처럼 50수 이상이 6종류의 시선집에 수록된 작가들이다.

이렇게 살펴본 내용들을 종합하여 이 책에서 검토의 대상으로 삼고자 하는 대표 작가와 작품을 선정해 보고자 한다. 먼저 〈표 2〉에서 조선 초기의 대표 작가를 선정하기 위하여 6종류 시선집에 수록된 조선 초기의 작가들과 작품의 수, 그리고 문집의 현존 여부를 정리하였다. 〈표 2〉에서 살펴본 것처럼 177명의 작가 가운데 50수 이상의 시가 수록된 작가는 김종직·강희맹·박은·서거정·김시습·성현·이승소 6명에 불과하다. 물론 시선집에 많은 시가 수록되었다고 해서 이들의 시가 질적으로도 우수하다고 단언할 수는 없지만 50수 이상의 시가 6종류의 시선집에 고루 실려 있다는 것은 이 시기를 대표할 만한 대표성을 가진다고 생각된다. 또 이들 6명은 문집이 모두 전하기 때문에 이들의 시세계의 전모를 확인할 수 있다.

〈표 4〉에서는 『속동문선』을 제외한 5종류의 시선집에 중복 수록된 시 22수를 목록화하였다. 이 책에서는 이들 가운데 3수 이상의 작품

이 중복 수록된 작가들을 대표 작가로 삼고자 한다. 1수 내지 2수의 작품이 중복 수록된 경우도 의미가 있기는 하지만 보다 많은 작품이 더 많은 시선집에 중복 수록되었을 경우 그 대표성이 더욱 커지기 때문이다. 또 3수 이상의 작품이 수록된 작가의 경우 6종의 시선집에 수록된 시의 수 역시 이첨 29수, 유방선 12수, 정도전 34수, 변중량의 시 10수로 이들 모두 10수 이상의 시를 6종류의 시선집에 수록하고 있음을 확인할 수 있다. 앞서 문집이 없는 작가의 경우 시세계의 전모를 확인하기 어렵기 때문에 대표 작가의 선정에서 제외한다고 하였는데, 이 4명의 작가 중 변중량의 경우 문집이 전하지 않아 검토 대상에서 제외하고자 한다.

〈표 5〉에서는『속동문선』·『국조시산』·『기아』·『대동시선』에 중복 수록된 작가의 작품 76제 85수를 목록화하였다. 이 책에서는 이 가운데 5수 이상의 작품이 중복 수록된 작가들을 대표 작가로 선정하고자 한다. 〈표 4〉에서는 3수 이상의 작품이 중복 수록된 작가를 대표 작가로 선정하였는데, 〈표 5〉에서는 5수 이상의 작품이 중복 수록된 작가들을 대표 작가로 선정하는 이유는 〈표 4〉는 5종류의 시선집에 중복 수록된 작품을 제시한 것이고, 〈표 5〉는 4종류의 시선집에 중복 수록된 작품을 제시한 것이기에 중복 수록된 작품의 수가 〈표 5〉에 더 많다. 따라서 〈표 5〉에서는 〈표 4〉의 기준보다 많은 작품을 기준으로 하였다. 〈표 5〉에 5수 이상의 작품이 중복 수록된 이들을 정리해 보면 이주·서거정·박은·김시습·김종직으로 정리할 수 있다. 6종류의 시선집에 수록된 이들의 시를 살펴보면 이주 16수, 서거정 83수, 박은 86수, 김시습 64수, 김종직 148수로, 〈표 2〉에서 선정한 대표 작가와 중복된다는 것을 확인할 수 있다. 또 이들 모두 문집이 전하는 작가들이기 때문에 대표 작가로 설정할 수 있다.

이렇게 선별한 대표 작가를 다시 간략하게 정리해 보면 〈표 2〉를 통해 김종직 · 강희맹 · 박은 · 서거정 · 김시습 · 성현 · 이승소를 선별하였고, 〈표 4〉를 통해 이첨 · 유방선 · 정도전을 선별하였으며, 〈표 5〉를 통해 이주 · 서거정 · 박은 · 김시습 · 김종직을 선별하였다. 이들 가운데 중복되는 인물을 정리하면 총 11명의 대표 작가를 선정할 수 있는데, 이들을 생년순에 따라 정도전(1342~1398), 이첨(1345~1405), 유방선(1398~1443), 서거정(1420~1488), 이승소(1422~1484), 강희맹(1424~1483), 김종직(1431~1492), 김시습(1435~1493), 성현(1439~1504), 이주(1468~1504), 박은(1479~1504)으로 정리할 수 있다. 이들의 대표 작품을 정리하면 61제 69수인데 그 목록을 제시하면 다음과 같다.

〈표 6〉 11인 대표 작가의 대표시

연번	이름	제목	형식	시 수
1	鄭道傳 (1342-1398)	癸酉正朝 奉天殿口號	7언절구	1
2		嗚呼島弔田横	5언고시	1
3		題公州錦江樓	7언고시	1
4	李詹 (1345-1405)	夜過涵碧樓聞彈琴有作	7언절구	1
5		慵甚	7언절구	1
6		又題用登州韻	5언율시	1
7		舟行至沐陽僮陽驛	5언율시	1
8		寒食	7언율시	1
9	柳方善 (1388-1443)	述懷	5언절구	1
10		卽事	5언율시	1
11		曉過僧舍	5언율시	1
12		卽事	7언율시	1
13	徐居正 (1420-1488)	春日	7언절구	1
14		晩山圖	7언절구	1
15		菊花不開悵然有作	7언절구	1

16		三田渡道中	5언율시	1
17		夏日卽事	7언율시	1
18		古意	7언고시	1
19	李承召 (1422-1484)	留義州, 待使臣, 次朴判書韻	7언절구	1
20		美人圖	7언절구	1
21		次陸放翁集詩韻	7언율시	1
22		鷰	7언율시	1
23	姜希孟 (1424-1483)	摩尼塹城	7언절구	1
24		病餘吟成四絶呈崔	7언절구	1
25		作墨戲, 題其額, 贈姜國鈞	7언절구	1
26	金宗直 (1431-1492)	和洪兼善濟川亭次宋中樞處寬韻	7언절구	1
27		二月三十日, 將入京	5언율시	1
28		洛東津	5언율시	1
29		佛國寺, 與世蕃話	5언율시	1
30		病後, 將赴善山, 舟過驪州, 步屧登淸心樓, 不與主人遇, 徑還舟中, 忽忽次稼亭韻	7언율시	1
31		夜泊報恩寺下, 贈住持牛師. 寺舊名神勒, 或云甓寺, 睿宗朝, 改創, 極宏麗, 賜今額	7언율시	1
32		登綾城鳳栖樓, 倥偬中, 月上東峯, 始悟今日爲中秋, 與李都事, 崔同年, 小飮	7언율시	1
33		伏龍途中	7언율시	1
34		閏八月十九日, 直廬偶吟	7언율시	1
35		寒食村家	7언율시	1
36		鳳臺曲, 昭帝上官后	5언고시	1
37		登金剛, 看日出	7언고시	1
38		東都樂府七首	7언고시	7
39	金時習 (1435-1493)	途中	5언율시	1
40		登樓	5언율시	1
41		登昭陽亭	5언율시	1
42		何處秋深好	5언율시	1
43		咏山居僧道人三首	7언율시	3
44		獨木橋	7언율시	1
45		題淸平山細香院南窓	7언율시	1

46		贈峻上人	7언율시	1
47	成俔 (1439-1504)	對雨 題淸州東軒	7언절구	1
48		大興隆寺	7언율시	1
49	李胄 (1468-1504)	謾成	7언절구	1
50		夜坐	7언절구	1
51		通州	5언율시	1
52		次安邊樓題	7언율시	1
53		卽事, 效拗體	7언율시	1
54	朴誾 (1479-1504)	雨中有懷擇之	5언율시	1
55		曉望	5언율시	1
56		萬里瀨	5언율시	1
57		再和擇之	7언율시	1
58		福靈寺	7언율시	1
59		僕一二年來, 頭有白毛始生之髮, 屢見素莖, 室婦嘗鑷以視我, 付之戲笑, 蓋偶然耳, 自經憂患, 種種見之, 眼昏復甚於曩日, 嗟乎, 在世者能幾何久, 而士華且箴以節飮乎, 風雨襲人, 獨坐長歎之餘, 情發爲詩, 吟罷有感於殘生, 故書以示君, 君其謂何, 五月廿有八日, 誾再拜擇之先生	7언율시	1
60		營後亭子	7언율시	1
61		霖雨十日, 門無來客, 悄悄有感於懷, 取舊雨來今雨不來爲韻, 投擇之乞和示	5언고시	1
	소계			69

이 책에서 다루는 대표 작가 11명을 생년 기준으로 정리하였을 때 정도전부터 시작하는데, 이들 중 정도전과 이첨은 고려와 조선에서 모두 벼슬을 했던 인물이다. 따라서 이들의 작품에는 고려조에 지어진 것도 상당수이고, 그런 만큼 이 책에서 다루고자 하는 이들의 작품에도 고려조에서 지어진 것이 있다. 하지만 한 인물의 문학 경향을 왕조에 따라 구분한다는 것은 불가능하기 때문에 이들이 고려조에 지은 작품 역시 검토 대상에 포함하도록 한다.

이들의 시는 시선집에 수록되어 있을 뿐만 아니라 시화집에서도 자주 언급되었는데, 시화집을 비롯한 여러 글에서 이들과 이들의 시가 어떤 평가를 받았는지 살펴 대표 작가와 작품 선정의 타당성을 재검토해보도록 한다.

먼저 정도전의 시문학에 대한 평가를 보자. 정도전에 대한 평가는 권근과 서거정, 남용익에 의해 이루어졌다.

權　近 : 고시와 율시 작품은 魏晉을 따르고 盛唐을 좇았으며, 理趣가 雅頌에서 나와 질박하면서 정연하고 온화하면서 담박하여 실로 옛사람에게 부끄러울 것이 없었다.[96]

徐居正 : 정도전의 시는 호방하고 빼어나 거침이 없으나 단련함이 부족하다.[97]

南龍翼 : 정도전의 시는 거침없이 나아간다.[98]

정도전 시에 대한 평가는 '호방하다', '거침없다', '기세가 있다' 는 평가가 주를 이루는데, 권근은 '위진魏晉 · 성당盛唐을 따랐으며 질박하면서 정연하고 온화하면서 담박하다' 라고 하여 정도전에 대한 대체적인 평가와 결을 달리한다.

정도전의 작품에 대한 평가로 홍만종은 『소화시평小華詩評』에서 〈계유년 정월 초하루 봉천전에서 즉석으로 짓다癸酉正朝, 奉天殿口號〉를 "호방하고 빼어나 얽매임이 없다."[99]라고 하였고, 〈김거사의 들집

96 權近, 「三峯集序」, 『三峯集』 序, "古律之作, 襲魏晉追盛唐, 而理趣出乎雅頌, 質而理, 溫而淡, 誠無愧乎古人."

97 徐居正, 『東人詩話』 卷上, "鄭豪逸奔放而少鍛鍊"

98 南龍翼, 「東詩」, 『壺谷漫筆』 卷3, "鄭三峯之凌厲."

99 洪萬鍾, 『小華詩評』 卷上, "鄭三峯奉天門詩 …… 豪逸不羈."(본문의 시 제목은 『三峯集』의 제목을 따른다.)

을 찾아가며訪金居士野居〉를 "시 속에 그림이 있다."[100]라고 하였다. 이 책에서 선별한 정도전의 대표 작품 가운데 한 수인 〈계유년 정월 초하루 봉천전에서 즉석으로 짓다癸酉正朝, 奉天殿口號〉에 대한 평이 정도전의 시문학 전반에 대한 평과 결을 같이한다는 것을 알 수 있다. 이 가운데 〈계유년 정월 초하루 봉천전에서 즉석으로 짓다癸酉正朝, 奉天殿口號〉는 이 책에서 선별한 정도전의 대표 작품 가운데 하나이다.

이첨의 시문학에 대한 평가는 허균의 「성수시화惺叟詩話」와 남용익의 『호곡만필壺谷漫筆』에서 확인할 수 있다.

> 許　筠 : 조선 초에는 정이오와 이첨의 시가 가장 좋았다.[101]
> 南龍翼 : 이첨의 시는 번화하고 무성하다.[102]
> 조선 초에는 박의중의 시와 이첨의 시가 가장 좋았다.[103]

이첨의 작품에 대한 평가로 허균은 「성수시화」에서 〈밤에 함벽루를 지나다 거문고 타는 소리를 듣고 짓다夜過涵碧樓, 聞彈琴有作〉를 "빼어난 멋이 있다."[104]라고 하였으며 〈앵무새 소리를 듣고聞鸎〉를 "두목의 시와 흡사하다."[105]라고 하였다. 또 홍만종은 『소화시평』에서 〈급암汲黯〉[106]을 "애통해하고 애석해하는 뜻이 읽는 사람을 비감하게 만

100 洪萬鍾, 『小華詩評』 卷上, "訪金居士詩 …… 詩中有畵."(본문의 시 제목은 『三峯集』의 제목을 따른다.)

101 許筠, 「惺叟詩話」, 『惺所覆瓿稿』 卷25, "國初之業, 鄭郊隱, 李雙梅最善."

102 南龍翼, 「東詩」, 『壺谷漫筆』 卷3, "李雙梅之榮茂."

103 南龍翼, 「東詩」, 『壺谷漫筆』 卷3, "國初, 朴貞齋, 李雙梅之詩, 最高."

104 許筠, 「惺叟詩話」, 『惺所覆瓿稿』 卷25, "李之'神仙腰佩玉摐摐, 來上高樓掛碧窓. 入夜更彈流水曲, 一輪明月下秋江.' 之作, 亦楚楚有趣."

105 許筠, 「惺叟詩話」, 『惺所覆瓿稿』 卷25, "雙梅聞鸎詩 …… 酷似杜舍人."

106 이 시의 마지막 구절인 '孰謂當時社稷臣'으로 보아 〈讀史感遇〉의 13번째 수인 듯하

든다."[107]라고 하였으며, 〈자적自適〉을 "어찌 당시에 손색이 있겠는가."[108]라고 하였다. 이로 볼 때 이첨의 시 작품에 대한 평은 당풍에 가깝다는 평이 주를 이루고 있음을 확인할 수 있다. 이 가운데 〈밤에 함벽루를 지나다 거문고 타는 소리를 듣고 짓다夜過涵碧樓, 聞彈琴有作〉는 이 책에서 선별한 이첨의 대표 작품 가운데 하나이다.

유방선의 시문학에 대한 평은 조신·성현·서거정·허균의 언급에서 확인할 수 있다.

曹 伸 : 승려 義砧은 호가 月窓인데 태재가 좇아 杜詩를 배운 자이다.[109]

成 俔 : 斯文 柳休復은 그의 從弟 亨叟 柳允謙과 두시에 능통하여 한때 비할 데가 없었는데 모두 태재 선생에게 수업을 받았다. 선생이 비록 문장으로 이름이 났지만, 아버지의 죄에 연좌되어 평생토록 금고되어 사문 역시 과거에 나가지 못하였다.[110]

徐居正 : 선생은 시에 있어서 성리학을 근본으로 하고 아송의 바름을 미루어 괴이함을 뛰어남으로 여기거나 꾸미는 것을 공교로움으로 여기지 않아 맑고 산뜻하며, 고상하고 간결하여 비록 옛날의 시인도 더할 수가 없었다.[111]

나, 13번째 시의 전문이 전하지 않아 정확하게 확인하기 어렵다.

107 洪萬鍾, 『小華詩評』 卷上, "李雙梅詹詠汲黯詩曰, '諂諛從來易得親, 看君大將與平津. 高才久屈淮陽郡, 孰謂當時社稷臣.' 痛惜之意, 令人悲慨."

108 洪萬鍾, 『小華詩評』 卷上, "且如'舍後桑枝嫩, 畦西薤葉抽. 坡塘春水滿, 稚子解撐舟.' 何減唐人"

109 曹伸, 『謏聞瑣錄』 卷2. "僧義砧, 號月窓, 泰齋所從學杜詩者."(본문의 시 제목은 『雙梅堂篋藏集』의 제목을 따른다.)

110 成俔, 『慵齋叢話』 卷7, "斯文柳休復與其從弟柳允謙亨叟, 精熟杜詩, 一時無比, 皆受業於泰齋先生. 先生雖以文章著名, 而緣父之罪, 禁錮終身, 斯文亦不得赴試."

111 徐居正, 「泰齋集序」, 『四佳集』 卷6, "先生之於詩, 本之以性理之學, 推之以雅頌之正, 不怪詭爲奇, 藻飾爲巧, 淸新雅淡, 高古簡潔, 雖古作者, 無以加也."

許　筠 : 지금 그의 시를 보면 孟郊·賈島와 같아 그의 곤궁함과 쓸쓸함을 알 수 있다.[112]

조신과 성현의 평가를 보면 유방선은 의침이라는 승려에게 두시杜詩를 배웠고 자신이 배운 바를 자신의 자제들에게 전수하였음을 알 수 있다. 또 허균은 유방선의 시가 맹교孟郊·가도賈島와 같아 그의 곤궁함과 쓸쓸함을 알 수 있다고 하였는데, 『국조시산』에서 그의 시 〈회포를 쓰다述懷〉에 대해 "한적하지만 검소함은 면치 못하였다."[113]라고 하여 시에 곤궁한 처지가 드러난다고 하였다. 홍만종은 『소화시평』에서 〈즉흥으로 짓다卽事〉의 첫 번째 수를 두고 "게을리 조는 것이 책을 보는 것보다 더 한적하다고 하였으니, 시어가 절로 좋다."[114]라고 하였다. 이 가운데 〈회포를 쓰다述懷〉는 이 책에서 선별한 유방선의 대표 작품 가운데 하나이다.

서거정의 시문학에 대한 평은 성현·허균·남용익·신위의 언급에서 확인할 수 있다.

成　俔 : 達城(서거정)의 문장은 화려하고 아름다우며, 그의 시는 오로지 韓愈·陸贄의 체를 본받아 손이 가는 대로 지어도 늘 아름다워 짝할 만한 자가 없었다.[115]

許　筠 : 사가 서거정의 시는 비록 말이 많고 지루하지만 한적하고 우아

112 許筠, 「遊原州法泉寺記」, 『惺所覆瓿稿』 卷6, "今看其詩如孟參謀賈長江, 可知其困楚酸寒."

113 許筠, 〈偶題〉, 『國朝詩刪』 卷1. "閑適然未免儉."(본문의 시 제목은 『泰齋集』의 제목을 따른다.)

114 洪萬鍾, 『小華詩評』 卷上, "柳泰齋方善 …… 有詩曰, '晝靜溪風自捲簾, 吟餘傍架檢書籤. 今年却勝前年懶, 身世全敎付黑甛.' 懶睡比撿書更閑, 語自好."

115 成俔, 『慵齋叢話』 卷1, "達城文章華美, 而其爲詩專倣韓陸之體, 隨手輒艶麗無雙."

하며 풍성하고 고와서 때로 좋은 구절이 있다.[116]

南龍翼 : 서거정의 시는 넉넉하고 크다.[117]

서거정은 송시를 숭상하였다.[118]

申 緯 : 초엽의 대가들 중에서는 사가 서거정을 제일로 두어야 한다.[119]

성현과 허균의 평은 서거정의 시가 화려하고 아름답고, 풍성하고 곱다는 것인데, 이러한 평은 당풍, 특히 만당풍의 한시에서 주로 볼 수 있는 평이다. 하지만 이들과 달리 남용익은 서거정이 송시를 숭상했다고 하였다. 존당론자인 허균은 서거정의 시가 말이 많고 지루하지만 한적하고 우아하며 풍성하고 고와서 때로 좋은 구절이 있다고 하였는데, 이 평가를 남용익의 평과 합해보면 서거정의 시는 대체로 송풍의 경향이 강하지만 이따금 당풍의 시를 지어 좋은 구절이 보이기도 한다고 이해할 수 있다. 하지만 이는 단순히 허균과 남용익의 평을 엮은 것일 뿐 실질적인 시경향은 그의 작품을 통해 확인해야 한다.

「성수시화」에서 허균이 서거정의 시 가운데 때로 좋은 구절이 있다고 한 구절은 서거정의 〈가을바람秋風〉[120]의 경련, 〈칠석七夕〉의 경련, 〈그림에 12수를 쓰다 권호군을 위해 짓다題畫十二首, 爲權護軍作〉의 11번째 수인 저물녘 산 그림晩山圖의 전구와 결구인데, 이 구절에 대해 아름다운 풍취가 있다[121]고 하였다. 홍만종은 〈늙고 병들어龍鍾〉의

116 許筠, 「惺叟詩話」, 『惺所覆瓿稿』 卷25, "唯徐四佳雖曰漫衍餖緩而春容富艶, 時有好處."

117 南龍翼, 「東詩」, 『壺谷漫筆』 卷3, "徐四佳之贍大."

118 南龍翼, 「東詩」, 『壺谷漫筆』 卷3, "我朝詩諸名家各有所尙. 四佳 …… 尙宋."

119 申緯, 〈東人論詩・其十四〉, 『警修堂全藁』 冊17, "至如初葉大家, 當推徐四佳爲第一."

120 이 시는 서거정의 문집에서는 확인할 수 없으며, 『國朝詩刪』과 『箕雅』, 『大東詩選』에서만 확인할 수 있다.

함련을 두고 그 부드럽고 조화로움에 탄복하지 않은 적이 없다고 하였다.[122] 이 가운데 〈그림에 12수를 쓰다. 권호군을 위해 짓다題畫十二首, 爲權護軍作〉의 저물녘 산 그림晩山圖은 이 책에서 선별한 서거정의 대표 작품 가운데 하나이다.

이승소에 대한 평은 성현·신용개·남곤·권별·남용익 등의 언급에서 확인할 수 있다.

成　俔 : 지금 공의 시고 몇 권을 보니 平淡하며 조화롭고 온화하면서 발걸음을 내딛음이 대범하고 長篇은 장중하고 짧은 시는 묘하여 읽으면 사탕수수를 씹는 것 같아 오래 씹을수록 맛이 있으니 아름다워 싫증이 나지 않는다.[123]

이승소의 시와 문장은 모두 아름다워 솜씨 좋은 장인이 새긴 것 같이 도끼로 찍은 흔적이 없다.[124]

申用漑 : 그가 지은 시를 보고서 그가 얻은 바가 고원함을 알고 항상 그 정밀하고 깊으며 우아하고 힘이 넘침에 감복하였다.[125]

南　袞 : 정밀하고 깊으며 조화롭고 온화하여 법도를 따라서 한 자 한 치를 놓치지 않음에 미쳐서는 모두 삼탄을 추대하여 미칠 수 없다고 하였다.[126]

---

121 許筠, 「惺叟詩話」, 『惺所覆瓿稿』 卷25, "如'游蜂飛不定, 閑鴨睡相依.' '月色蛩音外, 河聲鵲影中.' '更欲乘鸞吹鐵笛, 夜深明月過江南.' 等句, 亦有佳趣."(〈七夕〉, 〈題畫十二首, 爲權護軍作〉은 『四佳集』의 제목을 따랐다)

122 洪萬鍾, 『小華詩評』 卷下, "徐四佳剛中之龍鐘詩, '黑雲暗淡葡萄雨, 紅霧霏微菡萏風.' 未嘗不歎其沖融."

123 成俔, 「三灘先生詩集序」, 『虛白堂文集』 卷8, "今見公之遺稿若干帙, 平淡醞藉, 而跬步又闊, 大篇春容, 短韻要妙, 讀之如啖蔗, 久益其味, 靡靡不厭."

124 成俔, 『慵齋叢話』 卷1, "陽城詩文俱美, 如巧匠雕鐫, 自無斧鑿痕."

125 申用漑, 「三灘集序」, 『二樂亭集』 卷8, "或見其詩於題詠間, 知其所得高遠, 常服其精深雅健."

126 南袞, 「三灘集序」, 『三灘集』 序, "至於精深醞藉, 規趨矩步, 不失尺寸, 則皆推三灘以爲

權　鼈 : 시와 문장이 모두 아름다워 밖은 담박하지만 안은 넉넉하고 말은 지금의 것이지만 뜻은 옛날의 것이라 솜씨 좋은 장인이 새긴 것같이 도끼로 찍은 흔적이 없다.[127]

南龍翼 : 이승소의 시는 평온하고 편안하다.[128]

이들의 평은 대체로 '조화롭고 온화하다', '정밀하고 깊다' 정도로 확인된다. 성현이 언급한 평담平淡은 송시에서 중시하는 풍격[129]이고, 사탕수수를 씹는 것 같아 오래 씹을수록 맛이 있다고 한 것은 중국의 현대학자인 무월繆鉞이 "송시는 감람을 씹는 것처럼 처음에는 떠름한 맛이 느껴지지만, 뒷맛이 빼어나고 오래간다."[130]라고 한 것과 비슷한 맥락에서 이해할 수 있다. 성현이 이승소의 시가 송풍이라고 인식한 것인지는 분명하게 언급하지 않아 확인하기 어렵지만 성현이 「삼탄선생시집서三灘先生詩集序」에서 언급한 내용[131]으로 볼 때 그는 이승소의 시를 송풍의 시에 가까운 것으로 여겼다고 보인다.

허균은 서거정이 오랫동안 대제학을 맡아 이승소를 비롯해 강희맹이나 김수온 같은 인물들이 대제학을 역임하지 못하고 먼저 죽었다고 하면서, 이승소의 시 〈제비鷰〉의 함련은 당나라 시인들의 시 구절

莫及."

127 權鼈, 「本朝」, 『海東雜錄』 卷3, "詩文俱美, 外淡而中腴, 辭今而意古, 如巧匠雕鐫, 自無斧鑿痕."

128 南龍翼, 「東詩」, 『壺谷漫筆』 卷3, "李三灘之妥適."

129 요시카와 고지로는 매요신이 자신의 시적 목표를 平淡에 두고 있었다고 한 점을 지적하면서, 평담, 곧 평정이 당시와 비교되는 송시의 중요한 바탕이 된다고 하였다. (요시카와 고지로(호승희 역), 『송시개설』, 동문선, 2007. 50쪽.

130 繆鉞, 『宋詩鑑賞辭典』, 上海辭書出版社, 1986, 3쪽, "宋詩如食橄欖, 初覺生澀, 而回味雋永."

131 成俔, 「三灘先生詩集序」, 『虛白堂文集』 卷8, "今見公之遺稿若干帙, 平淡醞藉, 而跬步又闊, 大篇春容, 短韻要妙, 讀之如啖蔗, 久益其味, 亹亹不厭."

과 매우 비슷하다고 하였다.[132] 이는 이승소 같은 작가가 대제학을 맡아보지 못하고 죽은 것에 대한 아쉬움을 표현한 것이라고 볼 수 있다. 이렇게 볼 때 이승소의 시문학에 대한 대체적인 평은 송풍에 가까운 것으로 보이지만, 허균은 이승소의 시에서 당풍에 가까운 구절을 꼽아서 평가하였음을 확인할 수 있다. 〈제비鷰〉는 이 책에서 선별한 이승소의 대표 작품 가운데 하나이다.

다음으로 강희맹의 시문학에 대한 평은 성현・신흠・허균・남용익의 언급을 통해 확인할 수 있다.

成 俔 : 강희맹의 시와 문장은 전아하여 천기가 절로 무르익어 여러 문인들 가운데 가장 정밀하였다.[133]
시문을 지음에 長篇은 장중하고 짧은 시는 묘하다.[134]
申 欽 : 강희맹의 시와 문장은 모두 정치하고 전아하다.[135]
許 筠 : 그의 시도 맑고 굳세다[136]
南龍翼 : 강희맹의 시는 굳세고 노련하다.[137]

이로 보면 강희맹의 시문학에 대해서는 대체로 '전아하다', '정밀하다'라고 평가하였음을 알 수 있다. 허균은 「성수시화」에서 강희맹의 부賦작품인 〈파초를 기르는 것을 읊은 부養蕉賦〉가 몹시 좋으며, 그의

132 許筠, 「惺叟詩話」, 『惺所覆瓿稿』 卷25, "徐四佳久爲大提學, 故一時如姜晉山・李陽城・金永山, 皆不得主文而先沒. 李陽城之燕詩, 有 '綠楊門巷東風■, 青草池塘細雨迷.' 之句, 酷似唐人."
133 成俔, 『慵齋叢話』 卷1, "晉山詩文典雅, 天機自熟, 於諸子最爲精絶."
134 成俔, 「題私淑堂集後」, 『虛白堂集』 卷9, "其發爲詩文也, 大篇春容, 小篇要妙."
135 申欽, 「晴窓軟談 下」, 『象村稿』 卷52, "姜私淑之詩文, 俱精緻典雅."
136 許筠, 「惺叟詩話」, 『惺所覆瓿稿』 卷25, "姜景醇 …… 其詩亦淸勁."
137 南龍翼, 「東詩」, 『壺谷漫筆』 卷3, "姜晉山之蒼老."

시 또한 맑고 굳세다고 하였고, 〈병이 나아 절구 네 수를 읊어 최세원에게 주다病餘, 吟成四絶, 呈崔〉 4수 가운데 마지막 수와 〈먹장난을 하여 현판을 써서 강국균에게 주다作墨戲, 題其額, 贈姜國鈞〉의 첫 번째 수에 대해서는 한가롭고 우아하여 볼 만하다[138]고 하였다. 이 두 수의 시는 이 책에서 선별한 강희맹의 대표 작품이다.

김종직의 시문학에 대한 평은 허균 · 남용익 · 홍만종 · 신위 · 황현 등의 언급에서 찾아볼 수 있다.

許　筠 : 김종직의 시는 오로지 소식과 황정견에게서 나왔다.[139]

南龍翼 : 점필재의 시는 굳세고 뛰어나다.[140]
김종직은 송시를 숭상하였다.[141]
7언율시에 특장이 있다.[142]

洪萬鍾 : 김종직을 두고 조선의 으뜸이라고 일컫는 것이 어찌 헛된 말이겠는가.[143]

申　緯 : 盛唐으로 치달리는 것을 볼 수 있다.[144]

黃　玹 : 김종직은 끝내 두보를 배운 사람이다.[145]

---

138 許筠, 「惺叟詩話」, 『惺所覆瓿稿』 卷25, "姜景醇養蕉賦極好, 其詩亦淸勁. 其病餘吟曰, '南牕終日坐忘機, 庭院無人鳥學飛. 細草暗香難覓處, 澹烟殘照雨霏霏.' 詠梅曰, '黃昏籬落見橫枝, 緩步尋香到水湄. 千載羅浮一輪月, 至今來照夢回時.' 俱閑雅可見."(본문의 제목은 『私淑齋集』의 제목을 따랐다.)

139 許筠, 「惺叟詩話」, 『惺所覆瓿藁』 卷25, "其詩專出蘇黃."

140 南龍翼, 「東詩」, 『壺谷漫筆』 卷3, "金佔畢之勁傑."

141 南龍翼, 「東詩」, 『壺谷漫筆』 卷3, "我朝詩諸名家各有所尙. …… 佔畢 …… 尙宋."

142 南龍翼, 「東詩」, 『壺谷漫筆』 卷3, "名家又各有所長. 七言律則 …… 佔畢"

143 洪萬鍾, 『小華詩評』 卷上, "所謂冠冕國朝者, 豈虛言哉."

144 申緯, 〈東人論詩 · 其十三〉, 『警修堂全藁』 冊17, "又見駸駸入盛唐."

145 黃玹, 〈讀國朝諸家詩〉, 『梅泉集』 卷4, "佔畢終爲學杜人."

김종직에 대한 평은 그의 시가 소식과 황정견에게서 나왔다는 것과 송시를 숭상하였다고 하여 그의 시가 송풍의 성격을 지니고 있다고 볼 수 있다는 언급이 있는 한편 그의 시가 성당으로 치달린다거나 그가 두보를 배웠다고 하여 그의 시가 당풍의 성격을 지니고 있다고 볼 수 있다는 언급으로 양분되는 것을 확인할 수 있다. 이러한 언급의 실체적 진실과 김종직 시의 구체적인 경향은 그의 시를 직접 분석하여야 확인할 수 있을 것이다.

허균은 김종직의 시가 오로지 소식과 황정견에게서 나와 비평하는 사람들이 하찮게 보는 것이 당연하다고 하였다. 그렇지만 허균은 「성수시화」에서 김종직 시의 여러 구절을 인용하였는데, 〈재계하는 날 밤에 짓다齋日夜賦〉의 함련, 〈선사사仙槎寺〉의 경련, 〈병든 후 선산에 가려고 배를 타고 여주에 들러 청심루에 올랐으나 주인과 만나지 못하고 잠시 뒤에 배로 돌아와 급히 가정의 시에 차운하다病後, 將赴善山, 舟過驪州, 步屧登淸心樓, 不與主人遇, 徑還舟中, 怱怱次稼亭韻〉의 경련, 〈밤에 보은사 아래에 배를 대고 주지 우사스님에게 주다. 절의 옛 이름은 신륵 혹은 벽사라고도 한다夜泊報恩寺下, 贈住持牛師, 寺舊名神勒或云甓寺〉의 경련, 〈보천탄에서 즉흥으로 짓다寶泉灘卽事〉와 〈동도악부東都樂府〉 7수를 높이 평가하였다.[146] 허균이 김종직의 시가 소식과 황정견에서 나와 하찮게 보는 것이 당연하다고 하였으나, 「성수시화」에서는 김종직의 시를 여섯 작품이나 인용하였다. 이는 「성수시화」에 언급한

146 許筠, 「惺叟詩話」, 『惺所覆瓿藁』 卷25, "仲兄嘗言, "鶴鳴淸露下, 月出大魚跳.' 何減盛唐乎. 如, '細雨僧縫衲, 寒江客棹舟.' 甚閑澹有味.' 斯言蓋得之. 前輩讚畢齋呂江所詠, '十年世事孤吟裡, 八月秋容亂樹間.' 之句. 然不若神勒寺所作, '上方鍾動驪龍舞, 萬竅風生鐵鳳翔.' 之句, 洪亮嚴重, 此眞撑柱宇宙句也. 其寶泉灘卽事 …… 此最伉高. 東京樂府, 篇篇皆古."(본문의 시 제목은 『佔畢齋集』의 제목을 따른 것이며, 〈仙槎寺〉의 경우 『佔畢齋集』에 수록되지 않아 『續東文選』의 제목을 따랐다.)

문인들 가운데 가장 많은 작품을 인용한 것이다.[147] 허균뿐만 아니라 홍만종 역시 김종직의 시 〈낙동진洛東津〉과 〈장현 아래의 인가. 울산 서쪽 30여 리에 있다長峴下人家, 在蔚山西二十餘里〉, 〈윤 8월 19일에 숙직실에서 우연히 읊다閏八月十九日, 直廬偶吟〉의 경련과 〈한식날의 촌가寒食村家〉의 함련을 높게 평가하면서[148] 김종직을 조선의 으뜸이라고 칭송하였다. 이 외에 홍만종은 〈밤에 보은사 아래에 배를 대고 주지 우사스님에게 주다. 절의 옛 이름은 신륵 혹은 벽사라고도 한다夜泊報恩寺下, 贈住持牛師. 寺舊名神勒, 或云甓寺, 睿宗朝, 改創, 極宏麗, 賜今額〉의 경련[149], 〈불국사에서 세번과 이야기하며佛國寺, 與世蕃話〉의 함련[150]과 〈복룡 가는 길에伏龍途中〉의 함련[151]에 대해 각 구절의 빼어난 부분을 지적하였다. 신흠은 〈병든 후 선산에 가려고 배를 타고 여주에 들러 청심루에 올랐으나 주인과 만나지 못하고 잠시 뒤에 배로 돌아와 급히 가정의 시에 차운하다病後, 將赴善山, 舟過驪州, 步屧登淸心樓, 不與主人遇, 徑還舟中, 忽忽次稼亭韻〉의 경련을 두고 그 시원스러움에 탄복하지

147 益齋 李齊賢의 시를 6수를 언급하여, 고려에서는 이제현의 시를 조선에서는 김종직의 시를 가장 많이 언급한 것으로 확인된다.

148 洪萬鍾, 『小華詩評』 卷上, "佔畢齋金宗直善山人也. 嘗出宰善山, 有詩曰, '津吏非瀧吏, 官人卽邑人. 三章辭聖主, 五馬慰慈親. 白鳥如迎棹, 靑山慣送賓. 澄江無點綴, 持以律吾身.' 詞極典雅. 長峴村家詩曰, '籬外紅桃竹數科, 霏霏雨脚間飛花. 老翁荷耒兒騎犢, 子美詩中西崦家.' 可謂詩中有畫. 且如, '霜後梧桐猶窣窣, 月明鳷鵲自翻翻.' 其寒淡如此. '鳩鳴穀穀棣棠葉, 蝶飛款款蕪菁花.' 則雅麗如此."(본문의 시 제목은 『佔畢齋集』의 제목을 따랐다.)

149 洪萬鍾, 『小華詩評』 卷上, "金佔畢神勒寺詩, '上方鍾動驪龍舞, 萬竅風生鐵鳳翔.' 嚴重洪亮, 勻天廣樂, 轟暢寥廓."

150 洪萬鍾, 『小華詩評』 卷上, "金佔畢佛國寺詩, '靑山半邊雨, 落日上方鐘.' 則嗟其亮.."(원문에 시 제목이 〈仙槎〉로 되어있는 것을 시 내용에 맞추어 〈佛國寺〉로 수정하였음.)

151 洪萬鍾, 『小華詩評』 卷上, "古朴如金佔畢伏龍途中詩云, 邑犬吠人籬有竇, 野巫迎鬼紙爲錢."

않은 적이 없다고 하였는데[152] 홍만종도 이 평가를 그대로 인용하였다.[153] 남용익 역시 이 시의 경련을 두고 7언율시 가운데 빼어나고 힘이 있는 부분으로 꼽았다.[154]

허균과 홍만종, 남용익이 인용한 김종직의 시 가운데 〈병든 후 선산에 가려고 배를 타고 여주에 들러 청심루에 올랐으나 주인과 만나지 못하고 잠시 뒤에 배로 돌아와 급히 가정의 시에 차운하다病後, 將赴善山, 舟過驪州, 步屧登淸心樓, 不與主人遇, 徑還舟中, 忽忽次稼亭韻〉, 〈밤에 보은사 아래에 배를 대고 주지 우사스님에게 주다. 절의 옛 이름은 신륵 혹은 벽사라고도 한다夜泊報恩寺下, 贈住持牛師, 寺舊名神勒或云甓寺〉, 〈동도악부東都樂府〉 7수, 〈낙동진洛東津〉, 〈윤 8월 19일에 숙직실에서 우연히 읊다閏八月十九日, 直廬偶吟〉, 〈한식날의 촌가寒食村家〉, 〈불국사에서 세번과 이야기하며佛國寺, 與世蕃話〉, 〈복룡 가는 길에伏龍途中〉의 여덟 작품은 이 책에서 선별한 김종직의 대표 작품이다.

김시습의 시문학에 대한 평가는 허균 · 남용익 · 홍만종 · 이자 · 이산해 · 이이의 언급을 통해 확인할 수 있다.

> 李　耔 : 시구를 지음에 성률에 얽매이지 않지만 법도가 어지럽지 않고 수사를 번다하게 하지 않으면서 큰 옥같이 아름답다.[155]
>
> 李山海 : 그가 지은 시는 性情을 근본으로 하고 음영으로 형상화하였기

152 申欽, 「晴窓軟談」 下, 『象村集』 卷60, "佔畢齋之詩 …… '十年世事孤吟裏, 八月秋容亂樹間.' 則未嘗不服其爽朗."

153 洪萬鍾, 『小華詩評』 卷下, "金佔畢季溫之淸心樓詩, '十年世事孤吟裏, 八月秋容亂樹間.' 則未嘗不服其爽朗."

154 南龍翼, 「東詩」, 『壺谷漫筆』 卷3, "七言律奇健, 如 …… 佔畢之, '十年世事孤吟裏, 八月秋容亂樹間'"(시구는 『壺谷漫筆』을 따르지 않고 『佔畢齋集』의 것으로 교감하였다.)

155 李耔, 「梅月堂集序」, 『梅月堂集』 序, "皆成句語, 不規規於聲律, 而典章不紊, 不剌剌於詞華, 而大璞愈麗."

때문에 단련과 수식에 힘쓰지 않아도 자연스럽게 문장을 이루었다.[156]

李 珥 : 성률과 격조에는 애써 마음을 쓰지 않았으나, 그 뛰어난 것은 시상이 고매하고 원대하여 보통의 생각을 밀리 벗어나니 꾸며내는 이들이 따라갈 바가 아니다.[157]

許 筠 : 김시습의 시문은 모두 뛰어나지만 장난삼아 신경을 쓰지 않고 지었기 때문에 힘이 다한 쇠뇌와 같아서 늘 잡되고 말이 많아 張打油의 시처럼 싫증이 난다.[158]

김시습의 시는 맑고 빼어나 세속을 벗어나지만 타고난 재주가 뛰어나고 커서 스스로 꾸미지 않았다.[159]

南龍翼 : 김시습의 시는 신기하고 아득하다.[160]

김시습・남효온・송익필은 산림삼걸이다.[161]

洪萬鍾 : 김시습이 지은 시는 매우 많은데 모두 입에서 나오는 대로, 손에서 쓰여지는 대로 지었다. 흥취만을 풀어낸 시이기 때문에 퇴고하는 데에 신경쓰지 않았지만, 경지가 높아서 보통 사람이 미칠 수 없다.[162]

김시습의 시에 대한 평을 보면 대체로 '성률에 얽매이지 않고, 수사

156 李山海, 「梅月堂集序」, 『鵝溪遺稿』 卷6, ".其爲詩也, 本諸性情, 形於吟詠, 故不事鍛鍊繡繪, 而自然成章."

157 李珥, 「金時習傳」, 『栗谷全書』 卷14, "聲律格調, 不甚經意, 而其警者則思致高遠, 逈出常情, 非雕篆者, 所可跂望."

158 許筠, 「惺叟詩話」, 『惺所覆瓿藁』 卷25, "其詩文俱超邁, 以其遊戲不用意得之, 故强弩之末, 每雜蔓語張打油, 可厭也."

159 許筠, 『鶴山樵談』, "梅月堂詩, 淸邁脫俗, 然天才逸蕩, 自去彫飾."

160 南龍翼, 「東詩」, 『壺谷漫筆』 卷3, "金梅月之神邈."

161 南龍翼, 「東詩」, 『壺谷漫筆』 卷3, "金梅月・南秋江・宋龜峯, 山林三傑."

162 洪萬鍾, 『小華詩評』 卷上, "所賦詩極多, 皆率口信手. 止遣興而已, 未嘗留意推敲, 然所造超越, 有非凡人所可及."

가 번다하지 않았다', '단련과 수식에 힘쓰지 않았다', '성률과 격조에 마음을 쓰지 않았다', '입에서 나오는 대로, 손에서 써지는 대로 썼다'는 것이어서 김시습은 시를 쓰면서 글자를 놓거나, 시를 꾸미는 것에 힘을 들이지 않았던 것으로 보인다. 또 그래서 김시습에 대해 허균이 장난삼아 시를 지었다고 한 것으로 보인다. 그럼에도 재주가 커서 뛰어나다고 하였고, 남용익은 그의 시가 신기하고 아득하다고 하였다. 이러한 평은 김시습의 천재성을 지적한 것으로 볼 수 있다. 그것은 일반적으로 어떤 인물의 시문학을 평가할 때 누구를 배웠다든가, 어떤 시기의 시를 배웠다고 하는 평가가 많은 것에 비해, 김시습의 시문학을 평가하면서는 고심하지 않고 손이 가는 대로 시를 지었음에도 불구하고 뛰어난 작품들을 남겼다고 하였다.

허균은 「성수시화」에서 김시습의 〈청평산의 세향원 남창에서 짓다題清平山細香院南窓〉, 〈소양정에 올라登昭陽亭〉, 〈도요지陶店〉 3수를 인용하고, 모두 세속을 벗어나 화평하고 맑으니 섬세하게 꾸미기만 하는 자들은 앞자리를 양보해야 한다고 하였다.[163] 이러한 평가는 김시습이 수식에 힘쓰지 않았는데도 빼어난 시를 지었다는 평과 일맥상통하는 것이다. 홍만종은 〈준상인에게 주다贈峻上人〉 20수 가운데 8번째 수를 두고 "도를 깨친 자가 아니면 어찌 이런 말을 하겠는가?"[164]라고 하였으며, 김시습의 7언율시 가운데 고상하고 깨끗한 구

163 許筠, 「惺叟詩話」, 『惺所覆瓿藁』 卷25, "其題細香院曰, '朝日將暾曙色分, 林霏開處鳥呼群. 遠峯浮翠排窓看, 隣寺鍾聲隔巘聞. 青鳥信傳窺藥竈, 碧桃花落點苔紋. 定應羽客朝元返, 松下閑披小篆文.' 昭陽亭曰, '鳥外天將盡, 吟邊恨未休. 山多從北轉, 江自向西流. 鴈下汀洲遠, 舟回古岸幽. 何時抛世網, 乘興此重遊.' 山行曰, '兒捕蜻蜓翁補籬, 小溪春水浴鸕鶿. 青山斷處歸程遠, 橫擔烏藤一個枝.' 俱脫去塵臼, 和平澹雅, 彼織靡雕琢者, 當讓一頭也."(본문의 시 제목은 『梅月堂集』의 제목을 따랐다.)

164 洪萬鍾, 『小華詩評』 卷上, "金東峯時習 …… 其無題詩, '終日芒鞋信脚行, 一山行盡一

절로 〈사가선생의 시에 화운하여 미상인에게 보이다和四佳先生韻, 示微上人〉의 함련[165]을 들었다. 또 〈산에 살며 산 속의 도인에게 주다山居, 贈山中道人〉 7수 가운데 1번째 수의 경련을 두고는 그 곱고 기운참에 감탄하지 않은 적이 없었다고 하였다.[166] 허균과 홍만종이 인용한 4수의 시 가운데 〈청평산의 세향원 남창에서 짓다題清平山細香院南窓〉, 〈소양정에 올라登昭陽亭〉, 〈준상인에게 주다贈峻上人〉는 이 책에서 선별한 김시습의 대표 작품이다.

성현의 시문학에 대한 평가는 허균과 장유의 언급을 통해 확인할 수 있다.

> 許 筠 : 昌大하고 망망하고 식견이 넓고 재주가 풍부하여 한 시대의 大方家가 된 이는 서거정 · 김종직 · 성현 같은 무리로 그 웅대함을 치달렸다.[167]
>
> 張 維 : 성현과 서거정은 재질이 민첩하여 문장을 잘 응용해 쓰는 등 관각제의 호걸이다.[168]

허균과 장유의 평은 성현에 한정된 것이 아니라 성현을 서거정, 김종직과 아울러 평한 것이다. 허균은 한 시대의 대가로 서거정과

山青. 心非有想奚形役, 道本無名豈假成. 宿露未晞山鳥語, 春風不盡野花明. 短笻歸去千峯靜, 翠壁亂煙生晩晴.' 非悟道者, 寧有此言."

165 洪萬鍾, 『小華詩評』 卷上, "高潔如金東峯贈澈上人詩曰, '流水落雲觀世態, 碧松明月照禪談.'"

166 洪萬鍾, 『小華詩評』 卷下, "金東峯悅卿之山居詩, '風曳洞雲歸遠壑, 雁拖寒日下遙岑.' 未嘗不歎其雅健."

167 許筠, 「蓀谷集序」, 『惺所覆瓿藁』 卷5, "昌大莽莽, 富蓄博材, 爲一代大方家者, 如四佳 · 佔畢 · 虛白輩騁其雄."

168 張維, 「簡易堂集序」, 『谿谷集』 卷6, "四佳通敏利用, 館閣之豪."

김종직, 성현을 아울러 칭하였고, 장유는 관각문인으로 성현과 서거정을 거론하였다. 성현의 시문학에 대한 언급은 소략하지만 〈표 2〉를 보면 6종류의 시선집에 모두 59수가 수록되어 있어 6번째로 많은 시가 수록된 작가라는 것을 확인할 수 있다. 홍만종은 『소화시평』에서 성현의 시 〈연경궁의 옛터延慶宮古基〉의 경련을 두고 서글프고 쓸쓸함에 감탄하지 않은 적이 없다고 하였다.[169]

이주에 대한 평은 허균의 「성수시화」와 남용익의 『호곡만필』, 그리고 『연산군일기』 이주의 졸기에서 확인할 수 있다.

> 燕山君日記 : 시가 빼어나고 시원스러워 옛사람의 풍모가 있었다.[170]
> 許　筠 : 이주의 시는 매우 침착하여 盛唐의 풍격이 있다.[171]
> 南龍翼 : 이주의 시는 고상하고 화려하다.[172]
> 이주는 당시를 숭상하였다.[173]

『연산군일기』에서는 이주의 시에 대해 빼어나고 시원스럽다고 평하였으며, 허균은 이주의 시가 성당의 풍격이 있다고 하였고, 남용익은 이주가 당시를 숭상했다고 하였다. 이주의 시가 성당의 풍격이 있다고 한 것이나 당시를 숭상했다고 한 것은 얼핏 비슷한 말로 이해할 수 있다. 하지만 당시를 숭상했다고 한 것은 작가의 취향이나 학습의 방향을 말하는 것인데, 당시를 좋아하고 배웠다고 해서 그것을

169 洪萬鍾, 『小華詩評』 卷下, "成虛白磬叔之延慶宮古基詩, '羅綺香銷春獨在, 笙歌聲盡水空流' 未嘗不歎其凄楚."

170 『燕山君日記』 卷53, 10年 5月 22日條, "爲詩高邁豪爽, 有古人風."

171 許筠, 「惺叟詩話」, 『惺所覆瓿藁』 卷25, "李忘軒胄詩最沈著, 有盛唐風格."

172 南龍翼, 「東詩」, 『壺谷漫筆』 卷3, "李忘軒之高華."

173 南龍翼, 「東詩」, 『壺谷漫筆』 卷3, "我朝詩諸名家各有所尙. …… 忘軒 …… 尙唐."

자신의 시에 구현했다고 단정할 수는 없다. 그런데 허균이 이주의 시에는 성당의 풍격이 있다고 하였는데, 이것은 이주가 자신이 좋아한, 또 익혔던 시풍을 자신의 시 속에 구현할 수 있었다는 것을 의미한다고 볼 수 있다.

허균은 「성수시화」에서 이주의 〈망해사望海寺〉의 함련을 보고 매우 힘이 있다고 하였고, 〈안변루의 시에 차운하다次安邊樓題〉의 함련은 노련하며 기이하고 빼어나다고 하였다. 또 〈통주通州〉는 놀랍게도 왕유王維・맹호연孟浩然에 가깝다고 하였다.[174] 홍만종은 『소화시평』에서 〈망해사望海寺〉의 함련을 "아득하고 기이하여 풍성에 묻힌 신검이나 물속에 잠긴 우임금의 솥과 같다."[175]라고 하였다. 허균과 홍만종이 언급한 세 수의 시 가운데 〈안변루의 시에 차운하다次安邊樓題〉, 〈통주通州〉는 이 책에서 선별한 이주의 대표 작품이다.

마지막으로 박은에 대하 평은 허균・남용익・홍만종・김창협・정조의 언급을 통해 확인할 수 있다.

許　筠 : 박은의 시는 正聲은 아니지만 엄밀하고 굳세다.[176]
南龍翼 : 격조가 우뚝하고 빼어난 것은 박은이 종주이다.[177]
박은은 송시를 숭상하였다.[178]
박은은 7언율시에 특장이 있다.[179]

174 許筠, 「惺叟詩話」, 『惺所覆瓿藁』 卷25, "李忘軒胄 …… 如 '朝日噴紅跳渤海, 晴雲挹白出巫閭.' 甚有力, '凍雨斜連千嶂雪, 飢烏驚叫一林風.' 老蒼奇杰. 其通州詩 …… 亦咄咄逼王・孟也."

175 洪萬鍾, 『小華詩評』 卷上, "李忘軒望海寺'朝日噴紅跳渤海, 晴雲挹白出巫閭.' 幽遐奇古, 如埋酆神釰, 沈水禹鼎."

176 許筠, 「惺叟詩話」, 『惺所覆瓿藁』 卷25, "朴之詩, 雖非正聲, 嚴縝勁悍."

177 南龍翼, 「東詩」, 『壺谷漫筆』 卷3, "於格調之卓邁, 當以朴挹翠爲主."

178 南龍翼, 「東詩」, 『壺谷漫筆』 卷3, "我朝詩諸名家各有所尙. …… 挹翠, …… 尙宋."

박은이 이행과 이름을 나란하였는데 이행이 박은을 우러렀으며, 박은이 황정견을 배워 많은 이들을 굴복시켰다고 하였다.[180]

洪萬鍾 : 그의 시는 매우 천재적이어서 인공적인 면을 범하지 않았다.[181]

金昌協 : 박은이 비록 황정견과 진사도의 글을 배우기는 하였으나 타고난 재능이 몹시 뛰어나 얽매이는 바가 없어서 시어가 맑고 크며 격조가 자유롭고 분방하였다.[182]

正　祖 : 박은은 세상에서는 蘇軾과 黃庭堅을 배웠다고 하나 自得한 것이 많아 당·송의 격조를 논할 것 없이 뛰어난 시인이라 할 만하다.[183]

박은에 대한 평을 보면 박은이 소식과 황정견, 진사도 등 송대의 문인들, 특히 강서시파의 영향을 많이 받았다는 것을 알 수 있다. 박은의 시문학에 대해 송시를 숭상하여 소식과 황정견, 진사도를 배웠다고 하였는데, 그래서인지 허균은 박은의 시를 정성正聲이 아니라고 하였다. 허균과 같이 김창협과 정조도 박은이 소식과 황정견, 진사도의 시를 배운 것을 긍정적으로 생각하지는 않은 것으로 보인다. 그러나 그럼에도 재능이 뛰어나 얽매인 바 없이 자유롭고 분방하였으며, 자득한 것이 많아 당·송의 격조를 논할 것 없이 뛰어난 시인이라고 하였다.

179 南龍翼, 「東詩」, 『壺谷漫筆』 卷3, "名家又各有所長. 七言律則 …… 挹翠."

180 南龍翼, 「東詩」, 『壺谷漫筆』 卷3, "容齋挹翠少時齊名, 而容之仰翠, 有若不可企及 …… 或云國初以來專尙東坡, 而挹翠忽學山谷, 故儕流皆屈服."

181 洪萬鍾, 『小華詩評』 卷上, "其詩天才甚高, 不犯人工."

182 金昌協, 「雜識·外篇」, 『農巖集』 卷34, "挹翠軒雖學黃陳, 而天才絶高, 不爲所縛, 故辭致淸渾, 格力縱逸."

183 正祖, 「文學」, 『弘齋全書』 卷161, "挹翠 …… 世以爲學蘇黃而蓋多自得, 毋論唐調宋格, 可謂詩家絶品."

박은의 시 가운데 〈복령사福靈寺〉와 〈수영 뒤의 정자營後亭子〉 5수 중 4번째 수가 가장 많이 언급된다. 〈복령사福靈寺〉의 경련에 대해 허균은 당唐의 섬세하고 화려한 시풍만 배운 자는 그 경지에 오를 수 없다고 하였고,[184] 홍만종은 그 신기神奇함에 탄복하지 않은 적이 없다고 하였다.[185] 〈수영 뒤의 정자營後亭子〉의 제4수에 대해 홍만종은 "읍취헌의 시는 사람의 의표를 뛰어넘어 자연스럽게 문장을 이루었고, 조탁을 하지 않아 천고에 드문 시였다."라고 한 이행의 말을 인용[186]하였다. 이행이 이 말을 한 것은 이 시를 두고 한 것은 아니지만 홍만종이 이 시를 인용하면서, 이행의 이 말을 덧붙인 것은 이행의 이러한 언급이 이 시에 적합하다고 생각했기 때문이다. 또 〈수영 뒤의 정자營後亭子〉의 수련에 대해 홍만종은 "신기하고 황홀하여 채색 신기루에 안개가 낀 듯하다."[187]라고 하였고, 남용익은 박은의 〈수영 뒤의 정자營後亭子〉를 칠언율시 중 빼어나고 힘이 있는 시[188]로 꼽기도 하였다. 또 〈수영 뒤의 정자營後亭子〉의 1번째 수의 함련에 대해 홍만종은 기이하고 빼어난 시구라고 하였다.[189] 또 남용익은 〈복령사

184 許筠, 「惺叟詩話」, 『惺所覆瓿藁』 卷25, "如 '春陰欲雨鳥相語, 老樹無風情自哀.' 之句, 學唐纖麗者, 安敢劘其墨乎."(본문의 시 제목은 『挹翠軒遺稿』의 제목을 따른 것이다.)

185 洪萬宗, 『小華詩評』 卷下, "朴挹翠中說之福靈寺詩, '春陰欲雨鳥相語, 老樹無情風自哀'未嘗不歎其神奇."

186 洪萬宗, 『小華詩評』 卷上, "容齋曰, '其詩出人意表, 自然成章, 不假調飾, 殆千古希音.'" (안대회는 홍만종이 인용한 이행의 이 평은 「挹翠軒遺稿序」, 「墓誌銘」을 모아서 평한 것이라고 하였다. (안대회, 『對校譯註 小華詩評』, 국학자료원, 1995, 155쪽.))

187 洪萬宗, 『小華詩評』 卷上, "朴挹翠永保亭詩, '地如拍拍將飛翼, 樓似搖搖不繫篷' 神奇恍惚, 如彩蜃吹霧."

188 南龍翼, 「東詩」, 『壺谷漫筆』 卷3, "七言律奇健, 如 …… 挹翠之, '地如拍拍將飛翼, 樓似搖搖不繫篷.'"

189 洪萬宗, 『小華詩評』 卷上, "奇逸如朴挹翠永保亭詩曰 '急風吹霧水如鏡, 近渚無人禽自謠.'"

福靈寺〉의 경련과 〈택지에게 다시 화답하다再和擇之〉의 경련은 황정견과 비슷하지만 곤궁함이 심하여 심원한 경지에 이르기는 어렵다[190]고 하였다. 허균과 홍만종, 남용익이 언급한 박은의 시 가운데 〈복령사福靈寺〉, 〈수영 뒤의 정자營後亭子〉의 4번째 수, 〈택지에게 다시 화답하다再和擇之〉는 이 책에서 선별한 박은의 대표 작품이다.

이렇게 이 책에서 조선 초기의 대표 작가로 선별한 이들의 시문학에 대한 평가를 시풍을 중심으로 간단하게 정리해 보면, 정도전은 성당을 좇았다고 하였고, 이첨의 시에 대해서는 당풍의 시라는 언급이 주가 되었다. 유방선의 시는 당·송으로 구분하여 말한 것은 없으나, 두보를 배우고 맹교나 가도와 같다고 하여 당나라 시인들이 언급된 것을 확인할 수 있다. 서거정에 대한 평에서는 당·송의 영향을 모두 확인할 수 있는데 한유와 육지의 체를 본받았다고 하는 평이 있는 반면, 송시를 숭상하였다는 평도 확인할 수 있다. 이승소에 대해서는 당·송을 직접적으로 언급한 부분은 없지만 평담하다거나 오래 씹을수록 맛있다는 평가는 그의 시가 송풍에 가까운 것이 아닐까 생각하게 된다. 강희맹의 시문학 역시 당·송을 직접적으로 언급한 부분은 없고 '전아하다'거나 '정치하다' 정도로 평가되는 것을 확인할 수 있다. 김종직에 대한 평가는 송시를 숭상하여 그의 시가 소식과 황정견에게서 나왔다는 평이 있는 한편, 두보를 배워 성당으로 치달린다는 평도 동시에 확인할 수 있다. 김시습에 대한 평 역시 당·송으로 나누어 설명하지 않고, 글자를 고르거나 수식에 힘쓰지 않았음에도 뛰어난 시를 지었다는 정도로 정리된다. 성현에 대한 평가는 조선

190 南龍翼, 「東詩」, 『壺谷漫筆』 卷3, "其詩中, '春陰欲雨鳥相語, 老樹無情風自哀.', '天應於我賦窮相, 菊亦與人無好顏.' 等句, 皆似黃, 然窮甚, 似難遠到."(시구는 『壺谷漫筆』을 따르지 않고 『挹翠軒遺稿』의 것으로 교감하였다.)

초기의 대가로 관각체의 시를 잘 지었다고 하였으며, 이주는 당시를 숭상하였고, 시에 성당의 풍격이 드러난다고 하였다. 박은에 대한 평가는 송시를 숭상하여 소식과 황정견, 신사도의 시를 배웠음에도 재능이 뛰어나 자득한 바가 있어 당·송을 논할 것 없이 뛰어난 시를 지었다고 하였다.

이들의 시문학에 대한 현대 연구자들의 연구는 적게는 7편 내지 8편에서 많게는 60여 편 이상의 연구가 축적되어 있다.[191] 이 가운데 이들의 시풍과 관련된 부분들을 정리해 보면 현재까지 이들의 시풍이 어떻게 이해되었는지를 확인할 수 있다.

〈표 7〉 당풍을 중심으로 본 조선 초기 대표 작가의 시경향 연구

시풍의 성격	대표 작가	내용
당풍	정도전	▸ 김종서 : 삼봉의 시는 정감적이며 서정성이 강한 **당풍적 경향**이 짙다.[192]
	이첨	▸ 강석중 : 맑은 느낌을 주는 詩語와 唐代에 쓰이던 俗語를 잘 구사하고 있어 조선 초의 문단에서 **唐風**의 **先聲**을 보여주었다는 문학사적 평가에 어울리는 작품세계를 보여준다.[193]
	유방선	▸ 이현지 : 유방선이 두시를 배워 이룩한 시적 성취를 '淸'과 '雅'가 주개념인 '淸新'과 '雅淡'을 중심으로 살폈으며, 그의 시적 성취는 후일 '淸'으로 설명되는 **唐風의 시가 조선조 시단을 풍미한다는 점에서 시풍의 변화를 예고**하는 것으로 보았다.[194]
	서거정	▸ 이종묵 : 서거정이 유방선에게 배웠는데, 유방선은 杜詩에 뛰어난 인물로 **서거정의 學杜**가 여기에서 초석이 마련되었다고 하였으며, 1460년(세조 6)에 사신을 접대하며 지은 〈用蕭進士山海登樓詩韻〉을 두고는 杜詩風이 물씬 풍기는 호장한 시라고 평가하였다.[195]
	이승소	▸ 이규호 : 그의 시풍이 氣象을 바탕으로 한 意境의 개척에 있었으며, 그가 추구한 '天趣之眞'의 지향은 **唐詩風에의 편향**이라고 하였다.[196]

191 이들의 시문학에 관련한 논문들은 부록에 따로 정리해 두었다.

	김종직	▸ 김용각 : 조선 초기에는 崇儒 정책에 힘입어 讀杜熱이 컸고, 이 영향으로 김종직 역시 **學杜의 문풍**을 가지게 되었다.[197] ▸ 김현영 : 『청구풍아』에 수록된 작품을 살펴볼 때, 김종직은 송시풍이 주류적 흐름인 시대 속에서도 **당시풍의 특징을 보이는 작품에도 관심**을 기울였음을 짐작할 수 있다고 하였다.[198]
	성현	▸ 김동준 : 성현이 그의 형 成任과 成侃의 영향을 받아 **당시풍을 띠고 있으며**, 고시의 강조와 당시풍의 구사의 정화로 이루어진 것이 「風雅錄」이라고 하였다.[199] ▸ 황아영 : 성현이 동파시를 모방한 송시풍의 영향이 지대했던 시기에 화려하고 섬세한 것이 특징인 **당풍을 추구**한 이들의 시를 궁극적으로 인식하고 있었으며, 율시에 경도되어 수식과 단련에만 힘쓰는 것을 비판하고 격조와 기세를 강조한 고시와 의고악부를 지었다고 하였다.[200]
	이주	▸ 김경숙 : 이주의 작품은 수식이 있으면서도 화려하지 않고 情을 읊으면서도 意가 숨겨져 있어 文과 質이 모두 彬彬한 경지를 이루는 **당시의 특징**을 지니고 있다고 하였다.[201] ▸ 강혜선 : 이주의 시에 **당시풍이 나타나는 것**이 學杜의 영향이라고 지적하였다. 성종조 이래 시작의 모범으로서 두시가 학습되는데, 이주는 이러한 사조 속에서 두시의 영향을 받아 그의 시작에 일관되게 두시의 의경이나 표현이 보이고, 정경의 융합이 특출한 당풍의 시를 이루게 되었다고 하였다.[202] ▸ 유호진 : 이주가 김종직의 영향을 받아 강서시풍의 시가 일세를 풍미하던 당대의 시작 경향을 거부하고 정서 표출에 비중을 둔 **당시풍의 시를 창작**하였다고 하였다.[203] ▸ 정우락 : 이주가 **당시풍을 선도**하면서 조선 문단의 전문적 입지를 구축했다고 하면서 이주의 시에는 사물에 대한 즉물적 인식을 취하면서 주정주의에 입각한 경험적 정감을 노래하는 서정시인의 면모가 두드러진다고 평가하였다.[204]

192 김종서, 「三峯 鄭道傳 詩의 表現 樣相과 美意識」, 『한국한시연구』 18, 한국한시학회, 2010, 226쪽.

193 강석중, 「雙梅堂 李詹의 詩世界」, 『한국한시작가연구』 2, 한국한시학회, 1996, 420쪽.

194 이현지, 「柳方善 漢詩 考察 - 杜詩 受容을 中心으로」, 동국대학교 석사학위논문, 2000, 65~66쪽.

195 이종묵, 「서거정의 삶과 문학 활동」, 『서거정 문학의 종합적 검토』, 한국정신문화연구원, 1998, 9, 51쪽.

196 이규호, 「三灘 李承召의 詩世界」, 『관악어문연구』 8, 서울대학교 국어국문학과, 1983, 310, 319쪽.

11명의 대표 작가 가운데 강희맹과 김시습, 박은을 제외한 8명의 작가에 대한 선행 연구에서 당풍과 관련된 언급을 찾아볼 수 있다. 이 중에는 이들의 시풍에 집중하여 작품을 직접적으로 분석하여 시풍을 검토한 연구가 있는가 하면, 시문학 전반을 확인하면서 기존에 이루어진 선인들의 언급을 활용하여 이들의 시풍을 언급한 경우도 있다. 이와 같은 연구 경향의 차이는 이들이 직접적으로 누구의 시를 배우고 영향을 받았다고 언급한 경우가 없기 때문에 다양한 방향에서 이들의 시풍이 어떻게 나타나는지를 확인하고자 했기 때문이라고 보인다.

김종서는 정도전의 시가 정감적이며 서정성이 강한 당풍의 경향이 짙다고 하였다. 이는 앞서 살핀 선인들의 평가에서 권근이 정도전의 고시와 율시 작품은 위진魏晉을 따르고 성당盛唐을 좇았다고 한 것과 맥을 같이하는 것이다.

이첨의 경우, 강석중은 이첨이 맑은 느낌을 주는 시어와 당대唐代의 속어를 구사하여 당풍의 선성先聲이 되었다고 하였다. 이첨의 개별 작품을 평한 경우 그의 시가 당풍의 시에 가깝다는 평이 주를 이루

---

197 김용각, 「佔畢齋 金宗直의 詩文學考」, 동국대학교 석사학위논문, 1988, 35쪽.

198 김현영, 「金宗直 詩文選集의 主題意識과 意味」, 경북대학교 석사학위논문, 2008, 69쪽.

199 김동준, 「成俔의 삶과 시세계」, 『한국한시작가연구』 3, 한국한시학회, 1998, 196, 208쪽.

200 황아영, 「虛白堂 成俔의 文學 硏究」, 성신여자대학교 박사학위논문, 2017, 46-53쪽.

201 김경숙, 「忘軒 李胄의 漢詩硏究」, 충남대학교 석사학위논문, 1995, 53쪽.

202 강혜선, 「李胄의 삶과 시세계」, 『한국한시작가연구』 3, 한국한시학회, 1998, 382쪽.

203 유호진, 「李胄의 唐風 志向과 그 文學史的 意味」, 『동양한문학연구』 28, 동양한문학회, 2009, 108쪽.

204 정우락, 「忘軒 李胄의 한시와 문학사적 위상」, 『동양한문학연구』 42, 동양한문학회, 2015, 83-84쪽.

는데, 강석중의 연구에서 허균을 비롯한 문인들의 평을 인용하여 시를 분석하고 있기 때문에 이와 같은 결론에 이르렀다는 것을 확인할 수 있다.

유방선은 선인들의 평에서도 두시杜詩를 배웠다는 것을 알 수 있는데, 이현지는 유방선이 두보를 배워 이룩한 경지가 '청淸'과 '아雅'가 주개념인 '청신淸新'과 '아담雅淡'으로 성취되었다고 하였다. 조선조의 당풍은 대체로 '청淸'으로 설명이 되는 경향이 강하기에 이현지는 유방선의 시적 성취가 시풍의 변화를 예고하는 것이라고 본 것이다.

이종묵은 서거정이 두시에 뛰어났던 유방선에게서 배웠다는 점에서 학두學杜의 초석이 마련되었다고 보았다. 그 영향으로 서거정의 시에 두시풍杜詩風을 풍기는 작품을 찾아볼 수 있다고 하였다.

이규호는 이승소 시에 대한 선인들의 평을 종합하여 당풍에의 편향을 지적하였다. 또 이러한 시풍이 반영된 시세계의 내용상의 특징으로 선계에 대한 동경과 대은大隱의 동경, 외형상의 특징으로 시각, 청각의 활용과 선명한 색상의 대비를 들었다.

김용각이 김종직이 두시의 문풍을 지녔다고 지적한 것은 황현의 언급에 영향을 받은 것이다. 김현영은 김종직과 그의 문인들 그리고, 대부분의 사림들은 훈구 관료들의 형식화되고 장식화된 기존 시풍에 대한 강한 반발을 보였고, 이것이 실제 창작에 있어서 그들이 갖고 있던 성리학적 관점과 일치하는 서술 위주의 송시가 아니라 오히려 뛰어난 함축성과 정감이 풍부한 당풍의 시를 추구하게 하였다고 했다.

앞서 살펴본 김현영의 '훈구 관료들의 귀족화에 따라 시가 형식화되고 장식화되어 현실감과 생동감을 잃어버렸다'고 한 설명이나 '사림들이 훈구 관료에 대한 반발로 자신들의 성리학적 관점과 일치하는 송시가 아니라 당풍의 시를 추구하게 되었다'는 설명에는 논리적인 오류가 있는 것으로 보인다.

김현영은 '사림들이 기존에 유행하던 송시 대신 당시를 선택하였다'고 하여 기존에 유행하던 훈구 관료들의 시를 송풍의 시로 보면서 '송시는 하늘이 부여한 바 본래의 성정을 상실한 채 오로지 인위적으로 꾸미고 다듬는 일에만 힘쓴다'고 하였다. 그런데 송시가 인위적으로 꾸미고 다듬는 일에 힘쓴다고 한 것은 시를 지을 때에 자구字句를 가다듬는 데에 힘쓴 강서시파의 특징을 말한 것으로 보인다. 하지만 '훈구 관료들의 시가 형식화되고 장식화되는 것'은 관각체의 성격이 두드러진다는 것을 의미한다. 따라서 훈구 관료의 시가 보여주는 관각체의 성격과 송풍의 시가 꾸미고 다듬는 일에 힘쓰는 것은 같은 맥락에서 이해할 수 있는 것이 아니다. 또 김현영은 사림들이 훈구 관료의 시풍에 대한 반발 때문에 자신들의 성리학적 관점과 일치되는 송풍이 아니라 당풍의 시를 추구하게 되었다고 하였다. 물론 성리학을 공부한 이들이 반드시 성리학적 관점에 입각하여 송풍의 시에 몰두해야 한다는 것은 아니고, 이들이 송풍의 시를 짓는 것이 자연스럽다는 것도 아니다. 하지만 훈구 관료들이 송풍의 시를 지었다고 해서 이에 대한 반발로 사림들이 당풍의 시를 지었다고 하는 것은 다소 이해하기 힘든 부분이 있다. 이는 한시사를 지나치게 획일적이고 단순하게 이해하게 만들기 때문이다. 또 훈구 관료라고 해서 송풍의 시만을 지은 것도 아니고, 사림이라고 해서 당풍의 시만을 지은 것도 아닐뿐더러, 근본적으로 훈구 관료와 사림의 구분에 대한 문제점 역시 꾸준히 제기되고 있다.[205]

205 훈구-사림의 도식적 구분에 대한 문제에 대한 정리는 「中宗代 官僚 文人의 학적

김동준은 성현이 그의 형인 성임과 성간의 영향으로 시적 취향이 당풍에 가까웠다고 하였다. 또 성현은 원기元氣나 근원성根源性, 학시學詩의 순서에 있어서도 고시가 존중되어야 함을 강조했는데, 고시에 대한 존중과 당풍의 구사가 보불왕도黼黻王度의 문학론 안에서 정채롭게 발현된 것이 「풍아록風雅錄」이라고 하였다. 황아영은 성현이 서거정, 김수온, 강희맹과 이승소의 시에 대해 공통적으로 아름답다(華美, 艶麗, 雄放豪健, 典雅, 詩文俱美)라고 평하였는데, 이것은 화려하고 섬세한 것이 특징인 당풍을 추구한 이들의 시풍을 성현이 매우 긍정적으로 인식하고 있었다는 것을 보여준다고 하였다. 그러나 성현이 화미華美, 염려艶麗, 웅방호건雄放豪健, 전아典雅, 시문구미詩文俱美와 같은 평어들을 사용한 것이 당풍을 염두에 두고 쓴 것이라고 확신할 수 없으며, 이러한 평어들을 한데 묶어 당풍을 언급한 것이라고는 더욱 단언할 수 없다. 이 두 연구 모두 작품을 통해 성현의 시풍이 당풍임을 밝힌 것이 아니라 영향 관계나 성현의 언급을 통하여 추측한 것이기 때문에, 작품에 근거한 성현의 시풍 파악이라고 보기는 어렵다.

이주는 당시를 숭상하였고 그의 시에는 성당의 풍격이 있다고 하였는데, 선행 연구에서도 이주 시의 당풍에 대해 많이 언급된 것을 확인할 수 있다. 김경숙은 이주의 기행시와 유배시를 살피고 그 시 속에 수식이 있으면서도 화려하지 않고 정情을 읊으면서도 의意가 숨겨져 있어 문文과 질質이 모두 빈빈彬彬한 경지를 이루는 당시의 특징을 지니고 있다고 하여 이주의 시에 대한 선인들의 평에 타당성을 부여할 수 있다고 하였다. 강혜선은 이주를 비롯한 김종직의 문도들

지향과 문학의식」을 참고할 수 있다. (정용건, 「中宗代 官僚 文人의 학적 지향과 문학의식」, 고려대학교 박사학위논문, 2020, 1~6쪽.)

이 당풍의 시를 개척하였다고 하면서 학문과 궁리를 중시한 신진사류들이 송풍의 시보다 정감의 유로를 중시하는 당풍의 시를 많이 짓는 요인 가운데 하나로 두시의 학습과 영향을 들었다. 또 이주의 시에는 두시의 의경이나 표현을 연상케 하는 작품이 많다고 하였다. 유호진은 이주의 시적 지향의 단초를 김종직에게서 찾고 있는데, 김종직은 시의 형식에 치중한 당대 강서시풍의 폐단을 깊이 인식하여 내용을 중시하는 송시의 본령을 회복하고자 하였는데, 이는 당대 시단의 보편적인 경향에 한 발을 들여놓은 채 새로운 방향의 시학을 모색한 것이라고 하였다. 그는 이주가 스승 김종직의 시론을 계승하면서 한편으로 시 창작에서보다 근본적인 변화를 추구하여 당대에 유행하던 강서시풍이 지닌 한계를 인식하고 그와는 다른 시풍을 모색하였고, 이에 따라 이주가 시의 형식적인 측면에 공을 들이기보다 평이한 시어로 자신의 정감을 표현하는 데 역점을 두었다고 하였다.

유호진의 연구는 이주의 시를 직접적으로 분석하여 이주의 시풍을 파악하려고 하였다는 점에서 의의를 찾을 수 있다. 그러나 김종직과 이주가 강서시풍의 한계를 인식하고 여기에서 벗어나 당풍의 시를 창작하였다고 했는데, 해동강서시파를 언급하면 시기상 가장 앞에 놓이는 인물이 이행과 박은이다. 그러나 이행은 1478년에, 박은은 1479년에 태어났는데, 이들은 김종직에 비하여 거의 50년이나 늦게 태어난 인물이며, 이주보다도 10년 정도 늦게 태어난 인물들이다. 물론 유호진은 성현의 언급[206]을 인용하여 당대 시를 배우는 사람들이 황정견과 진사도를 본받아야 한다고 하면서 그 경지에 이르지 못하

206 유호진, 「李胄의 唐風 志向과 그 文學史的 意味」, 『동양한문학연구』 28, 동양한문학회, 2009, 94쪽.

고 기상이 위축되었다고 하였지만, 이것으로 김종직이 당대 강서시파에 회의를 가지고 있었다고 하기는 어렵다. 또 이런 주장은 김종직 역시 송시를 숭상하여 소식과 황정견을 배웠다고 한 선인들의 언급과도 배치가 되는 것이다. 또 이주가 당풍의 시를 모색한 것이 강서시파의 한계를 인식했기 때문이라는 주장도 실체를 확인하기 어렵다.

이를 보면 선인들의 언급이나 현재까지 간행된 우리 문학사 또는 한문학사에서 조선 초의 시풍이 오로지 소식 위주의 송풍을 배웠다는 내용과 달리 8명의 개별 작가에 대한 선행 연구에서 당풍의 영향을 확인하고 있다. 물론 선행 연구에서도 '조선 초기의 송풍을 탈피'했다거나, 당대에는 '송풍이 주류'였다는 언급을 하여, 당대 시풍의 주류가 송풍이었다는 인식을 드러내고 있지만 이 8명의 시풍은 당시의 주류였던 송풍이 아니라, 당풍의 경향을 보여준다고 하였다. 이는 연구자들이 개별 작가의 시에 당풍의 경향이 나타나는 것을 시대의 일반적 주류에서 벗어나는 특별한 경향으로 인식하고 있다는 것이다. 하지만 이 시기를 대표하는 작가들의 시에서 이와 같이 당풍의 성격이 두드러진다면 이것이 정말 이 시대의 '특별한 경향'이었을까에 대한 의문이 생길 수밖에 없다. 이러한 의문은 11명의 대표 작가 가운데 당풍의 성격이 나타난다고 하는 작가가 8명인데 반해 송풍의 성격이 나타난다고 하는 작가가 6명으로 그 수가 더 적다는 데에서 더 커진다.

〈표 8〉 송풍을 중심으로 본 조선 초기 대표 작가의 시경향 연구표

시풍의 성격	대표 작가	내용
송풍	정도전	▸ 차용주 : 정도전의 시는 당대의 주류였던 **송시의 영향**을 받았으며, 시의 격조는 雄健하고 豪壯하다.[207]

서거정	▸ 송희준 : 영물시를 중심으로 점화와 도습의 양상을 살폈으며, 요체시의 영향을 받았는데 이것은 율격적인 면에서 **강서시파의 가장 큰 특징**이라고 지적하였다.[208] ▸ 류소진 : 서거정에게 미친 소식의 영향을 시작하였는데, 서거정은 시의 풍격 방면에서 이백과 소식의 청신하고 고아한[淸新雅絶] 시풍을 준거로 삼아 시를 평가하였으며, 서거정이 **소식의 시를 전범**으로 삼아 부단히 연마함으로써 자신의 시구로 새롭게 탄생시킨 것은 북송 시인들, 특히 **강서시파의 작시 태도**에서 비롯된 것임을 설명하였다.[209]
이승소	▸ 정선용 : 당대의 전체적인 시풍과 이승소가 陸游의 시를 유독 많이 차운한 사실을 들어 이승소가 송시풍을 **추구**하는 가운데서도 특히 육유의 劍南詩風을 추구하였다고 하였다.[210]
강희맹	▸ 류소진 : 강희맹이 **소식으로부터 어떤 영향을 받았는지**에 대하여 보다 면밀하게 알아보기 위해 강희맹 시의 소식 관련 用典 상황과 그의 和蘇詩 창작 상황을 중심으로 강희맹 시의 소식 수용 양상을 살폈다.[211]
김종직	▸ 박선정 : 김종직의 시문학 의식에 **소동파 · 황산곡의 영향**이 깊이 자리잡고 있는데, 이들은 도연명에 큰 영향을 받았고, 도연명의 연원은 應璩였으며, 응거는 건안시대 문학정신을 대변하는 曹丕에 이어져 있음을 생각하면, 조비 – 응거 – 도연명 – 소동파 · 황산곡 – 김종직 모두 건안 문학정신을 밑바닥에 깔고 있다.[212] ▸ 하영옥 : 김종직의 차시를 연구하면서 여말선초에 수용한 **송 · 원의 시풍**은 김종직의 차시에도 영향을 미쳤으며 김종직의 차시에서 소식의 차시 인용을 확인할 수 있다고 하였다.[213] ▸ 김기 : 김종직은 성리이론에도 조예가 깊고 시문에도 능하여 **염락시풍에 근접**한 작품이 많이 등장한다고 하였다.[214]
박은	▸ 홍순석 : 박은이 黃 · 陳을 비롯한 **중국 강서파 시인들의 영향**을 적지 않게 받았음은 그의 시작에 있어 중국 강서파의 특징이라고 할 수 있는 환골탈태의 수법을 주로 사용하고 있으며, 평범하고 속된 표현을 피하고 특이하고 빼어난 표현에 힘썼다는 사실에서도 쉽게 살펴볼 수 있고, 특히 奇想奇語를 즐기고 탈속적인 시풍이 짙었던 것은 황정견의 시풍을 본받았던 것 같다고 하였다.[215] ▸ 정민규 : 중국 강서파 시인들의 영향을 적지 않게 받았지만 보다 중요한 사실은 그가 **황정견, 진사도의 시풍을 배워 성공**한 시인임에도 불구하고 단순히 그들의 시풍을 모방하는 데 그친 것이 아니라 더 나아가 자신의 독창적인 시풍을 가지려 했다는 점이라고 하였다.[216] ▸ 김은수 : 박은 시에서 **강서시파와 관련**시켜 논의할 수 있는 지점을 운율을 무시한 산문시의 경향, 일상생활의 내용을 그대로 시로 표현한 것, 도잠의 자연친화적 작품, 소식의 문인화적 기품의 작품의 창작을 들었다.[217]

이 표를 보면 이 글에서 선정한 조선 초기의 대표 작가 11명 중 지금까지 선행 연구에서 송풍의 성격이 두드러진다고 본 작가는 정도전, 서거정, 이승소, 강희맹, 김종직, 박은 6명이다. 선인들의 언급에서 조선 초기의 시풍이 소식 위주의 송풍을 중심으로 한다고 하였는데 지금까지의 선행 연구에서 당풍으로 언급된 작가가 8명인 것에 반해 송풍으로 언급되는 작가는 6명에 그친다는 것은 이런 선인들의 언급에 대해 다양한 생각을 가지게 만든다. 송풍으로 언급된 6명의 작가에 대한 선행 연구를 구체적으로 살펴보도록 한다.

차용주는 정도전이 송시의 영향을 받았으며, 그의 시에 나타나는 웅건雄健하고 호장豪壯한 격조는 희소가치가 있다고 하였다. 차용주는 고려 중기부터 조선 전기까지 우리나라는 송시의 영향을 많이 받았는데 정도전도 여기에서 예외가 아니라고 하였다. 또 우리나라의

207 차용주, 「鄭道傳 硏究」, 『호서문화논총』 12, 서원대학교 호서문화연구소, 1998, 20쪽.

208 송희준, 「徐居正의 文學에 나타난 江西詩風의 수용양상」, 『대동한문학』 7, 대동한문학회, 1995, 281, 285, 289, 300쪽.

209 류소진, 「조선 문인 徐居正 詩의 蘇軾 수용 양상」, 『중국학보』 80, 한국중국학회, 2017, 90쪽.

210 정선용, 「三灘 李承召의 詩意識과 詩世界」, 성균관대학교 석사학위논문, 2008, 21~25쪽.

211 류소진, 「姜希孟 詩의 蘇軾 수용 양상」, 『중국어문학지』 80, 중국어문학회, 2022, 75~76쪽.

212 박선정, 『佔畢齋 金宗直 文學硏究』, 이우출판사, 1989, 120쪽.

213 하영옥, 「조선 전기 佔畢齋 金宗直의 茶詩 연구, 계명대학교 석사학위논문, 2014, 20쪽.

214 김기, 「佔畢齋 金宗直의 시에 나타난 도학사상 연구」, 『유학연구』 54, 충남대학교 유학연구소, 2021, 8쪽.

215 홍순석, 「挹翠軒 朴誾의 문학사적 위치」, 『국어국문학』 89, 국어국문학회, 1983, 208쪽.

216 정민규, 「挹翠軒 朴誾의 漢詩硏究」, 성균관대학교 석사학위논문, 1990, 41~42쪽.

217 김은수, 「挹翠軒 朴誾詩 硏究」, 『한국시가문화연구』 7, 한국고시가문학회, 2000, 98쪽.

시는 어느 시풍의 영향을 받았든지 농려穠麗하고 섬약纖弱한 것이 많았으나, 정도전의 시는 보기 드물게 웅건雄健하고 호방豪放하다고 하였다. 그는 농려穠麗·섬약纖弱과 웅건雄健·호방豪放 중에서 어떤 것이 더 뛰어나다고는 할 수 없지만 웅건雄健하고 호방豪放한 것은 희소가치가 있다고 하였다. 하지만 왜 정도전의 시풍을 송풍으로 보아야 하는지에 대한 설명은 찾아볼 수 없고, 다만 시대적 풍상에서 벗어나지 못했기 때문에 송풍의 영향을 받았다고 하였다. 어떤 작가든 시대적 풍상에서 벗어나기 어렵다는 것에는 동의하지만, 정도전의 시가 어떠한 점에서 송풍이라고 볼 수 있는지에 대한 해명이 이루어지지 않았다는 점에서 논란의 여지가 있다.

서거정 시문학에 대한 선인들의 평을 보면 서거정의 시가 화려하고 아름다우며 풍성하고 곱다는 평이 있는 한편, 송시를 숭상하였다는 평이 있다. 선행 연구에서는 전자보다 송시를 숭상하였다는 후자의 경향에 더 주목한 것으로 보인다. 서거정 시의 당풍적 측면은 이종묵이 두시에 뛰어났던 유방선에게서 서거정이 시를 배웠다는 것에서 학두學杜의 초석이 마련되었다고 한 것에서만 볼 수 있다. 서거정 시의 송풍에 대한 내용은 송희준과 류소진의 연구에서 확인할 수 있다. 송희준은 강서시파의 영향을 받은 서거정의 시론과 시의 양상을 살폈는데, 시론은 황정견의 시론을 답습하여 점화와 도습의 양상이 나타난다고 하였으며, 이것이 시창작에도 적용되었다고 하면서 서거정의 영물시를 다루었다. 송희준이 서거정의 시풍에 영향을 미친 황정견의 영향에 대해 살폈다면 류소진은 소식의 영향을 지적하였다. 서거정은 시를 평가할 때 이백과 소식의 시풍을 모범으로 삼았으며, 시구를 지을 때는 소식의 시를 전범으로 삼아 시를 연마하였다고 하였다. 또 이러한 작시 태도는 강서시파에서 비롯된 것이라고 하였다.

특히 창작에서 소식의 영향을 화소시和蘇詩 창작, 소식 어구의 차용, 동성인同姓人 전고典故의 사용 세 가지로 나누어 살폈다. 이러한 선행 연구를 통해 서거정 개인에게 미친 두보, 소식, 황정견의 영향을 확인할 수 있다. 하지만 선행 연구에서는 서거정의 시문학 전체를 대상으로 하지 못하고 일부만을 대상으로 논의하였을 뿐이다. 거시적인 맥락에서 서거정 시문학의 실체를 파악한다면 더 큰 가치를 가질 수 있을 것이라고 생각된다.

정선용은 이승소가 육유의 시를 유독 많이 차운했다는 사실을 들었다. 특히 육유의 시 가운데서도 중년, 만년에 지은 시의 영향을 많이 받았다고 하였다. 하지만 이승소가 육유의 시를 많이 차운했다는 것 때문에 이승소의 시풍에 육유의 영향이 있었다고 보는 것은 논리의 비약일 수 있다. 또 이 연구에서는 이승소의 시문에 대한 선인들의 평을 정리하였는데 이승소에 대한 선인들의 평이 이승소가 육유의 검남시풍을 추구한 결과라고 단정하기는 어렵다. 앞서 살펴본 바에 따르면 이규호는 이승소의 시에 대한 선인들의 평을 종합하여 당풍에의 편향을 지적하였는데, 이에 반해 정선용은 선인들의 평을 통해 이승소가 송풍을 추구하는 가운데 육유의 검남시풍을 추구했다고 하였다. 하지만 한 인물의 시풍은 그의 시풍에 대한 선인들의 평을 종합하여 확인할 수 있는 것이 아니라 작품을 통해 규명되어야 한다.

선행 연구에서 강희맹의 시를 당풍 혹은 송풍으로 언급한 내용을 찾아볼 수 없고, 그의 시에서 특정 풍격이 강조된다는 언급도 찾아볼 수 없다. 다만 특정 시인의 영향을 받았다는 언급을 통해 그의 시풍을 유추할 수 있을 뿐이다. 류소진은 강희맹의 소식 수용 양상을 소식 어구의 차용, 소식 관련 고사의 활용, 화소시和蘇詩의 창작으로 나누어 살폈다. 류소진에 따르면 강희맹은 소식의 어구를 차용함에 있어 원형 그대로 사용하기도 하고, 변형하여 사용하기도 하였으며, 이 두 경우를 혼용하기도 했다고 하였으며, 소식과 관련된 고사도 종종 활용하여 시의 함축성을 꾀하고 참신한 미감을 창출하는 한편 소식에 대한 흠모의 정을 드러냈다고 하였다. 또 강희맹은 화소시和蘇詩를 창작하여 문우文友와의 교유를 시도하고 나아가 소식과의 정신적 교유까지 시도했다고 하였다. 강희맹은 세종조부터 성종조까지 6대에 걸쳐 문병을 장악한 서거정과 쌍벽을 이룬 조선 전기의 대표적인 작가이므로, 강희맹의 소식 수용 양상은 조선 전기 작가들의 소식에 대한 시선이 어떠했는지와 그들이 소식의 시를 어떻게 학습하고 활용했는지를 보여주는 예라 할 수 있을 것이라고 하였다. 그러나 강희맹의 소식 수용이 강희맹의 시가 송풍으로 이루어졌다고 간주하는 이유가 될 수 있을지는 미지수이다.

박선정은 김종직의 시 의식에 소식과 황정견의 영향이 깊이 자리한다고 하였는데, 소식과 황정견은 도연명에게 영향을 받았으며, 도연명은 위나라의 시인인 응거에게 영향을 받았고, 응거는 건안시대의 조비에게 영향을 받았다고 하면서 결국 김종직의 시 의식은 건안의 문학정신을 밑바닥에 깔고 있다고 하였다. 하영옥은 김종직의 다시茶詩를 연구하면서 여말선초에 수용한 송·원의 시풍이 김종직의 茶詩에도 영향을 미쳤으며, 소식의 다시茶詩 인용을 김종직의 다시茶詩에서도 확인할 수 있다고 하였으나, 단편적인 언급에 그쳤다. 김기는 김종직이 도학과 문장을 겸수한 학자로, 그의 시에는 도학사상이 녹아든 작품이 많아 염락시풍에 근접한 작품이 많다고 하면서, 김종직 시에서 찾아볼 수 있는 도학적 주제를 수심修心·지도志道·체도體道·교화教化·벽이단闢異端 등으로 나누어 살필 수 있다고 하였다.

그러나 이 연구 역시 김종직의 시에 나타난 도학사상을 살핀 뒤 이를 염락시풍으로 연결시키고, 이어 김종직의 시에서 도학적 주제가 드러난 시를 살폈지만 이것을 시풍과 관련지어 분석하지는 않았다.

박은은 해동강서시파의 첫머리에 언급되는 인물이니만큼 박은의 시문학을 논하면서 황정견과 진사도의 영향은 빠지지 않는다. 홍순석은 박은이 환골탈태의 수법이나 특이하고 빼어난 표현에 힘쓴 것, 신기한 발상과 시어를 즐겨 사용하고 그의 시에 탈속적인 시풍이 짙었던 것은 강서시파의 시풍을 본받았던 것이라고 지적하였다. 그러나 이 연구는 선인들의 평가를 인용하여 박은의 문학사적 위치를 비정한 것이지, 그의 작품을 통해 시풍을 이해한 것이 아니라는 한계를 가진다. 정민규 역시 박은이 황정견과 진사도의 시풍을 배워 성공한 시인으로, 단순히 시풍을 모방하는데 그친 것이 아니라 더 나아가 자신의 독창적인 시풍을 추구했다는 점에서 의의를 가진다고 보았다. 또 강서시파의 영향으로 박은의 시에는 교묘한 전고의 사용이 많이 발견된다고 하였다. 이 연구에서는 강서시풍의 영향이 박은의 시에 드러난 부분을 찾아내기도 하였으나 이 역시 선인들의 평가를 중심으로 한 연역적인 접근이라는 점에서 한계를 갖는다. 김은수는 박은의 시가 가지고 있는 형태와 내용상의 특징을 살펴보고, 특히 강서시파의 특징을 근간으로 한 박은의 시와 강서시파 시의 동질성이 어떠한 것인가에 집중하여, 이 동질성을 운율을 무시한 산문시의 경향, 일상생활의 내용을 그대로 시로 표현한 것, 도잠의 자연친화적 작품, 소식의 문인화적 기품의 작품 창작으로 들었지만, 실질적으로는 박은의 시에서 강서시파의 일반적인 특성을 찾아보기 어렵다고 하였다. 이 연구는 '해동강서시파의 종주는 박은'이라는 일반적으로 받아들여지는 인식을 바탕으로 박은의 시를 분석하여 박은 시와 강서시파 시와의 동이점을 찾았다는 점에서 의미가 있다.

선행 연구에서 송풍으로 언급되는 조선 초기의 작가는 정도전, 서거정, 이승소, 강희맹, 김종직, 박은 6명인데, 이 가운데 강희맹과 박은을 제외한 4명은 당풍의 성격이 나타난다고 연구되기도 하였다. 정도전의 경우 당풍으로 언급된 경우가 더 많으며, 서거정과 김종직의 경우는 송풍으로 연구된 경우가 더 많다. 이는 선인들의 언급에서 이들의 시풍이 송풍이라고 평가된 것에서 비롯된 것으로 보인다. 또 이승소의 경우 선인들의 평가를 종합하여 한 연구자는 당풍에의 편향이라고 하였고, 다른 연구자는 송풍 가운데 특히 육유의 검남시풍의 영향을 받았다고 하였다.

이렇게 보면 조선 초기의 대체적인 시풍이 송풍이었다고 하지만 개별 작가의 연구에서 송풍으로 언급된 작가가 당풍으로 언급된 작가보다 적다는 것을 알 수 있다. 물론 개별 작가의 시를 당풍으로 언급한 연구가 개별 작가의 특수성을 강조하기 위해 조선 초기의 주류 시풍이었던 송풍을 탈피하여 당풍의 시를 지었다는 사실을 부각한 것일 수 있다. 이는 조선 초기 당풍의 시가 송풍의 시에 비해 희소성을 가지고 있었다거나 당풍의 시가 송풍의 시보다 우위에 있다는 인식이 반영된 결과로 볼 수 있다. 그렇지 않다면 이런 연구 결과는 조선 초기에 당풍의 시를 짓는 것이 기존에 언급된 것만큼 특별한 일이 아니었음을 보여주는 것일 수도 있다.

다음으로는 개별 작가의 시에 당·송풍이 공존한다는 연구 결과를 살펴볼 수 있다.

〈표 9〉 당 · 송풍 공존을 중심으로 본 조선 초기 작가의 시경향 연구표

시풍의 성격	대표 작가	내용
당 · 송풍의 공존	이첨	▸ 이종묵 : 이첨이 **당풍을 추구**하였지만, 시대적 풍상에서 벗어나기 어려웠기 때문에 **상당수의 작품은 송풍**으로 되어있음을 지적하였다.[218]
	서거정	▸ 이종건 : 서거정이 당 · 송의 영향, 특히 두보와 소식의 영향을 많이 받았는데, 시를 창작함에 있어서는 이백과 두보, 소식의 수용을 모두 언급하였으나 **소식에 치우친 경향이 짙다**고 하였다.[219] ▸ 민병수 : 서거정 스스로가 두보에 미친 것처럼 말하고 있지만, 두보시를 좋아하기만 하였을 뿐 마음을 태우면서 정련한 두보의 정신은 배우지 않았다고 하였으며, 서거정의 〈春日〉을 언급하면서 이 시를 두고 '그의 시가 송시의 권역에만 갇혀 있지 않았음을 사실로 보여준다'고 평가하였는데, 이는 **서거정의 시 대부분이 송풍의 경향**을 띠고 있었다는 것을 함축한 말로 보인다.[220] ▸ 정정숙 : 서거정의 용사론과 점화론이 강서시파를 수용했다는 것 이외에 **서곤체 시풍과 육유의 검남시풍**의 영향을 지적하였다.[221] ▸ 임기묵 : 서거정이 이백, 두보의 당풍과 소식, 황정견의 송풍의 영향을 받았음을 지적하였다.[222]
	강희맹	▸ 정용수 : 강희맹의 시가 중국 시인에게서 받은 영향으로 도잠, **두보, 소식 등의 시**를 들 수 있다.[223]
	김종직	▸ 윤광봉 : 김종직이 **송시의 영향**을 받아 경술 위주의 재도적 문학관을 가지게 되었다고 하였고, 두보의 시를 배워 그의 시에 **당풍의 냄새**가 곳곳에 묻어있다.[224] ▸ 김영봉 : 시의 표현 면에서는 치밀하고 공교한 표현들을 능숙하게 구사함으로써 참신한 의경을 획득하였는데, 이는 **강서시파의 특성**과도 상통하는 것이라고 하였다.[225] 김종직의 시에서 이미 당풍적 요소가 강하게 나타나며 후대의 평가자들에게 높은 평가를 받는 시들도 당풍적 요소를 대상으로 한 것들이 많아 김종직이 **唐風에 보다 경도**되었다고 평가하였다.[226]
	김시습	▸ 김은수 : 김시습이 **당과 송의 시작품에 고루 경도**되었으며, 허균과 주지번의 평은 송시적 경향의 요소를 보고 평가한 것이라고 하였다.[227]
	박은	▸ 이상직 : 박은이 조선초기 學蘇 일변도의 경향에서 한 걸음 더 나아가 중국 강서파의 시풍을 수용하여 두보로 가는 지름길로 택했고 이른바 **唐調宋格**이라는 그 나름대로의 독자적인 시풍을 모색하였다고 하였다.[228] ▸ 이종묵 : 박은 시의 가장 큰 특징이자 성과를 강서시풍을 수용하면서 **송시적인 특질과 당시적인 특질을 공유**한 것이라고 하였다.[229]

		▸ 송만용 : 박은의 시풍이 **당시의 주정적인 시풍과 송시의 사실적인 시풍을 겸하여** 조선조 초기의 송시 경향에서 중종·명종조에 이르러 당시풍을 따르게 되었던 과도기적 시기에 교량적 역할을 담당하였다고 하였다.[230] ▸ 라란 : 박은이 **황정견과 진사도와 같이 두보의 작시수법**을 이어받아 수사적 기교를 능통하게 사용한 시인이라고 하였다.[231]

조선 초기의 대표 작가들 중 그들의 시문학 작품에 당·송풍의 시경향이 공존한다고 연구된 작가는 이첨, 서거정, 강희맹, 김종직, 김시습, 박은이다. 이 가운데 이첨은 당풍의 시경향이 나타난다는 선행

218 이종묵, 「雙梅堂 李詹의 시세계」, 『관악어문연구』 29, 서울대학교 국어국문학과, 2004, 98~99쪽.

219 이종건, 「徐居正詩文學硏究」, 동국대학교 박사학위논문, 1984, 179~213쪽.

220 민병수, 「徐居正의 詩世界」, 『한국한시작가연구』 3, 한국한시학회, 1998, 9, 27쪽.

221 정정숙, 「徐居正의 文學觀과 中國詩學의 수용관계」, 『한성어문학』 18, 한성대학교 한성어문학회, 1999, 154~156쪽.

222 임기북, 「徐居正 文學의 比較文學的 硏究 - 中國 漢詩의 受容과 變形을 中心으로」, 고려대학교 박사학위논문, 2001, 75~100쪽.

223 정용수, 「私淑齋 姜希孟 文學 硏究」, 성균관대학교 박사학위논문, 1990, 42쪽.

224 윤광봉, 「김종직의 문학사상과 시세계」, 『한남어문학』 18, 한남대학교 한남어문학회, 1992, 69, 81쪽.

225 김영봉, 「金宗直 詩 硏究」, 『열상고전연구』 3, 열상고전연구회, 1990, 140-141쪽.; 김영봉, 「佔畢齋 金宗直의 詩文學 硏究」, 연세대학교 박사학위논문, 1998.; 김영봉, 「『悔堂稿』에 나타난 金宗直의 初期 詩 연구」, 『한국한문학연구』 24, 한국한문학회, 1999, 130쪽.

226 김영봉, 「金宗直 詩 硏究」, 『열상고전연구』 3, 열상고전연구회, 1990, 222쪽. 김영봉, 「佔畢齋 金宗直의 詩文學 硏究」, 연세대학교 박사학위논문, 1998, 56, 176쪽.

227 김은수, 「梅月堂詩硏究」, 전남대학교 박사학위논문, 1995, 131-132, 196쪽.

228 이상직, 「挹翠軒 朴誾의 詩文學攷」, 동국대학교 석사학위논문, 1989, 51쪽.

229 이종묵, 『海東江西詩派硏究』, 태학사, 1995, 224, 227쪽.

230 송만용, 「挹翠軒 朴誾의 詩文學」, 동국대학교 석사학위논문, 1998, 9~11쪽.

231 라란, 「挹翠軒 朴誾 律詩의 承接과 轉折의 양상」, 『한국한문학연구』 80, 한국한문학회, 2020, 110쪽.

연구 결과가 있으며, 강희맹과 박은은 송풍의 시경향이 나타난다는 선행 연구 결과가 있다. 또 서거정과 김종직의 경우 당풍의 시경향이 나타난다는 선행 연구 결과와 송풍의 시경향이 나타난다는 선행 연구 결과가 같이 있다. 김시습은 당풍과 송풍의 어느 쪽에서도 언급되지 않아, 당·송풍이 공존한다고만 추정된다.

이종묵은 송시가 주도한 14세기를 전후한 시기에 이첨이 당풍을 추구하였지만, 그 역시 시대적 풍상에서 벗어나기 어려웠으므로 상당수의 작품이 송풍이 되었다고 하였다. 이 연구에서는 대사회적인 메시지를 전한다거나, 역사 사실을 두고 의론을 펼치는 것이 송시의 전형적인 특징이라고 하면서 〈진양의 난리 후에 성진을 배알하다晉陽亂後謁聖眞〉, 〈급암汲黯〉과 같은 작품에는 송풍의 경향이 두드러진다고 하였으며, 허균의 평에서 당시에 가깝다고 언급된 작품들을 인용하여 〈한식寒食〉, 〈자적自適〉 등의 시는 당풍의 경향이 짙게 나타난다고 하였다. 그러나 대사회적인 메시지, 역사 사실에 대한 의론 전개와 같은 내용적인 측면으로 당·송풍을 구분하기는 어려울 것으로 보인다. 또 이종묵은 당시의 특징으로 '경景'보다 '정情'이 우세하다는 것을 들고 있는데 당·송풍을 정과 경으로 구분하는 것도 쉽지 않다. 무엇보다 송풍의 시는 내용으로 설명하고, 당풍의 시는 '경'과 '정'의 비중이라던가, 허균의 평으로 설명하여 당·송의 구분 기준이 분명하지 않다는 문제가 있다.

서거정의 경우에는 당풍과 송풍이 공존한다는 연구가 가장 많다. 이종건은 서거정이 두보와 소식의 영향을 많이 받아 시의 창작에 있어서 이백과 두보, 소식을 모두 수용하였으나 소식에 치우친 경향이 짙다고 하였다. 또 서거정이 이백 시의 풍격을 닮으려 노력했으나, 그 경지에 이르지 못했고, 그의 시에 차분히 가라앉아 있는 두시의 앙금을 통해 두보 수용을 알아볼 수 있다고 하였다. 소식의 영향으로 화려한 수식, 폭넓은 제재, 시의 논리성을 들었다. 민병수는 서거정이 두보를 좋아하였을 뿐 두보의 정신은 배우지 않았다고 하였다. 이종건의 연구에서처럼 두보의 영향을 인정하기는 하였으나, 좋아하는 데서 그쳤고 크게 영향을 받은 것은 아니라고 하였다. 또 서거정의 시에서 당풍의 성격이 나타나는 작품도 있기는 하지만 대부분은 송풍의 경향을 띤다고 하였다. 정정숙은 서거정의 시에서 정조의 양상, 풍격, 형식미, 수사 기교를 통해 서곤체 시풍의 영향을 찾아볼 수 있다고 하였고, 서거정이 육유의 호방함을 좋아하여 서거정의 호방한 풍격의 시는 검남시풍을 수용한 것이고, 서거정의 시에서 유한幽閑한 풍격의 시가 육유의 정취를 보여주어 육유와 서거정이 무관하지 않음을 알 수 있다고 하였다. 그러나 이러한 주장을 작품으로 설명하지 않아 서곤체와 검남시풍이 서거정의 시에서 어떻게 구현되었는지는 확인하기 어렵다. 임기무 역시 서거정이 이백과 두보의 당풍과 소식과 황정견의 송풍, 그리고 도연명의 영향을 받았음을 지적하였다. 서거정은 이백의 영향을 받아 시에 높은 기상과 호탕한 풍격이 드러나며, 두시의 학습을 위해 두보와 유사한 제재로 시를 지었다고 하였다. 또 서거정은 소식의 영향으로 시에 호일豪逸한 기상이 드러나며, 산문적 · 서사적인 시들을 지었고, 긴 시제詩題나 시서詩序를 붙였다고 하였다. 서거정에게서 황정견의 영향도 확인할 수 있는데 황정견의 영향은 시풍보다는 시론에 미친 영향이 더 크다고 하였다.

서거정의 시에 당 · 송풍이 공존한다고 한 연구에서는 전체적으로 이백과 두보, 특히 두보의 영향에서 당풍의 성격을 찾고 있다. 하지만 당풍의 영향은 그리 크지 않았고 대체적으로는 송풍의 영향이 더 크다고 보았다. 송풍의 영향으로는 소식과 황정견의 영향을 들었는데,

시풍의 영향에 있어서는 소식의 영향이 더 크다고 하였다. 이외에도 서거정의 시풍에는 만당의 영향을 받았던 서곤체의 시풍과 육유의 검남시풍이 거론되기도 하였다.

윤광봉은 김종직이 송시의 영향을 받아 재도적 문학관을 가지게 되었다고 하면서, 송시는 성리학의 영향을 받아 리理를 중시하여 묘사나 비유보다는 실질적으로 자신의 감정을 세세하게 표현하는 것이 특징이고, 그래서 시의 의미 전달을 위해 전고를 자주 사용하여 시 전체가 무미건조하고 텁텁한 맛을 준다고 하였다. 김종직이 귀양을 갔을 때 그곳에서 두보의 시를 애독하여 그의 시에는 당풍의 냄새가 곳곳에 묻어나는데 〈보천탄에서 즉흥으로 짓다寶泉灘卽事〉에서 이러한 성격을 엿볼 수 있다고 하였다. 김영봉은 김종직의 시에 대한 후대 평자들의 평가를 정리하여 웅혼雄渾하고 豪放, 放達한 시풍이 주조를 이루며, 아울러 청량淸亮하고 한담閑淡한 시풍도 함께 나타난다고 하였으며, 시의 표현 면에서는 치밀하고 공교한 표현들을 능숙하게 구사함으로써 참신한 의경을 획득하였는데, 이는 강서시파의 특성과도 상통하는 것으로, 후대에 등장한 해동강서시파에도 영향을 미쳤다고 하였다. 또 김종직은 『청구풍아』에서 당시唐詩를 가장 높은 경지로 여기고 있었고, 그의 시에서 이미 당풍적 요소가 강하게 나타나며 후대의 평가자들에게 높은 평가를 받는 시들도 당풍적 요소를 지닌 것들이 많아 김종직이 당풍唐風에 경도되었다고 평가하였다.

정용수는 강희맹의 시가 도잠, 두보, 소식 등의 시에서 영향을 받았다고 하면서 귀거래를 동경하며 〈귀거래사歸去來辭〉를 본뜬 시가 다수 있다고 하였고, 소식의 시에 차운한 시도 3편이 보이며, 두보의 동곡칠가同谷七歌에 영향을 받은 〈도자편悼子篇〉이 있다고 하였다. 그러나 단순히 강희맹이 두보와 소식의 시를 차운했다는 것으로 이들

사이의 영향 관계를 확인하기는 어려우며, 따라서 강희맹이 어떠한 시풍의 시를 지었다고 말하기는 어렵다.

김시습의 시풍에 대한 논의는 많이 이루어지지 않았다. 김시습의 시에 나타난 당풍이나 송풍의 성격에 대해 논의한 선행 연구가 없다. 다만 김은수의 연구에서 〈산거집구山居集句〉를 분석하면서 당과 송의 시작품에 고루 경도되었다고 하면서 당풍에 있어서는 초당보다는 성당, 성당보다는 중당 시인들의 시를 많이 집구하였다고 했다. 또 형식이나 서술 기법은 주로 당·송의 상반된 시문학적 표현기법을 적절히 구사하였다고 하였다. 이와 함께 허균이 김시습의 작품이 시적 가치가 덜하다고 한 것은, 허균의 시문학관에 근거해서 그 의미를 유추해 보면 김시습 시의 송풍적 작품 성향을 두고 이른 말이라고 하였다. 그러나 〈산거집구〉에 인용된 작가들을 가지고 김시습의 시풍을 단정하기는 어려우며, 존당론자인 허균이 시적 가치가 낮다고 평한 것만을 가지고 그의 시를 송풍이라고 단정하는 것은 어려워 보인다.

앞에서 박은의 시에서 확인되는 송풍, 특히 강서시풍에 대한 연구를 살펴보았다. 하지만 박은의 시에는 송풍뿐만 아니라 당풍의 영향 역시 확인된다고 주장하는 연구자들이 있다. 이상직은 박은이 조선 초기 학소學蘇 일변도의 경향에서 한 걸음 더 나아가 중국 강서시파의 시풍을 수용하여 학두學杜로 가는 지름길로 택했고 당조송격唐調宋格이라는 나름의 독자적인 시풍을 모색한 것에서 문학사적인 평가를 내릴 수 있을 것이라고 하였다. 이종묵은 박은의 시는 송풍의 특질과 당풍의 특질을 공유한 것이라고 하면서 강서시파의 작법을 우리 실정에 어떻게 수용할 것인지를 작품을 통해 보여주었다고 하였다. 송만용은 박은의 시풍이 당시의 주정적인 시풍과 송시의 사실적인 시풍을 겸하여 주류의 시풍이 송풍에서 당풍으로 넘어가는 과도기에 교량적 역할을 하였다고 하였다. 작법적인 측면에서는 강서시파의 영향을 확인할 수 있고, 시인의 정이 직설적으로 표출되지 않고 시인의 심경을 짐작할 수 있게 하는 부분에서는 당시의 여운을 느낄 수 있다고 하였다. 라란은 박은이 황정견과 진사도와 같이 두보의 작시수법을 이어받아 수사적 기교를 능통하게 사용한 시인이라고 하면서 '기승전합론起承轉合論'과 '정경론情景論'을 바탕으로 박은의 율시가 가지는 구조적인 특징을 살폈다. 선행 연구에서 박은의 시에 나타나는 당풍을 두보의 영향이라고 한 경우가 많은데, 이는 강서시파의 시인들이 두보의 경지를 추구했었다는 데에서 영향 관계를 찾은 결과로 보인다.

제2부

조선 초기 시풍의 실제

한시의 창작에 있어서 시풍은 가장 본질적인 요소이다. 한시의 시풍은 시기를 불문하고 당풍과 송풍으로 구분되었고, 이는 조선 초기에 있어서도 예외가 아니다. 조선 초기, 건국 초에서 연산군까지의 시풍은 지금까지 대체적으로 송풍에 경도되어 있었다고 논의되어 왔으나, 조선 초기에 활동한 조선 초기의 대표 작가들의 시풍에 대한 선행 연구에서는 송풍보다 오히려 당풍으로 언급되는 작가들이 더 많다는 사실을 확인하였다. 이에 이 책에서는 조선 초기 대표 작가들의 대표 작품을 중심으로 조선 초기 한시의 시풍을 검토하여 조선 초기 시풍의 실제를 실질적으로 살펴보고자 한다.

여기에서 분석하고자 하는 조선 초기 한시는 앞서 선별한 대표 작가 11인의 대표 작품 61제 69수이다. 이 시들은 여러 종류의 시선집에 중복 수록되었기 때문에 그 대표성을 담보할 수 있다. 이 시들을 당풍과 송풍으로 구분하고 분석하는 기준은 앞서 언급했던 당풍과 송풍의 작시 기법인 '표현'과 '설명'의 기법으로 한다. 한시의 시풍을 양분하는 당풍과 송풍의 작시 기법은 표현과 설명으로 나눌 수 있는데, 구조주의에서는 이렇게 상반되는 두 개의 항목을 이항대립이라고 하며, 이항대립을 통해 대상의 속성을 과학적으로 설명할 수 있다고 본다.[232] 이 책에서는 이러한 이항대립으로 구분되는 당풍과 송풍의 작시 기법을 '표현'과 '설명'의 기법으로 나누어 당풍의 시와 송풍의 시를 보다 객관적으로 분석하고자 한다.

이 책에서 규정한 표현의 기법은 시 속에 자신의 감정 혹은 상태를 나타내는 시어를 직접 사용하지 않고 자신의 감정이나 상태를 파악할 수 있게 하는 작시 기법을 말한다. 표현의 기법은 시에서 경물을 제시할 때 이미지를 적극적으로 활용하고 감각적으로 묘사하여 특정한 부분을 부각하고 강조하여 시에 생동감을 부여하는 기법이다. 또 시에서 말하고자 하는 내용을 시 속에 직접 언급하지 않고 구체화하는 경우도 있는데, 이는 상상한 내용을 시 속에 담아내는 경우에도 해당한다.

멀리 차가운 산 비스듬한 돌길을 오르니	遠上寒山石徑斜
흰 구름 이는 곳에 인가 있을 텐데	白雲生處有人家
수레 멈추고 앉아 저물녘 단풍 숲을 사랑하니	停車坐愛楓林晩
서리 맞은 잎이 이월의 꽃보다 붉구나	霜葉紅於二月花[233]

이 시는 두목杜牧의 시 〈산행山行〉으로, 이 시에는 표현의 기법 가운데 이미지를 통한 감각적인 묘사가 두드러지게 나타난다. 이 시에서 표현의 기법이 가장 두드러지는 구절은 마지막 결구이다. 산길을 다니다 저쪽에 인가가 있을 것이라 생각하여 수레를 멈추고 단풍 숲에 앉아 단풍을 구경하고 있으면서 결구에서 서리 맞은 잎이 2월의 꽃보다 붉다고 하여 단풍을 시각적으로 두드러지게 묘사하였는데,

232 오민석, 『현대문학이론의 길잡이』, 시인동네, 2018, 77쪽.

233 杜牧, 〈山行〉, 『唐音』 卷13.

여기서 표현의 기법이 두드러지게 나타난다.

아침 일찍 채색 구름 속 백제성을 떠나	朝辭白帝彩雲間
천 리 멀리의 강릉을 하루 만에 돌아오니	千里江陵一日還
양 언덕의 원숭이 울음소리 그치지도 않았는데	兩岸猿聲啼不盡
가벼운 배는 이미 만 겹 산을 지나왔네	輕舟已過萬重山[234]

이 시는 이백李白의 〈아침에 백제성을 떠나며早發白帝城〉라는 시이다. 이 시는 이백이 좌천되었다가 무산의 백제성에서 사면을 받고 삼협을 내려오면서 느낀 기쁜 마음을 엿볼 수 있는 시이다. 이백은 이 시에서 자신의 감정을 나타내는 시어를 시의 문면에 노출하지 않았으나 시를 읽어보면 이백이 느끼는 감정을 유추할 수 있다. 백제성에서 강릉까지의 천 리 길을 하루 만에 내려왔다고 하였고, 원숭이의 울음소리가 다하기도 전에 삼협의 만 겹 산을 지나왔다고 하였다. 천 리 길이나 만 겹 산은 이백이 지나온 공간을 과장하여 표현한 것인데, 이런 표현은 시 속에서 속도감을 형성하여 경쾌함을 느끼게 한다. 이백이 사면받은 기쁨을 시에서 직접 노출하지 않고 시에서 느껴지는 속도감과 경쾌함을 통해 전달하고 있기 때문에 표현의 기법이 사용된 예라고 볼 수 있다.

설명의 기법은 시어를 통해 시 속에 자신의 감정이나 상태를 직접적으로 노출하는 것을 말한다. 설명의 기법은 시에서 말하고자 하는 내용을 시어를 통해 직접 제시하거나, 서술을 통해 제시되기도 한다. 설명의 기법은 시에서 경물을 제시할 때 '있는 그대로'를 핍진하게 서술하는 경향이 강하다. 당풍의 시에서는 감각적인 묘사가 강조되

234 李白, 〈早發白帝城〉, 『李太白文集』 卷19.

지만, 송풍에서는 있는 그대로를 서술하여 시각적 효과를 만들어내기도 한다. 또 각 구절과 연을 시간 혹은 인과의 순차에 따라 구성하여 시를 논리적으로 이해할 수 있게 만드는데, 작가 자신이 시의 주체가 되어 자신의 상황을 전달하여 행위의 원인과 결과가 드러나게 하는 경우가 많다.

한때는 개었다 한때 비오니 길은 말랐다 젖고	一晴一雨路乾濕
반쯤 옅고 반쯤 짙으니 산은 첩첩 겹쳤는데	半淡半濃山疊重
멀리 풀밭 고른 속에 소의 등이 보이고	遠草平中見牛背
새로 심은 모 성긴 곳에 사람 발자국 있네	新秧疎處有人蹤[235]

이 시는 양만리楊萬里가 백가도를 지나면서 지은 절구 4수 가운데 네 번째 수로 설명의 기법이 사용된 예를 볼 수 있는 시이다. 이 시에서 양만리는 백가도를 지나면서 보는 경물을 제시하였다. 그런데 전체적으로 백가도에서 보는 경물을 제시하고 있지만 감각적으로 묘사하기보다는 자신이 본 풍경을 '있는 그대로' 핍진하게 서술하여 시각적으로 나타내었음을 확인할 수 있다. 특정한 부분을 두드러지게 표현하는 것이 아니라 자신이 본 것을 자세하게 서술하는 것이다. 조선 초기의 시에서는 양만리의 이 시와 같이 핍진한 경물의 제시만으로 구성된 시를 찾아보기 어려우나 시의 일부 구절 혹은 연에서 이러한 설명의 기법이 사용된 예를 확인할 수 있다.

옷은 남북으로 다니다 풍진에 헤지고	衣裘南北弊風塵
뜻은 더러워져 진작 부모님께 누가 되어	志趣卑汙已累親

235 楊萬里, 〈過百家渡四絶句〉, 『誠齋集』 卷1.

세상에선 오히려 나의 깨끗함을 의심하고	流俗尙疑身察察
벗들은 당파로 무리 지어 다님을 비웃으니	交遊方笑黨頻頻
오래전 물고기의 즐거움 함께하며 호숫가를 그리워했지만	遠同魚樂思濠上
늙어서는 갈매기 놀라게 하니 바닷가에 부끄러워	老使鷗驚耻海濱
그대 만나는 것 되려 늦어 한스러운 것은	邂逅得君還恨晩
오래도록 내 뜻 아는 사람 없어서지	能明吾意久無人[236]

이 시는 왕안석王安石이 오계야吳季野에게 차운한 시로 설명의 기법이 두드러지는 시이다. 이 시에서 왕안석은 자신의 처지에 대해 가감 없이 시에서 모두 드러내고 있다. 이 시에서 왕안석은 남북으로 이리저리 돌아다니던 자신의 상황과 자신이 뜻한 바를 이루지 못하고, 여기저기에서 의심과 비웃음을 사고 있는 상황을 그대로 시의 문면에 제시하였다. 또 이전에는 자연에서 노닐기도 했지만 현재는 자연에서도 용납받지 못하는 자신을 부끄러워하는 처지가 되었고, 오계야와 같이 자신의 뜻을 알아주는 이를 오래도록 만나지 못함을 한스러워하는 감정 역시 시의 표면에 그대로 노출하였다. 따라서 이 시는 자신이 처한 상황을 가감 없이 시 속에 있는 그대로 서술하여 설명의 기법이 잘 구현되어 있는 시라고 볼 수 있다.

또 한 편의 시에 표현 혹은 설명의 기법 하나만 사용되기도 하지만, 표현의 기법과 설명의 기법이 모두 사용되기도 한다. 한 편의 시에 표현의 기법과 설명의 기법이 모두 사용되었을 때에는 표현의 기법과 설명의 기법이 시 속에서 각각 일정한 역할을 하게 되는데, 각각의 기법이 어떠한 역할을 하는지, 다른 기법과 어떠한 관계를 가지는지에 따라 당풍의 시나 송풍의 시로 구분된다.

236 王安石, 〈次韻吳季野再見寄〉, 『臨川文集』 卷12.

여기서는 작시 기법을 가지고 당풍의 시와 송풍의 시를 분석해 보고자 한다. 당풍의 시에는 표현의 기법을 중심으로 한 시가 있고, 표현의 기법과 설명의 기법이 혼효된 시가 있다. 송풍의 시 역시 설명의 기법을 중심으로 한 시가 있고 설명의 기법과 표현의 기법을 중심으로 한 시가 있다. 각각 어떠한 경우에 한 편의 시가 당풍의 시가 되고 송풍의 시가 되는지 살펴보고자 한다.[237]

1. 당풍唐風의 시

1) 표현의 기법으로 구현된 당풍의 시

당풍의 시는 일반적으로 표현의 기법을 통해 구현된다. 표현은 시 속에 자신의 감정 혹은 상태를 나타내는 시어를 직접 사용하지 않고 자신의 감정이나 상태를 파악할 수 있게 하는 것이기 때문에 비유를 사용하거나 수식을 가미하는 경우가 많다. 표현의 기법을 사용한 시가 당풍의 시가 되는 경우는 이미지를 활용하여 감각적으로 묘사하는 경우와 자신이 말하고자 하는 내용을 시 속에 직접 언급하지 않고 구체화하는 경우가 있다. 또 이 두 가지를 한 편의 시에서 함께 사용하는 경우가 있다.

당풍의 시에서 볼 수 있는 표현의 기법 중 가장 쉽게 확인할 수 있는 것은 이미지를 활용한 감각적 묘사이다. 자신이 본 그대로를 서술하기보다 감각적으로 묘사하여 특정한 부분을 축소・확대・부

237 이 장에서 시에 표현의 기법이 쓰인 경우 정체로, 설명의 기법이 쓰인 경우에는 굵게 표시하여 구분한다.

각・과장하는 것이다. 이를 통해 시에 생동감을 부여하여 막연하게 생각되는 이미지나 시에서 느껴지는 분위기를 떠올릴 수 있도록 한다.

신선 허리에 찬 옥을 쟁그렁거리면서	神仙腰佩玉摐摐
높은 누각 올라와선 푸른 창에 걸어 두고	來上高樓掛碧窓
밤 들어 다시 유수곡을 연주하니	入夜更彈流水曲
휘영청 둥근 달이 가을 강을 비추네	一輪明月下秋江[238]

이 시는 이첨李詹(1345~1405)의 〈밤에 함벽루에 들러 거문고 타는 소리를 들으며 짓다夜過涵碧樓, 聞彈琴有作〉이다. 이 시는 제목 그대로 밤에 합천의 함벽루에 들렀다가 거문고 타는 소리를 듣고 지은 시로, 함벽루에서 거문고 소리를 듣고 지은 시이다. 각 구절에는 모두 표현의 작시 기법이 사용되었는데, 자신이 거문고를 듣고 상상한 바를 감각적으로 표현하여 상상한 내용을 구체화하는 감각적인 묘사가 주를 이룬다. 기구와 전구에서는 청각적 이미지가 두드러지게 사용되었고, 승구와 결구에서는 시각적 이미지가 두드러지게 사용되었다.

기구에서는 자신이 상상한 바를 청각적 이미지를 통해 표현하였다. 신선이 허리에 찬 옥 노리개를 '쟁그렁거린다[摐摐]'는 시어를 통해 신선의 움직임을 보다 생생하게 떠올릴 수 있다. 승구는 기구와 이어지는 구절로, 기구에서 신선의 모습을 청각적 이미지를 통해 표현했다면, 승구에서는 신선이 오른 함벽루의 모습을 시각적으로 표현하였다. '높은' 누각의 '푸른' 창이라고 하여 이 누각의 모습을 구체적으로 상상할 수 있도록 하였다.

238 李詹, 〈夜過涵碧樓, 聞彈琴有作〉, 『雙梅堂篋藏集』 卷1.

승구와 전구 사이에는 시간의 전환이 이루어지는데, 이는 전구에서 밤이 들었다고 한 것에서 알 수 있다. 전구에서는 기구에 등장했던 신선이 유수곡을 연주한다고 하였는데, 유수곡은 춘추시대 백아가 연주했던 곡이다. 유수곡은 백아가 높은 산과 흐르는 물을 생각하면서 거문고를 연주하자 종자기가 이 뜻을 알아들었다고 한 곡조인데, 백아는 종자기가 죽고 이 곡조를 더 이상 연주하지 않았고, 유수곡은 그 이후로 전하지 않는 곡조이기에 이첨은 유수곡이라는 곡조를 들어본 적이 없다. 그럼에도 이 곡조를 유수곡이라고 하여 함벽루에서 느껴지는 청각적인 이미지를 형성하고 함벽루라는 공간의 신비로운 분위기를 만들어준다. 결구는 전구의 거문고 소리를 들으면서 눈에 드는 것을 시각적으로 표현하였다. '휘영청 둥근 달[一輪明月]'이 가을 강을 비춘다고 했는데, 7언 한 구에서 달의 수식을 위해 4글자를 사용한 것은 그만큼 이 구절에서 달의 시각화가 중심이 되는 것이라고 할 수 있다. 또 이렇게 밝은 달의 이미지 역시 함벽루에서 느껴지는 신비로운 분위기를 더욱 강조하는 역할을 한다.

이 시를 보면 기구와 전구, 승구와 결구가 각각 청각적 이미지와 시각적 이미지를 묘사함으로써 자신이 본 것들에 상상적 이미지를 부여하고 있음을 알 수 있다. 이렇게 청각적 이미지와 시각적 이미지를 교차하여 완성된 한 편의 시는 표현의 기법을 통해 함벽루의 신비로운 분위기를 강조하고 있다.

허균은 이 시를 두고 "빼어난 멋이 있다."[239], "당나라 사람의 우아한 격조가 있다. …… 얼마나 맑고 빼어난가."[240]라고 하였는데, 허균

239 許筠, 「惺叟詩話」, 『惺所覆瓿稿』 卷25, "李之'神仙腰佩玉摐摐, 來上高樓掛碧窓. 入夜更彈流水曲, 一輪明月下秋江.' 之作, 亦楚楚有趣."

이 이렇게 평가한 것은 이 시에서 이첨이 청각적 이미지와 시각적 이미지를 교차로 사용하여 함벽루의 분위기를 형성하였으므로 이 시를 빼어나다고 평가한 것으로 보인다.

그림 병풍 높은 베개 비단 휘장에 가려지고	畫屛高枕掩羅幃
별원에는 사람 없어 비파소리 잦아든 때	別院無人瑟已希
발 가득한 서늘한 기운 막 잠에서 깨고 보니	爽氣滿簾新睡覺
뜰 가득한 가랑비에 장미꽃이 촉촉하네	一庭微雨濕薔薇[241]

이 시는 성현成俔(1439~1504)이 청주의 동헌에서 비가 오는 것을 보고 지은 시이다. 성현의 문집인 『허백당집虛白堂集』에는 저작 연대순으로 시가 실려 있다고 하지만, 이 시가 언제 지어진 것인지는 확정하기 어렵다. 이 시는 성현이 동헌 별원의 풍경과 분위기 속에서 느끼는 여유를 표현한 시이다. 이 시가 당풍의 시로 읽히는 가장 큰 이유는 이 공간에서 느껴지는 분위기를 다양한 감각적 이미지를 활용해 표현하고 있기 때문이다.

이 시의 각 구절은 모두 표현의 기법으로 이루어져 있는데 감각적인 이미지의 활용이 두드러진다. 기구에서는 그림 병풍과 높은 베개, 비단 휘장에 가려진 공간을 묘사하였다. '그림 병풍'이나 '높은 베개'는 시각적인 화려함을 보여준다. 승구에서는 별원에 사람이 없어 비파소리가 잦아들었다고 하였다. 이 공간이 조용하다는 것을 묘사한 구절이다. 그런데 이 구절에서 조용하다는 것을 직접 말해도 되고 이미 사람이 없다고 한 것으로도 조용하다는 것을 추정할 수 있는데,

240 許筠, 〈夜過寒碧樓聞彈琴〉, 『國朝詩刪』 卷2, "有唐人雅格 …… 何等清絶"
241 成俔, 〈對雨, 題淸州東軒〉, 『虛白堂集』 卷6.

굳이 '비파소리'가 잦아들었다고 하여 청각적인 요소를 되새기게 하였다. 전구에서는 발에 가득한 서늘한 기운에 잠에서 깼다고 했다. '서늘한 기운'은 피부에 즉각적으로 와닿는 느낌으로 촉각적 이미지를 사용한 것이다. 결구에서는 뜰 가득한 가랑비에 장미꽃이 촉촉하다고 하였다. 여기서 '장미꽃'은 시각적인 이미지를 떠올리게 하고, '촉촉하다'는 것은 시각과 촉각을 동시에 자극한다. 이처럼 이 시는 각 구절에서 다양한 감각을 자극하는 요소들을 배치하였다. 시에서 묘사된 정경은 귀족적인 감성의 일단으로 성현이 위치한 동헌을 감각적인 묘사를 통해 미화한 것이다. 이렇게 미화된 공간은 성현이 느끼는 심리적 · 경제적 여유를 보여준다. 하지만 이 여유는 시의 문면에서 확인되는 것이 아니라 각 구절에서 표현된 내용을 통해 유추할 수 있는 것이다.

특히 기구는 '그림 병풍'과 '높은 베개'에 '비단 휘장'까지 둘러쳐진 공간으로 묘사되는데, 이러한 요소들은 시각적인 화려함을 보여준다. 이 시 속에 묘사된 공간은 동헌의 별원이기 때문에 관료가 가지는 생활의 여유가 두드러지게 표현된 것이다. 또 이 시를 지은 시간이 언제인지 시 속에서 확인하기 어렵지만 자다가 일어났다는 것을 확인할 수 있고, 결구를 통해 잠에서 깨어 장미꽃이 젖어있는 것을 눈으로 확인할 수 있다는 점에서 낮잠을 자다 깬 것을 알 수 있다. 동헌의 별원에서 휘장을 치고 낮잠을 자는데, 그 공간은 다니는 사람도 하나 없는 조용한 공간으로 묘사된다. 낮잠에서 깬 것도 별다른 일이 있어서가 아니라 서늘한 빗기운에 깨어난 것이다. 이 시에서 성현은 자신이 여유를 즐기고 있다는 사실이나 그를 통해 느껴지는 감정을 자신의 상황과 풍경의 제시로만 보여주고 있으며, 다양한 감각적 이미지를 사용하여 구현하였다.

다음은 자신이 말하고자 하는 내용을 시 속에 직접 언급하지 않고 구체화시킨 경우이다. 시의 문면에 작가가 하고자 하는 말을 직접적으로 드러내지 않고 시의 이면에서 작가가 하고자 하는 말을 드러내는 것은 표현의 기법에 해당한다.

봄이 가랑비 따라 천진을 건넜는지	春隨細雨度天津
태액지 가의 버들 빛 새로워 보이는데	太液池邊柳色新
모자 가득한 궁궐 꽃이 베풀어 준 잔치에 젖으니	滿帽宮花霑錫宴
금오도 취해 돌아가는 사람에게 따지지 않네	金吾不問醉歸人[242]

이 시는 정도전鄭道傳(1342~1398)의 계유년 정월 초하루 봉천전에서 즉석으로 짓다이다. 이 시는 1393년 정도전이 계품사로 명나라에 갔을 때, 정월 초하루에 자금성의 봉천전에서 황제가 주최한 잔치 자리에서 지은 시이다. 이 시의 자금성 봉천전은 현재 북경에 있는 자금성의 봉천전이 아니라, 명나라의 수도였던 남경 자금성의 봉천전을 말한다. 명나라는 1421년 북경으로 도읍을 옮기며 남경에 있던 궁궐의 이름과 정전의 이름을 그대로 따랐기 때문에 북경 천도 이전과 이후 궁과 전각의 이름이 같은 것이다.

이 시는 정도전이 명나라의 궁궐에서 황제가 주최한 잔치 자리에서 느끼는 흥을 표현의 기법으로 묘사한 시이다. 자신의 감정을 나타내는 글자를 문면에 드러내지 않으면서 시 속에 자신이 느끼는 흥을 담아내고 있기 때문에 이 시는 당풍의 시로 읽히게 된다. 사람마다 흥이 일어나는 상황이 다르기 때문에 이것을 명확하게 파악하기 어렵다. 따라서 흥은 추상적인 내용에 해당한다. 하지만 이 시에서는

242 鄭道傳, 〈癸酉正朝, 奉天殿口號〉, 『三峯集』 卷2.

추상적인 감정인 '흥'이 시에 사용된 표현의 기법을 통해 구체화되고 있다. 기구와 승구에서는 봄을 맞은 듯한 궁궐을 그리고 있으며, 전구는 잔치 자리의 모습을 담아내고 있다.

기구와 승구에서 정도전은 비와 버들을 통해 봄을 맞은 듯한 궁궐을 그려냈다. 이 시를 지은 때는 정월 초하루로 아직 겨울이지만 봄을 느끼고 있는 것처럼 표현하고 있다. 봄이 왔다고 직접적으로 언급하지 않고 봄이 가랑비를 따라 천진을 건넌 것 같다고 했다. 그리고 봄을 담은 비를 맞은 버들 빛이 새로워 보인다고 하였다. 이 두 구절은 아직 봄이 오지 않았지만 봄을 상상하고 느낄 수 있게 만들어 준다는 점에서 표현의 기법이 효과적으로 사용된 구절이라고 볼 수 있다. 보통 시에서는 봄[春]이라는 시어를 사용하지 않고도 주변의 풍경 묘사만으로 봄이라는 것을 유추할 수 있게 한다. 하지만 이 시에서 굳이 봄이라는 시어를 사용한 것은 잔치를 베푸는 황제의 은혜로 봄을 맞이했다는 것을 드러내기 위한 것으로 보인다. 황제가 베푸는 잔치 자리이기 때문에 겨울이지만 봄처럼 느껴지는 것으로 표현한 것이다.

전구와 결구에서는 황제가 열어준 잔치를 한껏 즐기는 모습이 담겨있다. 모자에 가득한 궁궐 꽃이 잔치의 흥에 젖었다고 하였다. 모자에 꽃이 가득하다는 것은 그만큼 오래도록 잔치 자리를 즐기고 있는 모습을 보여준다. 또 아직 겨울임에도 불구하고 궁궐 꽃이라고 한 것은 승구의 버들 빛과 마찬가지로 황제의 은혜를 표현한 것이라고 볼 수 있다. 또 모자의 꽃이 잔치에 젖었다고 한 것은 잔치를 베푸는 황제의 은혜와 그로 인해 촉발된 흥에 젖은 것이라고 볼 수 있다. 이는 기구와 승구를 이어 시의 표면에 직접적으로 드러내지 않은 의미를 확장한 것이다.

홍만종은 이 시를 두고 "호방하고 빼어나 얽매임이 없다"[243]라고 하였다. 이는 정도전이 봉천전에서 황제가 주최한 잔치 자리의 경치를 묘사하면서 그 속에 자신의 감정을 담아낸 것을 이렇게 평한 것이다. 시의 문면에 표현된 잔치 자리의 경치는 이미 봄을 맞은 것처럼 표현되고 있으며, 그 속에서 잔치를 거리낌 없이 누리고 있는 것으로 묘사된다. 이러한 표현은 시의 이면에서 잔치의 흥에 취한 정도전의 모습을 찾아볼 수 있기 때문에 홍만종이 이러한 평가를 한 것으로 볼 수 있다.

이 시에서 황제가 열어준 잔치에 감사하고 즐기는 마음을 담백하게 설명할 수도 있을 것이다. 하지만 정도전은 짧은 시 안에 황제의 은혜와 자신의 흥을 크게 담아내고 싶었기 때문에 표현의 기법을 활용한 것이다. 황제 덕분에 봄이 일찍 찾아온 것처럼 제시한 점, 이를 통해 자연스럽게 모자의 꽃이 잔치의 '흥'에 젖었다고 시를 읽게 만드는 점에서 표현의 기법이 효과적으로 이루어진 것을 확인할 수 있다.

한가해져 둘이 바둑 두는데	閑來相與鬪圍碁
봄의 교태 입어선지 바둑돌도 더디 놓고	却被春嬌下子遲
고운 뺨에 손을 괴고 끝없는 생각에 잠기니	手托香腮無限意
복사꽃 가지 위에서 꾀꼬리가 지저귀네	桃花枝上囀鶯兒[244]

이 시는 이승소李承召(1422~1484)의 〈미인도美人圖〉이다. 『삼탄집三灘集』의 편차 순서로 보았을 때 이 시는 1481년 중국으로 사신을 갔다 오면서 지은 시로 보이고, 시의 제재가 되는 그림은 두 명의 미인이

243 洪萬鍾, 『小華詩評』 卷上, "鄭三峯奉天門詩 …… 豪逸不羈."
244 李承召, 〈美人圖〉, 『三灘集』 卷9.

바둑을 두고 있는 중국의 미인도로 추정된다. 이런 그림의 경우 그림 속의 인물이 선계仙界의 인물로 묘사되는 경우가 많은데, 이 시에서도 이러한 면이 보이고 있음을 확인할 수 있다.

제화시의 경우 그림을 보고 시를 지으면서 그림에 보이는 것을 있는 그대로 시 속에 설명해 내는 경우나 그림을 보고 상상하는 것을 시 속에 드러내는 경우가 있는데, 이 시는 그림에 그려진 것을 보고 상상한 것을 각 구절에 묘사하였다.

기구는 두 여인이 바둑을 두는 상황을 보여준다. 두 여인이 바둑을 두는 것은 그림을 보면 바로 확인할 수 있는 사실이지만 이승소는 여기서 두 여인이 바둑을 두는 상황을 '한가해져[閑來]'라고 하여 그림을 자신이 상상한 대로 해석하고 있음을 확인할 수 있다.

기구에서 두 여인이 바둑을 두는 장면은 승구와 전구에 자세하게 제시된다. 승구는 여인이 바둑돌을 놓는 장면이다. 바둑돌을 놓는 것은 그림에서 확인할 수 있는 장면이지만 '봄의 교태를 입어선지' 바둑돌을 '더디' 놓는다고 한 것은 그림을 보고 자신이 상상한 것을 묘사한 것이다. 전구에서는 승구에서 바둑돌을 놓는 여인과 함께 바둑을 두는 또 다른 여인의 모습을 보여준다. 이 여인은 뺨에 손을 괴고 바둑판을 내려다보고 있는 것으로 보인다. 이승소는 이 여인을 보고 끝없는 생각에 잠겼다고 하여 이 여인의 심리를 추정하고 있다. 이 여인의 심리는 그림에서 확인할 수 없는 내용이다.

결구에서는 두 여인이 바둑을 두는 곳의 배경을 제시했다. 나뭇가지 위에 새가 앉아있는 배경이다. 그림의 나뭇가지가 복사꽃 가지라고 한 것은 이 시에서 느껴지는 선계적 분위기를 강화하기 위해 신선을 떠올리게 하는 복사꽃이라는 시어를 사용한 것이다. 또 이 시에서는 꾀꼬리가 지저귄다고 하였는데 지저귄다고 한 것 역시 이승소가 상상한 것이다.

그림에는 정지된 상태의 한 장면만 그려져 있는데, 이승소는 정지된 장면에 사연을 담아 역동성을 부여했다. 이 시에서는 그림에 나오는 여인들의 심리를 묘사하고, 주변에서 꾀꼬리가 지저귄다고 하여 역동성을 담아내었다. 이 시의 각 구를 유기적으로 연결하는 것은 그림 속에 보이는 각각의 장면이 아니라 이승소가 상상해서 그려내는 내용들에 의해서이다. 표현의 기법은 시에 생동감을 부여하여 시에서 느껴지는 분위기를 생생하게 떠올릴 수 있게 하는데, 이 시에서 느껴지는 역동성 역시 표현의 기법을 통해 구현된 것이다. 봄과 복사꽃 가지는 이 시에서 선계의 분위기를 물씬 느끼게 한다. 봄의 계절감이 승구와 전구에서 봄의 교태를 입고, 끝없는 생각에 잠기는 여인의 모습, 그리고 결구의 복사꽃 가지로 자연스럽게 연결되고 있다.

허균은 이 시를 두고 "염체艶體의 좋은 맛을 보는 것 같다."[245]라고 하였다. 이는 여인들이 바둑을 두는 모습을 서정적이고 고운 모습으로 그려내고 있기 때문에 이렇게 평가한 것으로 보인다.

해질 무렵 울타리 너머로 뻗은 가지 보고	黃昏籬落見橫枝
느릿느릿 향기 찾아 물가에 이르니	緩步尋香到水湄
천 년 동안 나부산에 떠 있던 보름달이	千載羅浮一輪月
지금 와서 비추어 꿈이 깨는 때이지	至今來照夢醒時[246]

이 시는 강희맹姜希孟(1424~1483)의 〈먹장난을 하여 현판을 써서 강국균에게 주다作墨戲, 題其額, 贈姜國鈞〉 2수 가운데 첫 번째 수이다. 이

245 許筠, 〈美人圖〉, 『國朝詩刪』 卷2, "艶體中稍嘗一臠."

246 姜希孟, 〈作墨戲, 題其額, 贈姜國鈞〉, 『私淑齋集』 卷1.

시는 강희맹이 상상한 것을 그린 그림을 시로 옮긴 것이다. 앞서 살펴본 이승소의 제화시에서는 화자가 그림의 바깥에서 그림을 보고 상상한 것을 묘사하였다면, 이 시에서 화자는 그림 안에 들어가 있는 것처럼 시를 구성하고 있다. 그림 속에는 실제 사람이 그려져 있지 않지만 시 속의 화자가 그림 속에 들어가 있는 것처럼 느껴지게 한다. 이는 시를 통해 강희맹이 실제로 매화를 보면서 즐기는 흥취로까지 감정을 이어가는 것이다.

기구에서 화자는 울타리로 뻗은 가지를 보고 있다. 보고 있다는 것은 그림 안에서 보고 있는 것으로 화자를 시 안에 위치시킨다. 이 나뭇가지가 어떤 나뭇가지인지 드러나 있지 않다. 승구는 기구를 계기로 일어나는 상황이다. 나뭇가지를 보고 향기를 찾아 물가에 이르렀다고 한 것을 보아 이 나뭇가지가 꽃가지임을 추측할 수 있다. 이 시가 제화시가 아니었다면 화자가 본 것과 이동하는 것을 직접적으로 설명한 것이 되어 이런 묘사를 표현의 기법이라고 보기 어렵다. 하지만 이것은 강희맹이 그림을 보고 상상한 내용이기 때문에 표현의 기법으로 읽히게 되는 것이다.

전구와 결구는 하나의 고사로 이어져 있기 때문에 따로 분리하기 어렵다. 전구의 '나부산[羅浮]'은 기구와 승구의 나뭇가지와 향기의 정체를 추측할 수 있게 하는 시어이다. 이 시를 읽는 사람과는 달리 시 안 화자의 흥취는 전구와 결구에서 가장 고조된다. 나부산 고사는 조사웅이 나부산의 매화선녀를 만났던 이야기이다. 조사웅이라는 사람이 나부산의 솔숲을 지나다 술집에 들렀는데 한 여인이 나와 맞이하기에 그와 함께 밤새 즐겁게 이야기를 나누며 술을 마시다 잠이 들었는데 잠에서 깨어보니 여인은 없고 큰 매화나무만 있었다고 한다. 나부산이 매화와 관련한 고사이기에 기구와 승구의 나뭇가지와 향기의 정체, 또 그림 속에 그려진 나무가 매화임을 알 수 있다. 이와 함께 조사웅이 매화선녀를 만났던 그때부터 천 년 동안 나부산에 떠 있던 보름달의 달빛이 조사웅이 잠에서 깨던 그때처럼 시적 화자인 강희맹을 비추고 있다는 것이다. 이러한 표현을 통해 결구에서 시 안의 화자가 매화를 감상하는 흥취가 가장 고조된다는 것을 알 수 있다.

이 시를 보면 제목과 시의 내용에서 매화를 직접적으로 언급하는 글자를 찾아볼 수 없다. 다만 전구의 '나부산[羅浮]'이라는 시어를 통해 매화를 떠올릴 수 있을 뿐이다. 그러나 시의 내용으로 볼 때, 이 시가 전체적으로 매화를 묘사하는 것임을 알 수 있다.

강희맹의 문집 『사숙재집私淑齋集』의 시 제목을 보면 이 시가 제화시임을 알 수 있지만 시선집에는 이 시의 제목이 〈매화梅〉라고 되어 있어 시의 제재가 제목에 직접적으로 노출되어 있다. 또 〈매화梅〉라는 제목이 붙어있으면 이 시가 제화시가 아니라 실제의 매화를 보고 지은 시라고 생각하게 된다. 그런데 시의 제재가 제목에 직접적으로 노출되면 전구에서 '나부산[羅浮]'이라는 시어를 보고 매화라는 제재를 깨닫게 되는 긴장감을 느낄 수 없다. 또 이 시를 제화시가 아니라 실제 매화를 보고 지은 것으로 본다면 기구와 승구를 강희맹의 실제 행동으로 인식하게 되기 때문에 제화시로 읽었을 때보다 상상의 폭을 축소하게 된다. 때문에 『사숙재집』에 수록된 제목대로 이 시를 제화시로 보고 이 시를 감상하는 편이 강희맹의 작시 능력을 더 잘 파악할 수 있을 것이다.

이 시를 두고 허균은 「성수시화」에서 "한가롭고 우아하여 볼 만하다."[247]라고 하였는데, 이는 이 시에서 느껴지는 분위기가 전체적으로 한가하고 운치가 느껴지기 때문에 이렇게 평가한 것으로 보인다. 또

『국조시산』에서는 "또한 절로 아낄 만하다."[248]라고 했는데, 이 시에서 매화를 직접적으로 말하지 않고도 매화를 떠올릴 수 있도록 표현한 방법에 대해 아낄 만하다고 한 것으로 보인다.

앞서 이미지를 활용하여 감각적으로 묘사하는 경우와 자신이 말하고자 하는 내용을 직접 언급하지 않고 구체화하는 경우가 있음을 살펴보았는데, 한 편의 시에서 이 두 가지가 함께 사용되는 경우도 있다. 이러한 경우 감각적인 묘사는 배경을 형성하게 된다.

아침 해 떠오르려 하니 새벽빛 뚜렷해지고	朝日將暾曙色分
숲 안개 개는 곳에서 새는 무리를 부르니	林霏開處鳥呼群
먼 봉우리 푸른 빛은 창을 열고 바라보고	遠峯浮翠排窓看
이웃 절의 성긴 종소리 산 너머에서 들리는데	隣寺疏鍾隔巘聞
파랑새는 소식 전하려는지 약 달이는 부엌 엿보고	青鳥信傳窺藥竈
벽도화 떨어져 이끼에 무늬 만드니	碧桃花落點苔紋
틀림없이 신선은 조원각에 돌아가	定應羽客朝元返
솔 아래에서 한가로이 소전문을 펴보겠지	松下閒披小篆文[249]

이 시는 김시습金時習(1435~1493)의 『매월당집梅月堂集』에 수록된 2수 연작시 중의 첫 번째 수로 춘천 청평사의 암자인 세향원의 남창에서 쓴 시이다. 이 시에서 김시습은 세향원에서 느낀 도가적인 분위기를 묘사하였다. 이 시는 전체적으로 볼 때 표현의 기법을 사용한 시라고 할 수 있는데, 그 구성을 보면 앞부분에 해당하는 수련과 함련, 뒷부분에 해당하는 경련과 미련으로 나눌 수 있다. 수련과 함련에

247 許筠, 「惺叟詩話」, 『惺所覆瓿藁』 卷25, "閑雅可見."
248 許筠, 〈梅〉, 『國朝詩刪』 卷2, "亦自可愛."
249 金時習, 〈題淸平山細香院南窓〉, 『梅月堂集』 卷3.

해당하는 앞부분은 감각적인 표현을 통해 시를 짓는 공간을 묘사하고 있으며, 뒷부분은 자신이 상상한 바를 구체화하는 방식을 사용하였다. 이 시는 세향원을 선계로 보이게 하는 것에 목적을 둔 시로 보이는데, 수련과 함련은 경련과 미련에서 세향원을 선계로 구현하기 위한 배경을 제공한다.

수련과 함련에는 세향원 남창으로 보이는 모습이 담겨있다. 수련을 통해 이 시를 짓는 시간이 언제인지를 알 수 있다. 아침 해가 떠오르려는 시간에 새벽빛이 뚜렷해지고, 밤이 지나 숲의 안개가 개는 곳에서 새들이 활동을 시작하며 지저귀기 시작한다. 새벽빛이 뚜렷해지는 것, 숲의 안개가 개는 것, 새가 무리를 부르며 지저귀는 것은 아침이 오는 것을 감각적인 이미지로 묘사한 것이다. 이와 같은 표현이 아침이 온다는 것을 의미한다는 점에서 설명으로 볼 수 있지만, 아침이 오는 것을 진술하지 않고 감각적인 요소들을 통해 깨닫게 한다는 점에서 표현의 기법이 된다.

함련은 아침이 오는 것을 깨닫고 창을 열면서 보고 들은 것을 묘사한 부분이다. 창을 열고 보니 푸른 산이 눈에 들고 산 너머의 이웃 절에서 종소리가 들려온다. 함련에서는 눈에 드는 푸른 산과 어디서 들려오는지 모를 종소리로 세향원의 분위기를 표현하고 있다. 이 시의 수련과 함련의 감각적인 묘사는 앞서 살펴본 이첨의 〈밤에 함벽루에 들러 거문고 타는 소리를 들으며 짓다夜過涵碧樓, 聞彈琴有作〉나 성현의 〈비를 마주하고 청주동헌에서 쓰다對雨, 題淸州東軒〉에서처럼 화려하게 느껴지지는 않지만, 이와 같은 묘사를 통해 새벽 세향원의 평화롭고 잔잔한 분위기가 두드러지게 나타난다.

경련과 미련은 수련과 함련의 묘사에서 촉발된 상상의 내용이 담겨있다. 경련과 미련에서 김시습은 청평사의 세향원을 신선이 사는 도가적인 이상공간으로 만들었다. 특히 김시습은 경련과 미련에서 신선 세계에 대한 직접적인 언급 없이 시어를 통해 간접적으로 드러내어 세향원을 신선의 공간으로 만들었다.

경련에서 파랑새는 약 달이는 부엌을 엿보고 벽도화는 이끼 위로 떨어진다고 하였다. 파랑새는 서왕모가 부리던 사자인데 이 새가 약을 달이는 부엌을 엿본다고 하였다. 여기서 약은 신선의 약인 구전단을 말하는 것이다. 구전단을 만드는 곳에 파랑새가 와서 소식을 전하는 것은 약이 완성되었으므로 신선이 되어 서왕모를 만날 날이 머지않았음을 보여주는 것이다. 벽도는 서왕모의 복숭아로 3천 년에 한 번 꽃이 피고 열매를 맺는데, 이 꽃이 지금 피어 이끼 위에 떨어졌다고 했다. 이처럼 세향원에서 느끼는 분위기 속에서 상상한 바를 파랑새나 벽도화 같은 시어를 통해 구체화시켜, 세향원을 신선의 공간으로 만들고 있다.

미련에서는 이곳에서 신선이 된 사람의 모습을 추정하는 방식을 통해 이곳의 선계적인 모습을 더욱 부각하고 있다. 구전단을 만들고 벽도화가 떨어지는 세향원은 누구라도 신선이 될 수 있는 곳으로 묘사되는데, 여기의 신선은 틀림없이 조원각에 돌아가서 소전문을 펴 보고 있을 것이라고 하였다. 조원각은 여산의 화청궁에 있던 도관으로 도가의 현원황제가 강림했다고 알려진 곳이다. 세향원에 있던 신선이 조원각으로 돌아가 솔 아래서 한가롭게 신선들이나 읽을 수 있는 소전문을 펴 볼 것이라고 상상하고 있는 것이다. 이처럼 경련과 미련에서는 세향원을 적극적으로 신선의 공간으로 만들고 있다. 이러한 표현의 기법을 통해 수련과 함련의 공간을 일반적인 암자의 새벽 풍경이 아니라 도가적인 공간으로 인식하게 만든다.

허균은 『국조시산』에서 이 시를 두고 성당의 시에 비해 뒤떨어지지 않는다[250]고 평가하였으며, 「성수시화」에서는 〈소양정昭陽亭〉과 함께 "모두 세속을 벗어나 화평하고 맑으니, 섬세하게 꾸미기만 하는 자들은 앞자리를 양보해야만 한다."[251]라고 하였다. 세속을 벗어났다고 한 것은 이 시의 공간을 선계로 묘사하여 인간 세상에서 분리되고 인간 세상과 한층 더 멀어지게 되었으므로 이렇게 평가한 것으로 보인다. 인간 세상과 분리되어 있기 때문에 화평하고 맑은 분위기가 강조되는 것이다. 또 이 시를 구성하는 시어들이 지나친 수식을 배제하고 있음을 확인할 수 있다. 수련과 함련에서 묘사된 세향원의 분위기도 평화롭고 잔잔한 분위기가 두드러지고 있으며, 경련과 미련에서 표현된 신선의 세계도 전반적으로 정적인 분위기가 강조되고 있어 화려한 느낌을 받기 어렵기 때문에 이렇게 평가한 것으로 생각된다.

음습한 바람 매섭고 비는 추적추적	陰風慘慘雨淋淋
바다 기운 산속 깊은 석굴까지 이어지는데	海氣連山石竇深
이 밤 덧없는 인생 흰머리만 남았어도	此夜浮生餘白首
등불 켜고 때로 다시 초심을 돌아보네	點燈時復顧初心[252]

이 시는 이주李胄(1468~1504)의 〈밤에 앉아夜坐〉라는 시이다. 이 시 제목의 주석에 "금골산에서 지었다[金骨山作]"라고 되어 있는데 금골산은 이주가 유배되었던 진도에 있던 산이다. 이주는 1498년 무오사화로 인해 진도로 유배되었는데, 1502년 진도의 금골산에서 23일간 머

250 許筠, 〈題細香院南窓〉, 『國朝詩刪』 卷5, "何減盛唐耶."

251 許筠, 「惺叟詩話」, 『惺所覆瓿藁』 卷25, "脫去塵臼, 和平澹雅, 彼纖靡雕琢者, 當讓一頭也."

252 李胄, 〈夜坐〉, 『忘軒遺稿』.

물 때 이 시를 지었다. 이주의 「금골산록金骨山錄」[253]을 보면 금골산의 삼굴三窟에 대한 내용을 자세하게 살펴볼 수 있으며 또 그가 금골산에서 이 굴에 머물렀다는 내용을 확인할 수 있다. 한밤중에 금골산의 석굴에 앉아서 자신이 처한 상황을 표현하고, 그 속에서 다지는 자신의 의지를 보여준다. 이 시는 감각적인 묘사를 통해 배경을 표현한 기구와 승구, 추상적 내용의 구체화로 표현된 전구와 결구로 나누어 살펴볼 수 있다.

기구에서 이주는 자신이 있는 석굴 주변의 날씨를 묘사하였다. 거세게 불어오는 음습한 바람과 추적추적 비가 내린다고 하였다. 지금 이주는 석굴 안에 있는데 바람이 거세게 불고 비가 추적추적 내리는 소리가 들려온다. 석굴은 작은 소리도 울려서 크게 들리는 곳이기 때문에 바람소리와 빗소리가 울려서 더 크게 들렸을 것이다.

승구에서는 바람소리와 빗소리가 울리는 석굴에 바다 기운이 이어진다고 하였다. 바다 기운은 축축하고 무거운데 바닷가 특유의 비릿한 냄새까지 더해진다. 귀로 들려오는 스산한 소리와 몸으로 곧장 느껴지는 습한 기운은 이주가 있는 공간의 우울하고 어두운 이미지를 강조한다.

이 당시 이주가 어떠한 상황에 처해있었는지 살펴본다면 자신이 있는 공간을 이렇게 어두운 분위기로 표현한 이유를 생각해 볼 수 있다. 이주는 무오사화 때 진도로 유배되었는데, 1502년 9월 왕세자 책봉을 기념하는 의미로 무오사화 때 화를 입은 선비들을 사면해주는 대사면령이 있었다. 하지만 이주는 그 대사면령의 반열에 들지 못하여 자신이 신하로서도 자식으로서도, 또 형제・붕우・처자에게

253 李冑, 「金骨山錄」, 『忘軒遺稿』.

도 그 역할을 제대로 하지 못해 사람의 부류에 끼지 못한다는 생각에 인간 세상에 더욱 뜻을 두지 않게 되었다고 이 시기 자신의 감정을 풀어낸 바 있다.[254] 이러한 상황에서 지은 시이기에 자신이 있는 공간의 분위기를 어둡게 묘사하고 이를 통해 자신의 암담한 마음을 드러낸 것이다.

전구와 결구에서 이주는 자신이 이렇게 암울한 상황에 처해 있고 또 지금 자신에게 남은 것은 흰머리밖에 없지만 그래도 초심을 돌아본다고 하였다. 기구와 승구에서 이어진 우울한 분위기는 전구의 '이 밤[此夜]'이라는 시어로 축약된다. 밤을 밝히는 것은 등불이다. 등불을 켜고 자신이 처음에 먹었던 마음을 돌아본다고 하였다. 기구와 승구에서 암담한 자신의 상황을 드러냈다면 결구에서는 이것을 타개하기 위해 등불을 켜게 된 것이다. 어둠을 밝히기 위해 등불을 켜고 애초에 자신이 벼슬을 시작하면서 먹었던 마음을 돌아보는 것이다. 결구의 '초심初心'은 이주 자신의 의지를 나타내는 시어이다.

현재 자신이 처한 우울하고 어두운 상황에도 불구하고 이주는 자신이 가지고 있는 의지를 보여주었다. 여기서 보여주는 이주의 의지는 기구와 승구에서 묘사된 분위기 속에서 만들어진 것으로 자신이 처음 생각한 뜻을 이룰 수 있을 것이라는 의지보다는 마지막까지 자신의 뜻을 굽히지 않겠다는 의지로 보인다. 허균은 이 시를 두고 비통하고 처절하다[255]고 하였다. 허균이 이렇게 평을 한 것은 이주가 의지

254 李胄, 〈夜坐〉, 『忘軒遺稿』, "越四年壬戌秋九月, 冊封王世子, 是日大赦國中, 獨戊午一時被罪縉紳之士, 不在原例. 余私自訟曰士君子生斯世, 必以忠孝自期, 今我罪惡深重, 爲聖朝棄物, 欲爲臣而不得忠於君, 欲爲子而不得孝於親, 有兄弟朋友妻子, 而又不得兄弟朋友妻子之樂, 吾非人類也, 忽忽益無人世意. "

255 許筠, 〈夜坐〉, 『國朝詩刪』 卷2, "悲切."

를 굳게 세웠음에도 불구하고 끝내 이러한 상황에서 벗어나지 못하고 죽음을 맞이했음을 알고 있었기 때문에, 이 시가 더욱 안타깝게 느껴져서였을 것으로 짐작된다.

2) 표현·설명의 기법이 혼효된 당풍의 시

표현의 기법과 설명의 기법이 한 편의 시 안에서 동시에 사용된 경우, 한 편의 시에서 각 구절과 연에 사용된 표현 혹은 설명의 기법이 각기 어떠한 역할을 하고 서로 어떠한 관계를 가지는지 파악하는 것이 중요하다. 여기에서는 표현의 기법과 설명의 기법이 어떠한 관계를 가질 때 당풍의 시로 읽히는지 셋으로 나누어 살펴보도록 한다.

가장 먼저 설명의 기법이 시상을 촉발하는 경우 시가 당풍으로 읽히게 된다. 이 경우 설명의 기법을 통해 구현된 부분은 시상을 촉발하는 역할에 그치고, 표현의 기법을 통해 시에서 전달하고자 하는 것을 구현해내기 때문이다. 이러한 경우 설명의 기법이 사용되지만 당풍의 시가 된다.

우뚝한 고목 구름과 가지런하고	**嵳峨古樹與雲叅**
묵은 돌 기이한 바위 못에는 물 가득하니	**石老巖奇水滿潭**
다시 난새타고 철적 불면서	更欲乘鸞吹鐵笛
깊은 밤 달 밝은 때 강남을 둘러봐야지	夜深明月過江南[256]

이 시는 서거정徐居正(1420~1488)의 문집 『사가시집四佳詩集』에 수록된 〈그림에 12수를 쓰다. 권호군을 위해 짓다題畫十二首, 爲權護軍作〉의 11번째 수 저물녘 산 그림晩山圖이다. 제목에서 볼 수 있듯이 이

256 徐居正, 〈題畫十二首, 爲權護軍作〉, 『四佳詩集』 卷30.

시는 그림을 보고 지은 제화시인데, 서거정이 그림을 보고 그림 속의 세계를 선계로 묘사한 시이다. 이 시의 작시 기법은 기구와 승구에 사용된 설명의 기법과 전구와 결구에 사용된 표현의 기법으로 구분된다.

서거정이 본 그림이 정확하게 어떤 그림인지 확인하기는 어렵지만, 기구와 승구의 내용을 통해 그림 속에 그려져 있는 것들을 추정할 수 있다. 기구와 승구의 내용으로 서거정이 본 그림을 재구해 보면 우뚝 솟아 있는 고목과 연못 주변으로 바위와 돌이 그려져 있을 것으로 보인다. 기구와 승구에서는 자신의 주관을 담지 않고 그림에 보이는 그대로를 시 속으로 옮겨냈다. 전구와 결구는 그림을 보고 서거정이 상상한 내용이다. 서거정은 여기서 난새를 타고 철적을 불면서 깊은 밤 달빛을 받으며 강남을 둘러보고 싶다고 했다. '철적을 분다'는 청각적인 묘사나 '밝은 달빛'과 같은 시각적인 묘사를 통해 이 두 구절이 표현의 기법으로 이루어진 것임을 알 수 있다. 또 이 구절에서 신선이나 신선 세계라는 시어를 사용하지 않았지만, 난새를 타고 철적을 분다는 표현을 통해 기구와 승구에서 제시된 공간이 신선 세계임을 유추할 수 있게 만들어준다.

전구와 결구에서 신선 세계를 만들어 낸 이유는 기구와 승구 때문이다. 기구와 승구는 그림에 담긴 것으로 이 시의 배경을 형성한다. 이 배경을 보고 서거정은 전구와 결구에서 이 공간을 신선 세계로 표현하였다. 설명 기법을 통해 제시된 배경은 신선 세계를 촉발하는 역할에 그치고 표현 기법을 사용한 전구와 결구가 시의 전체적인 분위기를 형성하기 때문에 이 시는 당풍의 시로 읽히게 된다.

허균은 『국조시산』에서 이 시에 대해 "무게가 있고 화려하여 절로 대가의 기격이 있다."[257]고 하였으며, 「성수시화」에서 이 시의 전구와 결구를 두고 "아름다운 풍취가 있다"[258]고 하였다. 「성수시화」의 평을 참고해 보자면 『국조시산』에서 평한 내용 역시 전구와 결구를 두고 평한 것임을 짐작할 수 있다. 서거정은 저물녘의 산이 그려져 있는 그림을 보고 신선이 피리를 불면서 난새를 타고 날아가는 장면을 떠올리고 이것을 시 속에 담아냈다. 그림을 보고 시 속에 담아낸 선취가 화려하고 아름답다고 한 것으로 보인다.

고운 국화 올해는 예년보다 늦게 피어	**佳菊今年開較遲**
온 가을 흥취 동쪽 울타리에서도 변변치 않고	**一秋情興謾東籬**
가을바람 도무지 정도 생각도 없는지	西風大是無情思
국화에는 들지 않고 귀밑머리에만 들었네	不入黃花入鬢絲[259]

이 시는 서거정의 〈국화가 피지 않아 서운한 마음에 짓다菊花不開, 悵然有作〉이다. 서거정은 국화가 피지 않는 것을 보고 자신의 감정을 시에 담았다. 제목에서 자신의 감정이 서운한 것이라고 직접적으로 밝혔지만, 시 속에는 서거정의 감정이 직접적으로 드러나지 않는다. 하지만 시 전반에서 서거정이 느끼는 감정을 살펴볼 수 있다. 이 시는 설명의 기법을 사용한 기구와 승구, 표현의 기법을 사용한 전구와 결구로 구분된다.

기구에서는 국화가 예년보다 늦게 피었다고 하여 국화가 아직 활짝 피지 않았다는 사실을 직접적으로 설명했다. 승구에서도 국화가 피지 않아 가을의 흥취 역시 변변치 않다고 직접 설명했다. 도연명은

---

257 許筠, 〈晩山圖〉, 『國朝詩刪』 卷2, "渾重富麗, 自是大家氣格."

258 許筠, 「惺叟詩話」, 『惺所覆瓿稿』 卷25, "'更欲乘鸞吹鐵笛, 夜深明月過江南.' 等句, 亦有佳趣."

259 徐居正, 〈菊花不開, 悵然有作〉, 『四佳詩集』 卷50.

〈음주飮酒〉에서 "동쪽 울타리에서 국화를 따다가 멍하니 남산을 바라보네[採菊東籬下, 悠然見南山.]."라고 하였는데, 이것을 보면 가을의 흥취는 국화를 따면서 느끼는 흥임을 알 수 있다. 그런데 아직 국화가 활짝 피지 않아 이 흥도 변변치 않게 된 것이다. 기구와 승구는 자신이 눈으로 본 내용을 있는 그대로 시로 옮긴 것이어서 설명의 기법을 사용한 구절이 된다.

전구와 결구에서는 가을바람이 국화에 들지 않고 귀밑머리에만 들었다고 하였다. 여기서 서거정이 느끼는 서운함을 살펴볼 수 있다. 가을바람이 국화에 들면 국화를 피게 하고 사람의 귀밑머리에 들면 머리를 희게 한다. 그런데 가을바람이 귀밑머리에만 들고 국화에는 들지 않아 정도 생각도 없는 것 같다고 하였다. 국화를 피워야 할 가을바람이 국화는 피우지 않고 자신만 늙게 만든다고 한 것은 자기 감정의 표현이다. 그래서 서거정은 고운 국화와 달리 가을바람을 무정하다고 하여 대조적으로 표현하였다. 가을에 느낀 서거정의 서운한 감정은 국화가 아직 피지 않은 것을 보고 그것으로 인해 촉발된 것으로 국화가 피지 않은 풍경은 이 시의 배경이 된다. 허균은 이 시를 두고 아낄 만하다[260]고 평가하였다. 이는 국화에 대한 서거정의 애정이 시 속에 드러난 것이 아낄 만하다고 한 것으로 보인다.

다음으로는 표현의 기법을 사용하여 설명의 기법으로 제시된 시어를 형상화하는 경우가 있다. 이러한 경우에도 시는 당풍의 시로 읽히게 된다. 그것은 작가가 말하고자 하는 내용은 설명의 기법을 통해 시어로 직접 제시되지만, 표현의 기법을 통해 시어로 제시된 내용을 형상화하고 시의 전체적인 분위기를 만들어내기 때문이다. 이러한

260 許筠, 〈菊花不開, 悵然有作〉, 『國朝詩刪』 卷2, "可愛."

경우 표현의 기법을 통해 설명의 기법으로 제시된 시어에 대한 이해의 폭이 확장되기 때문에 표현과 설명의 기법이 사용되었으나 표현의 기법이 더 두드러져 당풍의 시가 된다.

동쪽 봉우리에 아침해 오르니	**東嶺上初暾**
스님 찾아 대나무 문 두드리는데	**尋僧叩竹門**
잔 구름은 탑 꼭대기에 머물러 있고	宿雲留塔頂
쌓인 눈은 울타리 밑을 감싸고 있네	積雪擁籬根
오솔길은 깊은 골짜기까지 이어지고	小逕連深洞
성긴 종소리는 먼 마을까지 들릴 듯하니	疏鍾徹遠[261]村
느긋한 읊조림 끝나기도 전에	**蕭然吟未已**
맑은 흥취 황혼까지 이어지겠구나	**清興到黃昏**[262]

이 시는 유방선의 〈새벽녘 절에 들러曉過僧舍〉로 새벽에 절을 지나면서 지은 시이다. 유방선은 시 속의 절을 구름도 머물러 떠나지 않는 깨끗하고 청정한 공간으로 그려내고 있다. 이 시는 절을 찾아가 절에서 보이는 풍경을 시로 읊은 것으로, 이 시는 설명의 기법을 사용한 수련과 미련, 표현의 기법을 사용한 함련과 경련으로 구분된다.

수련은 유방선이 이른 아침 해가 뜨자 스님을 찾아 절을 방문하였다는 사실을 말한 부분이다. 이 사실은 시의 문면에 오롯하게 드러나고 있다. 또 이 시에서 유방선의 감정은 미련에서 직접적으로 드러나는데, 유방선은 이 시에서 '맑은 흥취[清興]'가 느껴진다고 하였다.

---

261 유방선의 『泰齋集』 卷1에는 '遠'이 '近'으로 되어있다. 그러나 문집을 제외한 5종의 시선집에서는 '遠'으로 교정하여 사용하고 있음을 확인할 수 있다. 이 책에서 역시 '近'보다 '遠'으로 보는 것이 더 낫다고 판단하여 시선집 속의 글자를 따른다.

262 柳方善, 〈曉過僧舍〉, 『東文選』 卷10.

함련과 경련에서는 절에서 보이는 풍경을 묘사하여 유방선이 미련에서 밝힌 '맑은 흥취[淸興]'가 어떤 것인지 구체적으로 살필 수 있게 하였다. 함련과 경련은 눈에 보이는 단순한 경물의 제시처럼 보이지만, 속세와 단절된 절의 청정함을 표현의 기법으로 묘사한 구절이기 때문에 함련과 경련에는 표현의 기법이 사용된 것이다.

함련에서 유방선은 구름과 눈을 보면서 절 주변의 가까운 풍경을 종적으로 묘사했다. 함련의 첫 구에서 유방선은 구름을 '잔 구름[宿雲]'이라고 하였는데, 잔 구름이라는 것은 이 구름이 어제부터 오늘 아침까지 이곳에 머문 구름이라는 것이다. 이것은 이곳이 구름도 떠나지 않고 머무르는 공간이라는 것을 의미한다. 또 잔 구름이 탑 꼭대기에 머무른다고 하였는데, 구름이 절의 탑 위에 머무른다는 것은 그 절이 구름에 닿을 만큼 높은 곳에 있다는 것이다. 그렇다면 이 절은 인적이 그만큼 드문 곳에 있는 것이다. 함련의 둘째 구에서도 절의 분위기가 비슷하게 표현된다. '쌓인 눈[積雪]'이라고 한 것은 눈이 녹지 않았다는 것이고, 이것은 이 절이 그만큼 서늘한 곳이라는 의미이다. 쌓인 눈이라는 시어는 이 시에서 앞 구의 잔 구름과 그 이미지 속에 담긴 의미와 이어져 청정함을 강조하는 역할을 한다. 또 구름과 눈으로 이어지는 청정한 이미지는 탑 꼭대기[塔頂]에서 울타리 밑[籬根]으로 이어져 상하로 이어지는 하나의 청정한 공간을 형성한다. 이를 통해 공간 전체가 깨끗한 이미지로 덮일 수 있게 된다.

함련이 절 주변에서 볼 수 있는 풍경을 종적으로 묘사한 부분이라면 경련에서는 함련에서 형성된 절의 분위기를 시선의 이동을 통해 절 가까이에서 먼 곳으로 이동시킨다. 이는 절과 멀리 떨어진 다른 곳을 연결하는 것이기 때문에 횡적인 묘사라고 할 수 있다. 절에서 시작된 오솔길이 깊은 골짜기까지 이어진다고 하였다. 절이 위치한 곳이 탑이 구름에 닿을 만큼 높은 곳인데 이곳에서 이어지는 오솔길이 '깊은 골짜기[深洞]'까지 이어진다고 하였다. 이것은 깊은 골짜기까지 이 절의 분위기가 그대로 이어진다는 것이다. 골짜기를 '깊은' 곳이라고 묘사하였기 때문에 이곳의 분위기가 유지되면서 전달될 수 있는 것이다. 또 종소리가 '먼 마을[遠村]'까지 들릴 듯하다고 하였다. 마을은 사람들이 모여 사는 곳이기 때문에 앞서 함련과 경련의 첫 구에서 인적을 배제하고 절의 분위기를 묘사한 것과 대비되는 부분으로 보일 수 있다. 그러나 종소리가 먼 마을까지 들릴 듯하다고 한 것은 이 절의 분위기가 저 먼 마을까지 영향을 미친다는 의미이다. 그렇지만 반대로 저 먼 마을의 그 어떤 소란도 이 절에 영향을 주지는 못한다. 이러한 묘사를 통해 절에서 느껴지는 분위기가 산 안에서는 깊은 골짜기까지, 산을 넘어서는 먼 곳의 마을까지 공간적인 측면에서 확장된다.

그런데 함련과 경련이 그 절에서 느끼는 운치와 분위기를 묘사한 것이지만, 절을 이처럼 청정하고 깨끗한 공간으로 인식하고 묘사했다는 것은 결국 그 안에서 그 분위기를 즐기며 누리고 있다는 것이다. 이것은 미련을 통해 확인할 수 있다. 유방선은 함련과 경련에서 자신을 드러내지 않은 채 경물 묘사에 집중하였지만, 미련에서는 느긋이 읊조리는 자신의 흥취를 직접적으로 언급하였다. 그래서 그 공간 속에서 느낀 것이 맑은 흥취였다는 사실을 분명히 확인할 수 있도록 하였다. 또 느긋이 읊었다는 것을 통해 유방선이 그 절의 분위기에 흠뻑 취해 여유롭게 즐기고 있다는 것을 확인할 수 있다. 특히 미련의 둘째 구에서는 맑은 흥취가 황혼까지 이어지겠다고 하였다. 실제로 시간이 그만큼 흐른 것인지 아니면 자신이 지금 느끼는 이 흥취가 저녁까지 이어질 것 같다고 한 것인지는 명확하지 않다. 하지만 황혼이라고 한 것을 수련의 첫 구에서 아침 해가 오른다고 했던 것과 비교해보면 극단적인 시간적 간극을 확인할 수 있다. 첫 구에서 마지막 구까지 시의 대부분을 경물 묘사에 할애한 뒤 시간이 이처럼 훌쩍 지났다고 한 것은 유방선이 시에 묘사된 경물에 그만큼 심취하여 시간 가는 줄 모르고 있었다는 것을 의미한다. 이를 통해 유방선이 자신이 느끼는 흥취를 공간적으로는 물론 시간적으로도 확장하고 있음을 확인할 수 있다.

이렇게 이 시는 미련에서 직접적으로 흥취를 언급하고 있지만 흥취의 내용을 확인할 수 있는 것은 함련과 경련에서 표현의 기법으로 묘사된 내용이다. 이를 통해 미련에서 언급한 흥취가 공간적, 시간적으로 확장되었다는 점에서 이 시는 당풍의 시로 보아야 한다.

허균은 이 시의 수련을 "경계가 맑다."[263]라고 하였는데, 이는 수련에서 유방선이 이 절을 찾았을 때에 이 절을 구성하는 요소들, 즉 동쪽 골짜기와 아침 해, 대나무 문과 같은 것들을 조합하여 만들어낸 절의 공간이 주는 분위기 때문에 "경계가 맑다."라고 한 것으로 보인다. 또 함련에 대해서는 "한고寒苦하여 형상에 알맞다."[264]라고 하였다. 한고寒苦라는 평은 맹교孟郊와 가도賈島의 시를 평할 때 주로 쓰인 평어로, 허균은 유방선의 시에 대해 "맹교・가도와 같아 그의 곤궁함과 쓸쓸함을 알 수 있다."[265]라고 하였는데, 이 시의 함련에서도 허균의 이러한 인식이 드러나는 것으로 이해할 수 있다. 유방선은 22세에 아버지가 민무구의 옥사에 연루되어 19년간의 오랜 유배 생활

263 許筠, 〈曉過僧舍〉, 『國朝詩刪』 卷4, "境清."

264 許筠, 〈曉過僧舍〉, 『國朝詩刪』 卷4, "寒苦稱象."

265 許筠, 「遊原州法泉寺記」, 『惺所覆瓿稿』 卷6, "今看其詩如孟參謀賈長江, 可知其困楚酸寒."

을 겪었기 때문에 허균이 유방선의 시를 이렇게 평가한 것으로 보이지만, 이 시에는 유방선의 이러한 처지가 나타나지 않는다. 함련에서 잔 구름이 탑 꼭대기에 머물고 쌓인 눈이 울타리 밑을 감싸고 있다고 한 것을 겨울의 차갑고 건조한 분위기의 강조, 사람이 없는 쓸쓸한 분위기로 이해했기 때문에 춥고 괴롭다고 평을 한 것으로 보인다. 하지만 함련에서 느껴지는 분위기를 마냥 춥고 괴롭게 보는 것은 시의 전체적인 분위기와 맞지 않는다.

바다 위 외론 성 선계는 시린데	**海上孤城玉界寒**
바람에 불려온 밤기운에 이슬 둥글게 엉기니	風吹沆瀣露凝漙
허공을 밟는 신선은 푸른 하늘 너머에 있는 듯	步虛人在青冥外
좋은 시 읊고 나니 달빛만 제단에 가득하네	吟罷瓊章月滿壇[266]

이 시는 강희맹의 문집『사숙재집』에는 수록되어 있지 않으나, 4종의 시선집에 강희맹의 시로 수록되어 있다. 이 시는 설명의 기법을 사용한 기구와 표현의 기법을 사용한 승구, 전구, 결구로 구분할 수 있다. 기구에서는 참성단을 선계로 인식하고 있음을 직접적으로 드러내었으며, 승구와 전구, 결구에서는 기구에서 제시한 내용을 표현의 기법을 통해 구체적으로 묘사하였다.

이 시의 기구에서 강희맹은 바다 위 외론 성이 있는 선계는 시리다고 하여 참성단을 선계라고 직접적으로 지칭하였다. 바다 위라고 한 것은 참성단이 위치한 마니산이 강화도에 있기 때문이고, 외론 성이라고 한 것은 참성단이 사각형의 높은 제단을 둥글게 돌로 쌓아 둘렀기 때문에 그 모습이 성처럼 보여서 이렇게 언급한 것이다. 바다에

266 姜希孟,〈摩尼塹城〉,『續東文選』卷9.

둘러싸인 섬의 산 정상에 있는 돌과 바위로 쌓은 제단을 신비롭다고 여겼기 때문에 기구에서 참성단을 선계라고 언급한 것이다.

승구에서는 참성단의 분위기를 감각적으로 느껴지게 하였다. 승구에서 바람에 불려온 밤기운이라고 한 것은 이곳의 서늘한 느낌을 강조한 것이고, 이슬이 둥글게 엉긴다고 한 것은 청정한 느낌을 준다. 이를 통해 속세에서 벗어난 참성단의 청정함을 강조하여 기구에서 언급한 선계의 분위기를 형성하였다. 전구에서는 신선을 등장시켜 이 시에서 느껴지는 선계적 분위기를 강조한다. 하늘을 보면 그 너머로 허공을 밟는 신선이 있을 것 같다고 한 것은 이곳이 선계이기 때문에 눈에는 보이지 않지만 푸른 하늘 너머로는 신선이 있을 것만 같다는 것이다. 결구에서는 전구까지 느껴지는 신비로운 분위기에 취하여 시를 읊는데 그러고 보니 제단에 달빛이 가득하다고 하였다. 제단에 비치는 달빛 역시 이 시의 신비로움을 강조하는 역할을 하고 있다.

승구와 전구, 결구는 기구에서 말한 '선계[玉界]'의 구체적인 묘사로 보아야 할 것이다. 이 세 구에서 표현의 기법을 사용하여 기구에서 제시한 '선계[玉界]'라는 공간을 구체적으로 묘사하고 있다는 점에서 이 시는 당풍의 시가 된다.

허균은 『국조시산』에서 이 시를 두고 "선골仙骨은 부족하지만 또한 꽤 속됨을 벗어났다."[267]라고 하였는데, 선골이라고 하는 것은 시에 나타난 선계적 분위기를 말하는 것으로 보인다. 이 시가 선계를 형상화한 부분에서는 아쉬움이 있지만 그래도 속됨을 벗어나 나름의 신비롭고 청정한 분위기를 갖추었다고 말한 것이다. 7언절구의 짧은 시이기에 참성단을 선계라고 직접 언급하지 않고 선계임을 상상할

267 許筠, 〈塹城壇〉, 『國朝詩刪』 卷2, "雖欠仙骨, 亦稍脫俗."

수 있는 요소들로만 시를 구성하여 형상화했다면 이 시의 신비로운 분위기가 더욱 강조되었을 것으로 보인다. 이러한 이유에서 허균이 선골이 부족하다고 평가한 것으로 보인다.

마지막으로 표현과 설명의 기법이 동시에 사용되는 경우 설명의 기법이 두드러지게 사용되었음에도 당풍의 시가 되는 경우가 있다. 이 경우에는 한 편의 시 전체가 설명의 기법으로 이루어진 경우도 있다. 이런 시의 경우 시의 각 구절은 설명의 기법을 통해 제시되는데, 이 설명으로 제시된 부분이 작가가 전달하고자 하는 내용을 표현한다는 점에서 당풍의 시가 된다. 시가 설명의 기법으로 구성되어 있지만 작가가 전달하고자 하는 내용은 설명의 기법으로 제시된 내용을 넘어서기 때문에 당풍의 시가 되는 것이다.

엄우는 당시, 특히 성당시를 말하면서 "말은 다해도 뜻은 끝이 없다."[268]라고 평했는데 형상성이 부족해 보이는 간결한 구절에서 긴 여운을 줄 수 있기 때문에 이렇게 평한 것이다. 이런 시의 경우 설명의 기법을 사용해 직접적으로 언급하기 때문에 형상성이 부족해 보이지만, 작가가 전하고자 하는 내용은 여기에서 그치는 것이 아니라 그 너머의 것을 말하고 있기 때문에 여운을 주어 당풍의 시로 읽히는 것이다.

성당의 시, 특히 두보의 시는 누구에게나 전범으로 작용하여 당시를 주창하는 사람에게뿐만 아니라, 송시를 주창하는 사람에게도 중시되는 이중적인 특성을 가지는데,[269] 두보의 시에서 이러한 이중적

268 嚴羽, 「詩辨」, 『滄浪詩話』, "言有盡而意無窮."

269 강민호, 「唐宋詩 論爭에 있어서 杜甫의 위치」, 『중국문학』 54, 한국중국어문학회, 2008, 36쪽.

인 성격이 발견되는 것 역시 표현과 설명의 기법이 혼효된 특징이 두드러지기 때문에 그런 것으로 이해할 수 있다.

그림 누각 깊디깊고 발은 나직한데	畫閣深深簾額低
쌍쌍이 날고 지저귀다 다시 짝지어 깃드는데	雙飛雙語復雙棲
마을 어귀 푸른 버들에 봄바람 느지막하고	綠楊門巷春風晩
연못가 푸른 풀에 가랑비 오락가락	靑草池塘細雨迷
나비 쫓아 때때로 대숲 언덕에도 들고	趁蝶有時穿竹塢
집 짓느라 온종일 잖과 진흙 물어오지만	壘巢終日啄芹泥
몸 깃들 둥지 있으니 누가 업신여기리오	托身得所誰相侮
해마다 새끼 길러 나란히 나는구나	養子年年羽翼齊[270]

이 시는 이승소의 〈제비鷰〉라는 시이다. 1465년 충청도 관찰사로 있을 때 지은 시로,[271] 봄날 제비가 여유롭게 나는 모습을 보고 지은 영물시이다. 이 시에서는 제비가 나는 상황을 객관적으로 제시하고 있지민, 이 시는 세비가 나는 모습을 시에 담고자 한 것이 아니라 객지에 나와 있는 자신의 처지와 대비되는 제비를 보여줌으로서 자신의 심사를 표현하고자 한 것이다. 하지만 이 시는 제비가 나는 모습을 그대로 제시하고 있기 때문에 전체적으로 설명의 기법이 사용된 시이다.

이 시의 수련에서는 고운 누각에 나직하게 발을 내려둔 곳에 제비가 짝지어 날며 지저귀고 둥지에 깃든다고 하였다. 이 장소는 이승소

270 李承召, 〈鷰〉, 『三灘集』 卷4.

271 이 시는 『三灘集』 卷4에 수록되어 있는데, 『三灘集』 卷4에는 이승소가 충청도 관찰사로 있을 때에 지은 시가 수록되어 있다. (한국고전종합DB의 『三灘集』 해제에서 인용하였다.)

가 시상을 떠올리게 된 지점이면서 이승소가 제비를 눈여겨보게 된 곳이다.

함련은 제비가 날고 있는 마을의 봄 풍경을 그대로 보여준다. 마을 어귀의 푸른 버들에는 봄바람이 느지막하게 불어오고, 연못가 푸른 풀에는 가랑비가 오락가락한다고 하였다. 이는 이승소가 보고 있는 봄 풍경이면서 제비가 날아다니는 마을의 풍경이다. 이러한 풍경은 봄날의 평화롭고 한가함을 보여주는 것이기도 하다. 허균은 『국조시산』과 「성수시화」에서 각각 이 구절을 두고 "세상에서 묘하다고 칭찬한다."[272], "당나라 시인들의 시구절과 매우 비슷하다."[273]라고 하였다. 버들이나 풀이라는 경물을 보고 봄이라는 계절을 느낄 수 있도록 하였기 때문에 이 구절에 대해 이러한 평가를 한 것으로 보인다.

경련에서는 때로는 나비를 쫓으면서 언덕으로 날아들기도 하고, 온종일 둥지를 짓기 위해 진흙을 물어다 옮기는 제비를 보여준다. 때로 장난을 치며 놀기도 하지만 대체로 집을 만들면서 부지런히 하루를 보내고 있는 것이다. 수련에서 경련까지는 시 속에 이승소가 개입하지 않은 채 제비가 나는 모습과 그 배경을 별다른 꾸밈없이 직접적으로 제시한 것이다.

하지만 미련의 첫 구에서 이승소는 자신의 목소리를 시 속에 직접적으로 드러내었는데 이 목소리를 통해 시를 새롭게 이해하게 한다. 제비에게 몸 깃들 둥지가 있다고 한데서 이 시가 단순히 제비가 나는 모습을 보여주기위해 지은 시가 아니라는 것을 알 수 있다.

이승소는 이때 충청도 관찰사로 있었는데, 이승소가 지방관을 맡

272 許筠, 〈燕〉, 『國朝詩刪』 卷5, "世所稱妙."

273 許筠, 「惺叟詩話」, 『惺所覆瓿稿』 卷25, "酷似唐人."

은 것은 이때가 처음이자 마지막이다. 관찰사로 혼자 객지에 있으면서 자신의 둥지를 만들고 새끼들과 날아다니는 제비를 보고 자신의 외로운 처지에 주목하였다. 따라서 이 시는 전체적으로 설명의 기법을 사용하고 있지만 설명의 기법으로 구현된 내용이 이승소가 시 속에서 하고자 하는 말은 아니다. 시의 문면에 드러난 내용이 아니라 시의 이면에서 이승소가 시에서 말하고자 하는 내용을 확인할 수 있기 때문에 시는 설명의 기법으로 지어졌지만 결과적으로 시 전체는 표현의 기법이 사용된 당풍의 시로 읽히게 되는 것이다. 이러한 지점에서 엄우가 말한 "말은 다해도 뜻은 끝이 없다."[274]라고 한 일례를 확인할 수 있다.

남창 아래 종일 앉아 욕심을 잊노라니	南窓終日坐忘機
사람 없는 정원에는 새만 날갯짓 배우고	庭院無人鳥學飛
가는 풀 은근한 향기는 어딘지 찾기 어려운데	細草暗香難覓處
옅은 안개 낀 저녁 빛에 비만 부슬부슬 내리네	淡烟殘照雨霏霏[275]

이 시는 강희맹의 〈병이 나아 절구 네 수를 읊어 최세원에게 주다病餘, 吟成四絶, 呈崔〉 4수 가운데 마지막 수이다. 최세원이라는 사람이 어떤 인물인지는 알기 어려우나 『사숙재집』에 강희맹과 최세원의 교유시가 몇 수 남아있어 둘 사이에 친분이 있었음을 확인할 수 있다. 또 성현成俔의 『용재총화慵齋叢話』에도 최세원과 관련된 일화를 몇 편 찾을 수 있는데, 40세가 넘도록 과거에 급제하지 못했다고 하였으며, 양촌과 도은의 시를 평했다고 했다. 이 시는 전체적으로 설명의 기법

274 嚴羽, 「詩辨」, 『滄浪詩話』, "言有盡而意無窮."
275 姜希孟, 〈病餘, 吟成四絶, 呈崔〉, 『私淑齋集』 卷1.

을 활용하여 강희맹이 남창 아래 앉아 정원을 바라보면서 본 풍경을 그대로 시로 옮긴 것이다. 표면적으로 설명의 기법을 사용하고 있지만 이 시에서는 강희맹의 여유를 느낄 수 있어, 표면적인 설명의 기법이 오히려 표현의 기법으로 작용한다.

기구에서 강희맹은 남창 아래 종일 앉아서 기심을 잊었다고 하였다. 강희맹은 남창 아래 앉아서 풍경을 바라보았는데 그 풍경이 전구에서 결구까지에 담겨있다. 종일 앉아있었다고 한 것으로 보아 승구에서부터 결구까지는 낮부터 밤까지 시간의 흐름을 가진다. 이 시의 제목을 보면 강희맹이 병이 조금 나았을 때 이 시를 지었다는 사실을 알 수 있다. 기구에서 기심을 잊었다고 하였는데 기심을 잊었기 때문에 세상일에 마음이 동요되지 않게 되는 것이다.

승구에서는 사람 없는 정원에 새만 날갯짓을 배운다고 하였다. 정원에서 새가 날갯짓을 배울 수 있는 것은 정원에 사람이 다니지 않기 때문이고, 새를 보고 있는 강희맹이 기심을 잊은 상태였기 때문이다. 정원에 사람이 없다고만 하였다면 지나치게 적적한 풍경으로 보일 수 있지만 새가 날갯짓을 배우고 있다고 하여 조용한 정원의 풍경에 생동감을 불어넣었다. 허균은 이 구절을 보고 한가하고 조용하다[276]고 하였는데, 이는 사람이 없는 정원에서 강희맹이 기심을 잊고 새가 날갯짓하는 것을 여유 있게 바라보고 있기 때문에 조용하고도 한가롭다고 한 것으로 보인다.

기구와 승구에서 느껴지는 여유는 전구와 결구에서도 확인할 수 있다. 전구에서는 정원에서 풍기는 풀냄새를 맡았다. 가는 풀, 은근한 향이라고 한 것으로 보아 풀냄새가 짙다고 보기 어렵다. 그 향이

276 許筠, 〈病餘吟成呈崔勢遠〉, 『國朝詩刪』 卷2, "閑澹."

너무 희미해서 어떤 풀에서 나는 향인지도 확인하기 어렵다. 그런데 강희맹이 앉아서 희미한 향을 느낀다는 것은 강희맹이 이 공간에 오래도록 앉아 이 공간에 집중하고 있다는 것이다. 어수선하고 정신없는 상황이었다면 희미하게 나는 향은 신경 쓰지 못했을 것이다.

결구에서는 안갯속에 저녁 비가 내리는 상황을 제시하였다. 이 구절에서는 시간의 흐름을 느낄 수 있다. 기구에서 남창 아래 종일 앉아 있었다고 한 것을 결구에서 확인할 수 있다. 승구나 전구가 낮이었다고 시에서 명시하지 않았다. 하지만 승구에서 새가 날갯짓을 배운다고 하였는데, 어린 새가 비 오는 저녁에 날갯짓을 배우는 것은 적절하지 않기 때문에 전구의 시간적 배경은 비가 오지 않은 낮으로 보는 것이 적절하다. 전구에서 가는 풀에서 났던 향은 결구에서 그 이유를 찾을 수 있는데 비가 오기 전이라 작은 풀에서 향이 짙게 났던 것이다. 새가 날갯짓을 하던 낮부터 작은 풀의 향에까지 관심을 가지며 시간을 보내다 저물녘 안개 속에 비가 부슬부슬 내리는 것을 그저 바라보고 있는 강희맹의 여유를 느낄 수 있다. 하지만 이 시에서 강희맹은 여유를 언급하지 않았다. 다만 시를 읽으면 강희맹이 온종일 정원을 바라보면서 느끼는 여유에 공감할 수 있다. 이는 시를 구성하기 위해 사용한 설명의 기법이 오히려 강희맹이 느끼고 있는 여유를 드러내는 표현의 기법으로 전환되어 작용했기 때문이다.

허균은 『국조시산』에서 이 시에 비를 달아 "이어진 것이 아득하다."[277]라고 하였는데, 이는 각 구절에서 담아내고 있는 풍경을 엮어낸 것이 끝이 없다고 한 것이다. 이 시에서 풍경의 묘사를 통해 느껴지는 여유나 운치가 깊은 여운을 남긴다는 것이다.

277 許筠, 〈病餘吟成呈崔勢遠〉, 『國朝詩刪』 卷2, "點綴縹緲."

불국사에 찾아드니	爲訪招提[278]境
솔 사이로 붉고 푸른 빛 겹겹인데	松間紫翠重
푸른 산 이쪽에는 비가 내리고	靑山半邊雨
해 지는 상방 종 울리는 속에	落日上方鐘
스님과 나누는 이야기 부드럽고	語與居僧軟
옛정 따라 기울이는 술 짙어	杯隨古意濃
한 평상 위에 쓰러지니	頹然一榻上
마주 봄에 귀밑머리 헝클어졌구나	相對鬢髼鬆[279]

이 시는 김종직金宗直(1431~1492)의 〈불국사에서 세번과 이야기하며佛國寺, 與世蕃話〉로, 김계창과 불국사에서 이야기를 나누면서 지은 시이다. 이 시는 선경후정의 구조로 이루어져 있는데 수련과 함련은 해질녘 불국사에서 보이는 정경을 묘사한 것이고, 경련과 미련은 그 속에서 김계창과 함께 시간을 보내는 상황을 제시한 것이다. 하지만 이 시는 단순히 김계창과 시간을 보냈다는 사실을 말하고자 한 것이 아니라, 벗과 함께 시간을 보내면서 느끼는 흥을 묘사하고 있다는 점에서 당풍의 시가 된다.

수련과 함련은 전체적으로는 표현의 기법이 두드러진다. 하지만 자세하게 구분해 보자면 첫 구에는 설명의 기법이 사용되었고, 2~4구에는 표현의 기법이 사용되었다. 첫 구에 사용된 설명의 기법은 이 시의 공간적 배경을 직접적으로 제시한 것에서 확인할 수 있다. 불국사를 찾아오니 솔 사이로 붉고 푸른빛이 겹겹이 보인다고 하였다. 『점필재집佔畢齋集』을 보면 이 시를 여름에 지었다는 것을 확인할

278 『佔畢齋集』에는 '招堤'로 되어있으나 '招堤'가 사찰의 의미가 되려면 '招提'가 되어야 하기 때문에 '招提'로 교감하였다.

279 金宗直, 〈佛國寺, 與世蕃話〉, 『佔畢齋集』 卷3.

수 있는데, 솔 사이로 붉고 푸른 빛이 겹겹이라는 것은 여름이 되어 산에 녹음이 우거진 것을 말한 것이다. 산 한 쪽으로 내리는 비는 여름의 더위를 식혀주는 역할을 하고 불국사를 둘러싼 공간을 청정하게 만들어 준다. 해질녘 절에 울리는 종소리는 절의 고요함을 더욱 부각시킨다. 이처럼 시각적, 청각적 감각을 사용하여 불국사의 운치를 고조시키고 있기 때문에 홍만종은 이 구절에 대해 "맑고 밝음에 감탄한다."[280]고 하였다. 이렇게 운치 있는 분위기는 경련과 미련에서 김계창과 보내는 시간의 배경이 된다.

경련에서는 스님과 함께 이야기를 나누고 김계창과 술을 기울이는 모습을 직접적으로 제시하고 있다. 여기서 김종직은 스님과 나누는 이야기를 '부드럽고', 옛정 따라 기울이는 술을 '짙다'고 하였다. 이것은 실제로 김종직이 스님과의 대화를 부드럽고 술잔에 담긴 술이 짙다고 느낀 것이지만 김종직이 이 상황에서 느끼는 감정이 잘 드러난 것이라고 볼 수 있다. 불국사는 수련과 함련에서 본 것처럼 고요하고 청정한 공간이기 때문에 스님과의 대화가 더욱 편안하게 느껴져 부드럽다고 한 것이다. 또 김계창과 함께 술을 마시는 것을 옛정 따라 기울이는 술이라고 한 것은 김계창과의 오랜 교분을 알 수 있게 하는데, 김계창과 마시는 술이 짙다고 한 것은 둘의 교분을 더 깊은 것으로 만들어 준다. 미련에서는 김계창과 술을 마시다 둘이 한 평상 위에 쓰러지니 귀밑머리가 헝클어졌다고 하였다. 둘이 술을 마시다 한 평상위에 쓰러졌다는 것을 통해 꽤 오랜시간 술을 마셨다는 것을 알 수 있고, 또 평상 위에 누워서 마주 보니 귀밑머리가 헝클어졌다고

280 洪萬宗, 『小華詩評』 上, "金佔畢佛國寺詩, '青山半邊雨, 落口上方鐘.' 則嗟其亮.."(원문에 시 제목이 〈仙槎〉로 되어있는 것을 시 내용에 맞추어 〈佛國寺〉로 수정하였음.)

한 것은 둘이 단정한 모습만 보여주지 않아도 되는 사이임을 보여주는 것이다.

이 시에서 김종직은 자신이 느끼는 흥을 직접적으로 드러내지 않고 운치있는 공간에서 이야기를 나누며 술을 마신다고 하였다. 그러나 흥을 직접 드러내지는 않았지만 김종직은 자신이 느낀 감정을 이야기가 '부드럽고[軟]' 술이 '짙다[濃]'고 하는 상황의 제시 속에 담았다. 설명의 기법으로 제시된 것은 김종직의 현재 상황을 보여주지만 그 속에서 느끼는 김종직의 감정은 시의 이면에서 느낄 수 있는 것이다. 이 구절에서는 김종직이 단순히 자신의 상황을 말하고자 한 것이 아니라 자신이 불국사에서 이야기를 나누고 술을 마시면서 느낀 감정까지를 함께 말하고자 한 것이므로 표현의 기법으로 읽히게 되는 것이다. 또 미련에서는 술 취해 누워서 머리가 다 망가져도 신경 쓰지 않는 모습을 제시하였는데, 이런 상황의 제시 역시 김종직이 느끼는 마음의 여유를 보여주는 표현의 기법으로 읽히게 된다. 따라서 이 시에 사용된 설명의 기법은 결과적으로 표현의 기법이 되어 이 시를 당풍으로 만든다.

2. 송풍宋風의 시

1) 설명의 기법으로 구현된 송풍의 시

설명의 기법은 기본적으로 자신의 감정이나 상태를 시어를 통해 직접적으로 노출하는 것을 말하는데, 시어를 통해 제시하는 경우도 있고, 서술을 통해 제시하는 경우도 있다. 섭섭葉燮은 송시가 매요신·소순흠에게서 시작되었다고 하면서 송시의 특징에 대해 "반드시

문사는 말로 다 드러내고 말은 뜻을 다 나타내는데, 서술로 밝혀내고 곡절하게 겹겹이 쌓아 알리니 할 말이 다하여 없어진 뒤에 그친다."[281]고 설명하였다. 시의 문사는 말로 다 드러내고 말은 뜻을 다 나타내는 것이고, 서술을 통해 자신의 뜻을 밝히고 곡절하게 전달하여 할 말이 없어진 뒤에야 그친다고 한 것은 이 책에서 시의 문면에서 작가의 감정과 상황을 직접적으로 노출한다고 한 설명의 기법과 맥을 같이 하는 것이다. 서술의 기법을 중심으로 한 시가 송풍이 되는 경우는 시어를 통해 내용을 직접 제시하는 경우와, 논리에 따라 상황을 직접 제시하는 경우로 나누어 볼 수 있다.

다음에서 살펴볼 시들은 자신이 말하고자 하는 것을 시어를 통해 밝히고 그 내용 역시 서술을 통해 나타낸 시들로 시 전반에 설명의 기법이 사용된 시이다. 이 시들은 표면적으로 또 이면적으로 시의 창작을 위해 설명의 기법을 사용하였기 때문에 송풍으로 규정된다.

여관에서 다른 풍경에 놀라니	**旅舘偏驚變物華**
버드나무 바람 불어와 푸른 빛 비껴있지만	**風吹柳幕翠欹斜**
산성은 땅이 외져 추위 남아있으니	**山城地僻餘寒在**
오월 되어서야 작약꽃을 보겠구나	**五月初看芍藥花**[282]

이 시는 이승소의 〈의주에서 머물며 사신을 기다리다 박판서의 시에 차운하다留義州, 待使臣, 次朴判書韻〉로, 1457년에 명나라의 사신 진감陳鑑이 올 때 이승소가 선위사宣慰使가 되어 함께 의주로 가서 사신

281 葉燮, 『原詩』 卷4, "開宋詩一代面目者, 始於梅堯臣・蘇舜卿二人. …… 自梅・蘇盡變昆體, 獨創生新, 必辭盡于言, 言盡十意, 發揮鋪寫, 曲折層累以赴之, 竭盡乃止."

282 李承召, 〈留義州, 待使臣, 次朴判書韻〉, 『三灘集』 卷2.

을 기다리며 박원형이 지은 시에 차운한 것이다. 이 시는 서울과 다른 의주의 풍경의 지시로 이루어져 있다. 기구에서 '놀란다[驚]'고 자신이 느낀 바를 직접 언급하고 이어 승구와 결구에는 그 '놀람[驚]'에 해당하는 내용을 직접적으로 제시하였다.

이 시는 변방에서 보이는 풍경과 느껴지는 계절감을 별다른 수식 없이 담담하게 읊었는데, 기구에서 이승소는 여관에 묵으면서 서울과는 다른 풍경에 놀란다고 직접적으로 자신의 감정을 언급하였다. 승구에서 결구까지는 자신이 본 다른 풍경과 계절감을 시의 표면에 담았다. 즉 기구에서 자신이 객지에서 느낀 감상을 직접 언급하고 이어 승구에서 결구까지를 통해 그 감정이 생기게 된 이유, 보고 느낀 풍경과 계절감을 사실적으로 제시하였다.

승구에서 결구까지 이승소는 봄바람이 불어와서 버드나무에 푸른 빛이 들었지만 의주의 산성은 땅이 외져 추위가 남아있다고 하였다. 버들의 푸른 빛을 통해 그런대로 봄이 왔음을 확인할 수 있을 뿐, 아직 몸으로는 겨울 같이 느껴지는 것이다. 보통 버드나무에 버들개지가 피어 버드나무가 푸른빛을 띠는 것은 양력 4월 즈음의 일이고, 작약꽃은 5~6월 정도에 핀다. 이 시를 지은 시기가 언제인지는 정확히 알기 어려우나 이제 막 버드나무에 푸른빛이 들기 시작했기 때문에 작약꽃은 5월이 되어서야 보겠다고 한 것이다. 여기서 이승소가 말하는 5월은 음력 5월이기 때문에 6~7월 정도 되는 시기이다. 의주가 북쪽 변방에 있어서 날이 춥기 때문에 꽃도 한 달은 늦게 필 것 같다고 한 것이다.

이 시는 이승소가 인식한 순서에 따라 내용이 구성되어 있다. 기구에서는 의주의 낯선 풍경에 놀라는데 그 이유가 승구에서 결구까지에 담겨있다. 승구에서 푸른 빛이 도는 버드나무를 보고 봄이 왔다고 생각하다가 전구에서 봄이 왔음에도 아직 추운 계절감을 느끼고 결구에서는 작약꽃이 늦게 필 것이라고 하였다. 이 시 안에서는 각 구절 간의 시간적, 혹은 공간적 거리감을 찾아보기 힘들다. 짧은 시간에 자신이 인식한 것을 집약적으로 순서에 따라 보여주고 있기 때문에, 각 구절의 전후 사정과 인과관계가 분명히 드러난다. 이것을 분명하게 드러내기 위해서는 설명의 기법을 사용하는 것이 효과적이다. 또 처음부터 끝까지 자신이 서술의 주체가 된다. 기구에서 놀라는 것과 승구에서 버들을 보는 것, 전구에서 추위를 느끼고 결구에서 꽃이 필 때를 예측하는 것도 이승소 자신이다. 자신이 주체가 되어 자신의 감정을 시 속에 그대로 드러나기 때문에 자신이 인식한 것에 따라 시가 지어지게 되는 것이고, 시의 구성을 위한 기법 역시 설명의 기법을 중심으로 하였으므로 이 시는 송풍으로 읽히게 된다.

우환은 오직 나와 관계된 일이니	憂患祗應關己事
마음을 오히려 누구에게 달래겠는가	心懷尙欲爲誰寬
귀밑머리에는 쓸쓸하게 가을 기운이 들고	鬢毛颯颯生秋氣
비바람은 처량하게 저물녘의 한기를 만드니	風雨凄凄作曉寒
모든 일 흠뻑 취하는 것 사양할 수 있겠냐만	萬事可能辭爛醉
십년 동안 미관 맡았던 것 끝내 후회하다	十年端悔做微官
문득 호산의 꿈 깨고 보니	蘧然罷却湖山夢
여전히 먼지만 갓 위에 가득하네	依舊塵埃自滿冠[283]

283 朴閭, 〈僕一二年來, 頭有白毛始生之髮, 屢見素莖, 室婦嘗鑷以視我, 付之戲笑, 蓋偶然耳, 自經憂患, 種種見之, 眼昏復甚於曩日, 嗟乎, 在世者能幾何久, 而士華且箴以節飮乎, 風雨襲人, 獨坐長歎之餘, 情發爲詩, 吟罷有感於殘生, 故書以示君, 君其謂何, 五月廿有八日, 閭再拜擇之先生〉, 『挹翠軒遺稿』 卷3.

이 시는 박은朴誾(1479~1504)이 1, 2년 사이에 흰머리가 생기고 난 뒤로 흰머리가 자주 보이자 아내가 그것을 뽑아서 자신에게 보여주었는데 그냥 웃음거리로 넘기고 우연이라고 여겼다. 그런데 우환을 겪은 뒤로 종종 흰머리가 보이고 눈이 흐릿한 것도 이전보다 심해지니 세상에서 살 날이 많이 남지 않았다고 생각이 들었는데 남곤은 여기에 더해 술을 줄이라고 말한 것이다. 비바람이 치는데 홀로 앉아 탄식하니 감정이 일어 시가 되었는데, 시를 읊고 나니 얼마 남지 않은 생에 감정이 북받쳐 이것을 이행에게 써서 보여준다고 하였다. 이 내용은 이 시의 제목인데 박은 시의 특징으로 꼽히는 것 가운데 하나가 제목의 장형화이다. 시제의 장형화는 시에서 느껴지는 설명의 성격을 강화하는 역할을 하기도 한다. 시를 읽으면서 논리적으로 허술한 부분을 시의 제목을 통해서 메꿀 수 있기 때문이다. 시를 읽으면서 시의 제목을 통해 시의 전후 상황을 이해하고 어떠한 배경에서 시를 지었는지 파악할 수 있기 때문에 시의 제목을 통해 시에서 빠진 고리를 채우려고 하는 것은 자연스러운 맥락에서 이해할 수 있을 것이다.

이 시에서 박은은 자신이 느끼는 감정을 설명의 기법으로 직접 시 속에 담아내고 있다. 수련에서 박은은 자신에게 닥친 우환을 언급하고 있는데, 그 우환으로 인한 자신의 현재 처지를 함련에서부터 미련까지 담담하게 풀어내고 있다는 점에서 이 시를 송풍의 시로 파악할 수 있다.

제목에서 박은은 우환이 생긴 뒤로 흰머리가 눈에 더 자주 띄고 눈도 흐릿해져 생이 얼마 남지 않았다는 생각이 들었다고 하였는데, 이 시의 1구에서도 박은은 우환이 자신과 관련된 일이라고 하였다. 여기서 박은이 말한 우환은 1501년에 유자광柳子光, 성준成俊, 이극균李克均 등을 논박한 일로 옥에 갇히고 파직된 것이라고 유추된다. 박은은 자신이 파직된 일은 자신에게서 비롯된 일이니 남에게서 마음을 달랠 일이 아니고 자기 스스로 마음을 다잡아야 할 일임을 말하였다.

함련에서 미련까지는 박은이 말한 '우환'으로 인한 자신의 처지와 그 감정을 구체적으로 설명하고 있는 부분이다. 박은은 제목에서 우환을 겪은 뒤 흰머리가 눈에 더 자주 든다고 하였고, 비바람이 치는 속에 홀로 앉아 시를 짓는다고 하였는데 이 내용이 함련에 담겨있다. 함련에서 귀밑머리에 '쓸쓸하게[颯颯]' 가을 기운이 들었다고 한 것이나, 비바람은 '처량하게[淒淒]' 저물녘의 한기를 만든다고 하였는데, 이는 자신의 심경이 그대로 드러나는 시어를 통해 자신의 처지를 분명하게 보여주는 것이다. 함련의 이러한 상황은 수련의 우환 때문에 비롯된 것이다. 경련에서는 모든 일에 흠뻑 취하는 것은 사양할 수 없는 일이지만 십 년 동안 조정에 나아가 일을 했던 일을 후회한다고 하였다. 자신이 맡은 일은 충실하게 수행을 하는 것이 맞지만 지난 십 년 간 조정에서 일을 했던 것이 다 부질없이 느껴진다는 것이다. 박은이 문과에 합격하여 조정에서 일을 하기 시작한 것은 1496년의 일이고, 파직된 것은 1501년의 일이기 때문에 박은이 일을 한 기간은 10년이 채 되지 않는다. 그 짧은 기간 나라를 위해 일한 것에 큰 회의를 느끼고 있는 것이다. 이 역시 박은이 파직되었기 때문에 느끼게 되는 감정이다. 미련에서는 경련에서의 후회를 안고 자연에서 노니는 꿈을 꾸지만 현실은 꿈과 달라서 세상의 먼지만 갓 위에 가득하다고 하였다. 자연을 꿈꾸었지만 꿈과 동떨어진 현실에 더욱 좌절하게 된 것이다.

이 시에서 박은은 자신의 처지를 직접적으로 보여주는 시어를 많이 사용하고 있다. 수련에서는 자신이 '우환'을 겪었다고 직접적으로 말하였다. 함련에서는 '쓸쓸하게[颯颯]', '처량하게[凄凄]'라고 하였으며, 경련에서는 '후회[端悔]'라는 시어를 사용하여 우환으로 인한 자신의 감정을 그대로 나타내었다. 이렇게 직접적으로 자신의 처지를 보여주는 시어는 제목에서 보여준 자신의 처지와 그 속에서 느끼는 감정을 더욱 즉각적으로 와닿게 한다.

다음으로 설명의 기법을 사용하는 경우 시의 각 구절과 연을 순차적으로 구성한다. 앞 구절과 뒤 구절, 앞 연과 뒷 연을 순차적으로 구성하여 시를 논리적으로 이해할 수 있게 만든다. 여기서 순차적인 구성이라는 것은 시간의 순서 혹은 인과의 순서를 말하는 것이다. 이러한 구성을 통해 시를 감각적으로 느끼기보다 시 속의 상황을 이해하게 된다. 선행 연구에서 송풍의 특징으로 언급하는 이지적 · 논리적이라는 언급의 내용은 이러한 구성을 통해 이루어지는 것이다. 이러한 경우에는 시의 작가 자신이 주체가 되어 상황을 서술하는 경우가 많은데, 주체가 작가 자신이 되는 경우 사고하고 행위하는 내용을 시 속에 직접 분명하게 드러낼 수 있기 때문에 사고와 행위의 인과관계가 뚜렷하게 나타나는 경우가 많다.

원래 한 편의 시는 그 안에서 나름의 논리를 가지고 있다. 하지만 설명의 기법으로 시가 구현된 경우 시의 순차적인 구성이 더욱 강조된다. 시에 표현의 기법이 주가 되는 경우에는 시의 순차적인 구성보다는 시를 감각적으로 묘사하여 특정한 부분을 강조하거나 시의 이면에서 그 논리를 파악해야 하기 때문에 설명의 기법에서 시의 문면에 드러난 내용만으로 논리를 파악할 수 있는 경우와는 다르다.

소나무 참나무 가득한 산으로 둘러싸인 띠풀집에서	四山松櫟一茅廬
따뜻한 담장에 기대앉으니 졸음은 넘치고	坐負墻暄睡味餘

옷 솔기에선 왕맹이 잡던 이를 잡고 衣縫每捫王猛蝨
낚싯대로는 강태공이 잡던 고기를 낚지만 漁竿空釣呂望魚
높은 벼슬 이미 무심해졌으니 軒裳已是無心得
금과 옥을 어찌 마음에 담아두겠나 金玉何須滿意儲
토란 밤 절로 생계 위한 대책에 넉넉하니 芋栗自堪謀送日
반찬으로 게장이 꼭 필요한 건 아니지 盤飡不必蟹爲胥[284]

이 시는 유방선의 〈즉흥으로 짓다卽事〉이다. 같은 제목의 5언율시 〈즉흥으로 짓다卽事〉와 함께 유방선의 대표작으로 꼽히는 시이다. 유방선의 문집은 시가 형식별로 편차되어 이 시를 언제 지은 것인지 확인하기 어렵다. 유방선의 생애를 보면 20세 이전까지는 아버지가 2차 왕자의 난에서 공신으로 책록되기도 하고, 본인은 권근이나 변계량 등 당대 뛰어난 문사들에게 나아가 수학하는 등 여유로운 삶을 살았다. 그러나 그가 22세가 되던 해에 그의 아버지가 민무구의 옥사에 연루되어 가족이 다 같이 유배를 가게 되었고, 이후 19년이 지난 뒤에야 사면되어 고향으로 돌아갈 수 있었다. 젊은 시절 세상에 나아가지 못하고 유배객으로 전전하는 삶을 살아야 했던 유방선의 삶을 생각하고 이 시를 보면 시를 보다 깊이 있게 이해할 수 있다.

이 시를 보면 은거하는 공간에서 세상에 대한 미련 없이 소박하게 살고자 하는 유방선의 삶의 태도를 확인할 수 있다. 이 시는 처음부터 끝까지 유방선 자신이 주체가 되어 자신의 생활을 보여주는데, 전체가 순차적으로 구성되어 있어 설명의 기법이 사용되었다는 것을 확인할 수 있다.

수련은 유방선이 지내는 한가로운 공간을 보여준다. 소나무와 참

284 柳方善, 〈卽事〉, 『泰齋集』 卷3.

나무가 주위에 가득한 산속의 띠풀집은 속세와 차단된 공간임을 의미한다. 이런 곳에 집을 짓고 산다는 것에서 유방선이 이미 세상에 대한 미련이 없음을 의미한다. 산속에서 은거하고 있기 때문에 급하고 바쁜 일 없이 담장에 기대에 졸면서 시간을 보낼 수 있는 것이다.

함련에서는 자신의 능력에 대한 자부심을 읽을 수 있다. 한가롭게 살고 있지만 능력이 없어서 세상에 나아가지 못하는 것이 아니라 능력이 있음에도 은거하고 있는 것임을 말하는 것이다. 왕맹은 오호십육국 시기 전진前秦의 승상을 지냈던 사람이다. 3구는 왕맹이 어렸을 때 동진東晉의 장군인 환온을 만나는 자리가 있었는데 갈옷을 입고 천하의 일을 논하면서 옷의 이를 잡았다는 데서 나온 이야기이다. 젊은 사람이 한 나라의 장군을 만나 거리낌 없이 이를 잡으면서 여유롭게 세상일을 논한다는 것은 그만큼 세상일의 여러 가지 제약에서 벗어난 호기를 지니고 있었음을 의미한다. 강태공이 고기를 낚던 일은 강태공이 위수가에서 때를 기다리면서 낚시질을 하다가 문왕을 만나 태사가 되고, 이후 무왕을 도와 주나라를 세웠던 일을 말한다. 왕맹이 잡던 이를 잡고 강태공이 낚던 고기를 낚는다고 한 것은 자신이 그만큼 세상일에 커다란 포부와 식견을 지니고 있었음과 함께 자부심도 가지고 있다는 것을 의미한다. 세상에 나가기만 한다면 왕맹이나 강태공같이 큰일을 할 수 있지만 유방선은 높은 벼슬을 얻어 재물을 모을 생각은 없다고 한다.

경련에서 고관대작의 수레를 타고 귀한 옷을 입을 마음이 없다고 하여 벼슬을 얻고자 하는 마음이 없음을 밝히고 벼슬을 할 생각이 없으니 금과 옥 같은 귀한 보물 역시 쌓을 마음이 없다고 하였다. 속세의 명예와 재물에는 전혀 미련이 없음을 보여주는 것이다. 허균은 이 구절을 두고 "간략하고 중후하다."[285]라고 하였다. 이는 군더더기 없는 서술을 통해 세상에 대한 미련이 없음을 분명하게 보여주고 있기 때문에 간략하면서도 중후하다고 한 것이다. 그가 이렇게 단호하게 말하면서도 떳떳할 수 있는 것은 자신이 능력이 부족해 못나가는 것이 아니라 능력을 가지고도 세상에 나가지 않았기 때문이다.

미련에서는 호화로운 수레나 옷, 귀한 보물이 없어도, 심지어는 게장 같은 맛있는 음식이 없어도 산에서 나는 토란과 밤만 있어도 삶을 살아가는 데 전혀 문제가 되지 않는다고 하였다. 세상에 대한 미련은 전혀 남기지 않고 오히려 소박하게 은거하는 삶을 택한 것이다.

이 시는 즉사시로 지어졌음에도 시상이 논리적인 구조 속에서 이어지고 있다. 일반적으로 즉사시는 즉흥시의 하나로 이해되는데 즉흥시라는 명칭에서 볼 수 있듯 한 자리에서 느낀 즉흥적인 감정을 시로 옮긴 것이기에 현장성이 두드러진다. 또 순간적으로 떠오르는 것을 시로 옮기기 때문에 대상에 대한 작가의 감정이 여실히 드러난다. 하지만 이 생각이나 감정은 터무니없는 것이 아니라 마음속에 담아두었던 것들이 발현되는 것이기에 대상에 대한 작가의 진솔한 태도를 엿볼 수 있다.[286]

이 시 역시 즉사시로 지어진 즉흥시이기 때문에 순간적으로 떠오르는 생각들을 시로 옮긴 것이라고 볼 수 있다. 그러나 시 속에 담겨 있는 생각들은 유방선이 평소 마음속에 담아두었던 것이었으므로 순간적으로 떠오르는 내용들을 수련에서 미련까지 순차적으로 구성하여 논리적으로 이해할 수 있게 한 것이다. 또 처음부터 이 시의 화자

---

285 許筠, 〈卽事〉, 『國朝詩刪』 卷5, "簡重"

286 유진희, 「思菴 朴淳의 卽興詩 硏究」, 『민족문화연구』 82, 고려대학교 민족문화연구원, 2019, 215~217쪽.

를 자신으로 두고 시를 지었다. 함련에서 고사를 인용하면서도 그 행위의 주체를 자신으로 두어 시상이 끊어지지 않도록 하였다.

어쩔 수 없이 처자식위해	强爲妻孥計
고향 봄 허무하게 던져버렸는데	虛抛故國春
내일 아침엔 불도 금해야 하니	明朝將禁火
멀리 가는 나그네 수건 적시겠지	遠客欲沾巾
꽃구경은 볼 때마다 늦어버렸고	花事看看晩
농사일은 가는 곳마다 새로운데	農功處處新
호해의 눈 가지고	羞將湖海眼
도리어 거리의 티끌에 흐려지니 부끄럽구나	還眯市街塵[287]

이 시는 김종직의 〈2월 30일 서울에 들어가며二月三十日, 將入京〉로 김종직이 일을 맡아 서울로 들어가면서 한식 전날 지은 시이다. 김종직이 이 시를 지은 것은 문집에 있는 시의 편차 순서를 보아 1465년으로 보인다. 김종직은 이해 2월 영남병마평사가 되었다.김종직의 고향이 밀양이기 때문에 영남지역을 돌며 자신의 고향에 들를 수 있었을 것이다. 하지만 일 때문에 서울에 가게 되었다. 한식날 고향에 가지 못한 자신의 상황을 설명의 기법을 통해 시 속에 담아냈다.

수련과 함련에는 김종직이 이 시를 짓게 된 배경과 김종직의 감정이 제시되어 있다. 수련에서 김종직은 처자식을 위해 고향에서 봄을 보내지 못하고 떠나게 되었다고 하였다. 처자식을 위한다는 것은 집안의 생계를 위해 서울에 들어가야 해서 고향에서 가족들과 함께 봄을 보내지 못한다는 것이다. 가족의 생계라는 현실적인 이유로 고향

287 金宗直, 〈二月三十日, 將入京〉, 『佔畢齋集』 卷1.

을 떠나야 해서 가족들과 봄을 같이 보내지 못하는 것이 더욱 아쉽게 느껴졌을 것이다.

이런 상황 때문에 느끼는 감정은 함련에 제시되어 있다. 내일 아침에는 불을 금해야 한다는 구절은 내일이 한식임을 알려준다. 한식에는 가족들과 떨어져 살던 사람들도 고향에 돌아가 가족들과 함께 성묘를 하고 시간을 보낸다. 그런데 김종직은 오히려 한식 전날 서울에 들어가게 된 것이다. 그래서 나그네 신세가 된 김종직은 눈물로 수건을 적시게 될 것이라고 하였다.

경련에서 김종직은 영남에서 서울까지 올라오면서 본 풍경을 곱씹었다. 봄이라 한창 꽃이 필 때인데 김종직은 서울로 향해 올라가는 상황이었다. 한 지역에 머물러 있다면 꽃이 피고 지는 것을 다 볼 수 있었을 테지만 김종직은 개화의 북향과 함께 계속 북쪽으로 올라가는 상황이므로 꽃 피는 때를 계속 놓쳐 꽃 피는 것을 보지 못하게 된 것이다. 그래서 꽃 구경은 볼 때마다 늦어버렸다고 한 것이다. 농사일은 때마다 하는 일이 다 다른데 매일 이동을 하다 보니 매일 새로운 일을 하는 풍경을 보게 된 것이다. 이와 같은 서술은 자신이 중심이 되어 직접 접한 풍경을 제시하고 이를 통해 자신의 감정을 표출하는 설명의 기법이 사용되고 있음을 보여준다. 시에 경물을 그리듯이 묘사하는 것이 아니라 자신이 주체가 되어 '늦어버렸다[晩]'거나 '새롭다[新]'고 서술하여 자신의 상황을 전달하고 있는데 이 역시 설명의 기법을 사용한 것이다.

미련에서는 자신의 심경을 직접 보여준다. 7구에서 김종직은 자신의 눈을 호해의 눈이라고 하였다. 호해의 눈은 산수에 살아가는 맑은 눈을 말한다. 8구에서는 이 호해의 눈이 거리의 티끌에 흐려지니 부끄럽나고 하였다. 고향의 자연을 담던 깨끗하던 눈이 서울 거리를 다니면서 탁해진 것을 부끄러워한다고 한 것이다. 여기서도 고향에서 순수한 것을 보던 자신의 눈이 거리의 티끌에 흐려져 부끄럽다고 하여 수련에서 경련까지의 상황에서 자신이 느꼈던 감정을 노출시켰다.

이 시에서는 한식을 앞두고 가족의 생계를 이유로 가족과 헤어져 서울로 가야 하는 현실적인 상황에 대한 안타까움을 담았다. 자신이 처한 현실을 상황의 설명을 통해 직접적으로 보여준다. 한식을 앞두고 가족과 헤어져야 하는 것이 직접적이고 현실적인 근심이기 때문에 자신의 현재 상황을 담담하게 제시하는 것만으로도 그 안타까움이 잘 전달될 수 있다. 이러한 이유에서 김종직은 이 시에서 송풍의 작시 기법인 설명의 기법을 중심으로 시를 창작한 것으로 보인다. 또 상황의 객관적인 제시만으로 김종직이 느끼는 안타까움을 보여주고 있기 때문에 허균이 이 시를 두고 "무게가 있으면서 맵시가 난다."[288]라고 한 것으로 보인다.

찬 비는 국화에 어울리지 않게 내리고	寒雨不宜菊
작은 술통은 사람을 가까이할 줄 아는데	小尊知近人
문을 닫고 있자니 단풍잎이 져서	閉門紅葉落
시구절을 얻고 보니 흰머리가 새롭네	得句白頭新
정든 벗 기쁘게 떠올려볼수록	歡憶情親友
적막한 때에 근심 더해지는데	愁添寂寞晨
언제나 반가운 얼굴 마주하고	何當青眼對
한바탕 웃으며 따뜻한 봄을 맞을까	一笑見陽春[289]

288 許筠, 〈入京〉, 『國朝詩刪』 卷4, "斤重姿媚."
289 朴誾, 〈雨中有懷擇之〉, 『挹翠軒遺稿』 卷3.

이 시는 박은의 〈빗 속에 택지를 그리워하며雨中有懷擇之〉로 빗속에 용재容齋 이행李荇을 생각하며 지은 시이다. 이 시는 벗을 떠올리고 그리워하는 상황을 제시하고 있는데, 상실감과 그리움이 강조된다. 이 시에서는 박은 자신이 화자가 되어 자신이 보는 풍경과 주변 상황, 생각하는 바를 설명하고 있으며, 각 구절은 긴밀하게 연결되어 있다.

수련은 박은이 처한 상황을 보여주고 있다. 먼저 1구에서는 찬 비가 국화에 내린다고 하였는데 국화가 피었다는 것은 이 시를 지은 계절이 가을임을 알 수 있게 하고, 찬 비는 가을의 쓸쓸한 분위기를 느껴지게 한다. 찬 비는 국화에 어울리지 않는 것이기도 하지만 사람이 다니기 불편하게 하는 요소로 이행과 자신을 차단하는 역할을 하고 있다. 2구에서는 작은 술통이 사람을 가까이할 줄 안다고 하였다. 비가 내려 이행이 오지 못할 것을 알면서도 이행이 온다면 함께 즐기고자 술을 준비해 둔 것이다. 허균은 『국조시산』에서 이 시의 수련을 두고 크고 빼어나다[290]고 하였는데, 이는 2구에서 자신이 술통을 가까이한다고 하는 것이 아니라 작은 술통이 사람을 가까이할 줄 안다고 하여 주객을 바꾸어 표현한 기발함에 대해 이렇게 평한 것으로 보인다. 자신을 주체로 두지 않고 술통을 주체로 두어 인식의 폭을 확장하고 있기 때문이다.

함련에서도 수련에서의 상황이 그대로 재현된다. 3구에서는 문을 닫고 있자니 단풍잎이 진다고 하였다. 찾아오는 사람이 없어서 문을 닫고 있는데 단풍까지 진다고 한 것이다. 여기서도 1구에서처럼 가을에 느끼는 쓸쓸함을 보여준다. 1구에서 국화를 통해 가을임을 알 수 있게 했다면 여기서는 단풍이라는 시어를 통해 가을임을 알 수 있게

290 許筠, 〈雨中懷擇之〉, 『國朝詩刪』 卷4, "雄拔."

하였다. 또 1구에서 '찬 비'가 가을의 쓸쓸한 분위기를 보여주고 사람의 통행을 저지하는 요소로 사용되었다면 3구에서는 문을 닫는 행위를 통해 이행과의 심적 거리감을 더욱 멀어지게 하여 쓸쓸함을 강조하고 있다. 찬 비에 어울리지 않는 국화가 피고 단풍잎이 지는 모습은 가을이 깊었음을 보여주어 박은이 느끼는 외로운 감정을 더욱 고조시킨다. 4구에서는 시구절을 얻고 보니 흰머리가 새롭다고 하였는데, 이는 2구에서 술통이 사람을 가까이할 줄 안다고 한 것과 맥락을 같이 한다. 2구의 술과 4구의 시는 모두 이행과 즐기고 싶은 것이면서 오지 못하는 사람에 대한 기대감과 미련을 보여주는 것이다. 가을에 느끼는 외로움을 달래기 위해 술과 시를 준비해 두었지만 함께할 사람이 없어 이행의 빈자리가 더욱 크게 느껴진다는 것을 풍경과 주변 상황의 설명을 통해 보여준 것이다.

경련에서는 박은이 이행을 그리워하는 마음이 보다 적극적으로 나타나는데, 이는 수련과 함련에 나온 내용의 결과이다. 수련과 함련에서 박은은 비가 와서 이행을 만나기 힘든 때라는 것을 알고 문까지 닫아 놓았으면서 혹시나 하는 마음에 함께 즐길 수 있는 술과 시를 갖추어 두었다. 하지만 끝내 술과 시를 함께 즐길 사람은 오지 않고 가을의 적막함만 더해지기 때문에 근심스럽다고 한 것이다. 5구에서는 '정든 벗[情親友]'이라고 하여 이행을 직접 지칭하였고, '기쁘게 떠올린다[歡憶]'고 하여 이행과 술과 시를 함께 즐기지 못했다는 것을 보여준다. 또 6구에서는 적막한 때에 이행을 떠올릴수록 근심이 더해진다고 하였는데, 적막하다고 한 것에서도 박은이 홀로 있는 상황이라는 것을 알 수 있다. 만나고 싶지만 만나지 못하는 상황은 근심을 더한다. 허균은 『국조시산』에서 이 구절을 두고 질박하여 맛이 있다고 평하였다.[291] '혼혼渾渾'은 질박하거나 순박한 모양을 지칭할 때 쓰이는 말인데, 여기서 박은이 벗을 그리는 마음을 꾸밈없이 드러내고 있기 때문에 허균이 이렇게 평한 것으로 보인다.

미련에서는 수련에서 경련까지의 상황이 미래에는 극복되기를 바라고 있다. 지금은 이행을 만나지 못하는 상황이지만 나중에는 반가운 얼굴로 만날 것을 기대하는 것이다. 8구에서 사용한 '양춘陽春'은 시 속의 계절적 배경인 가을과 대조되는 따뜻한 계절인 봄으로 이해할 수도 있고, 그 곡조가 매우 고상하여 부르고 화답할 수 있는 이가 매우 드물었다고 하는 초나라의 노래 〈양춘곡陽春曲〉을 말하는 것으로 이해할 수도 있다. '양춘陽春'을 따뜻한 봄이라고 본다면 지금은 비가 내리고 단풍이 쌓여 길을 가리는 계절이기에 이행이 오지 못하는 것이라고 생각하여 따뜻한 봄이 온다면 만날 수 있을 것이라는 기대를 담은 것이다. 또 〈양춘곡〉은 아무나 화답할 수 없는 곡조이기에 이 곡조는 자신의 마음을 알아주는 지음知音을 의미하기도 한다. 이는 4구에서 자신이 지은 시구절에 화답해 줄 벗을 말하는 것으로 이행을 지칭하는 것으로 볼 수도 있다. 어느 쪽으로 보든 '양춘陽春'이라는 시어는 박은이 이행과 하루 빨리 만나 시를 나누고 싶다는 마음을 보여주는 것이다.

이 시는 각 구절을 분석해 보면 각각의 구절들이 긴밀하게 연결되어 있음을 확인할 수 있다. 1구와 3구, 그리고 2구와 4구는 각각 같은 맥락에서 이해할 수 있으며, 이는 경련에서 근심이 더해지는 이유로 작용을 한다. 마지막으로 미련에서는 수련부터 경련까지의 상황이 극복될 것을 기대한다. 8구의 양춘陽春은 수련과 함련에서 강조된 가을이라는 현재의 시간과 대조되는 것이면서, 4구에서 혼자 지은 시구

291 許筠, 〈雨中懷擇之〉, 『國朝詩刪』 卷4, "渾渾有味."

절과도 대조되는 것이다. 이러한 구조는 각 구절간의 논리적 연관성이 중요하게 작용하고 있는 것이며, 이러한 논리적 연관성은 설명의 기법을 통해 해명될 수 있는 것이다.

깊은 가을 낙엽 져 잎은 문에 쌓이고　　深秋木落葉侵關
창으로는 한 쪽 산이 다 보이는데　　戶牖全輸一面山
술 있다지만 함께 할 사람 누구이며　　縱有杯尊誰共對
비바람 근심스러운 것은 추위 재촉해서지　　已愁風雨欲催寒
하늘이 분명 나에게 궁상을 주어선지　　天應於我賦窮相
국화조차도 나에게 좋은 모습 보여주지 않아도　　菊亦與人無好顔
근심을 버리는게 진실로 달사이니　　撥棄憂懷眞達士
병든 눈 부질없이 늘 눈물 흘리게 하지 말라　　莫敎病眼謾長潸[292]

이 시는 박은의 〈택지에게 다시 화답하다再和擇之〉로 이행의 시에 화답한 시이다. 이 시에는 박은이 느끼고 있는 자신의 처지와 그것에 대처하는 모습이 담겨있다. 이 시에서는 시 속의 화자를 자신으로 설정하여 시 속에서 스스로의 상황을 직접적으로 보여주기 때문에 설명의 기법이 강하게 드러난다.

이 시의 수련의 가을날의 자연을 직접적으로 보여주면서 시상을 일으키고 있다. 1구에서는 가을에 낙엽이 져 문에 쌓였다고 하였고, 2구에서 창으로는 산이 다 보인다고 하였다. 가을의 풍경이 한 눈에 다 들어오는데 이는 낙엽이 다 떨어진 쓸쓸한 분위기이기 때문에 박은이 느낄 외로움을 추정해볼 수 있다. 허균은 이 시의 1구는 '시상을 일으키는 것이 곧 기이하다'고 하였고, 2구는 '이어짐 또한 묘하다'고

292 朴誾, 〈再和擇之〉, 『挹翠軒遺稿』 卷3.

하였다.[293] 허균도 수련을 시상을 일으키는 부분으로 보고 있는 것을 알 수 있다.

함련에서는 수련에서 풍경을 보고 느낀 쓸쓸함이 한층 고조되고 있음을 확인할 수 있다. 술이 있어도 같이 마실 사람이 없고 비바람에 빨리 추위가 들어버린다고 하였다. 여기서 누가 술을 함께 마셔줄지를 근심하는데 '누가 함께'라는 것에는 이미 나와 함께라는 것이 전제되어 박은이 시에 자기 자신을 나타내고 있음을 확인할 수 있다. 수련에서 살펴보았던 가을 풍경을 통해 느껴지는 쓸쓸함을 달래고자 하였지만 자신과 함께 해줄 사람을 없고 비바람에 추위만 더 강해진다고 하여 수련에서 느낀 쓸쓸함을 더욱 고조시키게 되는 것이다.

경련에서는 수련에서 제기되고 함련에서 고조되었던 쓸쓸함이 스스로에 대한 비관으로 이어진다. 하늘이 자신에게 궁상을 주어 국화도 자신에게 좋은 모습을 보여주지 않는다고 하였다. 경련에서는 '나에게[於我/與人]'라는 시어를 사용하여 시속에 박은 스스로를 등장시킨다. 시 속에 이렇게 자신을 등장시키는 것은 박은 스스로가 어떤 상황에 처해있는지를 가장 잘 보여주는 방법이다. 쓸쓸한 가을날 아무도 자신을 찾아주지 않고, 추위가 심해지고 가을이 깊어지면서 당연히 피어야 할 국화조차도 시들해진 것이다. 여기서 박은은 국화가 시들한 이유조차 자신에게서 찾고 있다. 4구에서 비바람이 추위를 재촉했다는 것으로 보아 날씨 때문에 국화가 빨리 시들어버렸다고 생각할 수 있지만, 박은은 이것을 하늘이 자신에게 궁상을 주어서라고 하며 국화가 피지 않는 이유를 자신의 궁상 때문이라고 하였다. 이를 통해 수련에서부터 쌓아온 가을의 쓸쓸함이 비관으로까지 이어지고 있음

293 許筠, 〈和擇之〉, 『國朝詩删』 卷5, "起便奇 …… 接得亦妙."

을 확인할 수 있다. 남용익은 이 시의 경련을 〈복령사福靈寺〉의 경련과 함께 황정견과 비슷하지만 곤궁함이 심하여 심원한 경지에 이르기는 어렵다[294]고 하였다. 이는 이 구절에서 느껴지는 쓸쓸함이 '궁상窮相'같은 시어를 통해 비관으로 이어지고 있기 때문에 곤궁함이 심하다고 한 것으로 보인다.

미련에서도 비관이 계속 이어지고 있다. 근심을 버리는 것이 달사이니 부질없이 눈물 흘리지 않겠다고 말한다. 자신이 처한 상황에서 생겨나는 감정에 동요하면서 눈물을 흘리지 않겠다고 다짐한 것이다. 이것은 자신에게 닥친 문제를 적극적으로 해결하고자 하는 것이 아니라 마음먹기를 달리하겠다는 것으로 읽힌다. 상황을 극복하면 느끼지 않을 수 있는 근심을 상황을 바꾸려고 하는 것이 아니라 상황을 받아들이는 감정을 달리하겠다는 것은 행동의 적극성이 매우 떨어지는 것으로 보인다. 이는 경련에서 보았던 박은이 느낀 비관에서 비롯된 것으로 이해할 수 있다.

이 시에서 박은은 스스로를 시적 화자로 등장하여 자신의 처지를 부각시켰다. 또 각 구절의 관계를 통해 시 속에서 박은이 느끼는 쓸쓸함이 점차 고조되고, 그것이 비관으로 이어지며 태도의 변화를 초래하는 것을 통해서 각 구절 간의 논리적인 연관을 확인할 수 있다. 허균은 『국조시산』에서 이 시에 대해 "황정견을 물러서게 해야 한다."[295]라고 하였는데, 이를 통해 허균이 이 시를 수준 높은 송풍의 시로 이해하고 있었다는 것을 알 수 있다.

---

294 南龍翼, 「東詩」, 『壺谷漫筆』 卷3, "'春陰欲雨鳥相語, 老樹無情風自哀', '天應於我賦窮相, 菊亦與人無好顏'等句, 皆似黃, 然窮甚, 似難遠到."(시구는 『壺谷漫筆』을 따르지 않고 『挹翠軒遺稿』의 것으로 교감하였다.)

295 許筠, 〈和擇之〉, 『國朝詩刪』 卷5, "當使黃太史却步."

2) 설명·표현의 기법이 혼효된 송풍의 시

앞서 표현과 설명의 기법이 혼효될 때 당풍의 시가 되는 경우를 셋으로 나누어 확인하였는데, 이와 반대로 설명과 표현의 기법이 혼효될 때 송풍의 시가 되는 경우도 있다. 여기서는 설명의 기법과 표현의 기법이 모두 사용되었을 때 송풍의 시가 되는 경우를 두 가지로 나누어 살펴보도록 한다.

먼저 표현과 설명의 기법이 모두 사용되었을 때, 각 기법의 역할과 관계에서 설명의 기법으로 제시된 상황을 표현의 기법을 통해 비유하는 경우가 있다. 이 경우 설명의 기법을 통해 순차적인 구성으로 이루어진 한 편의 시에 표현의 기법이 삽입되는데, 삽입된 표현의 기법은 시의 내용을 비유하는 역할에 그치고, 시 전반은 설명의 기법이 두드러진다. 이러한 경우 표현과 설명의 기법이 모두 사용되었지만 송풍의 시가 된다.

장실과 봉산에서 그 옛날 토론하였는데	**藏室蓬山昔討論**
13년 뒤 다시 은혜를 입었지만	**十三年後更叨恩**
눈 흐려지니 금련촉이 정말 두렵고	**眼花正怯金蓮燭**
입이 막혀 백호준 견디기 어렵구나	**口梗難斟白虎樽**
서리맞은 오동나무는 흔들리며 작은 소리 내고	霜暖梧桐猶窣窣
밝은 달 아래 까치는 저절로 펄럭이네	月明鳷鵲自翻翻
고향의 소나무 국화 분명 황폐해져 사라졌을테니	**故園松菊應蕪沒**
나는 이제 꿈에서나 만족한다네	**嬭母而今足夢魂**[296]

이 시는 김종직의 〈윤 8월 19일 숙직실에서 우연히 읊다閏八月十九

296 金宗直, 〈閏八月十九日, 直廬偶吟〉, 『佔畢齋集』 卷16.

日, 直廬偶吟〉로, 숙직을 하면서 읊은 시이다. 김종직이 이 시를 지은 것은 1482년 52세 때로 모친상을 마치고 서울에서 벼슬을 할 때 지은 시이다. 이 시는 김종직이 관직을 하면서 느끼는 내적 갈등이 담겨있다. 이 시는 설명의 기법을 사용하여 자신의 현재 상황을 논리적 순서에 따라 보여주고 있어 송풍의 시가 된다.

이 시는 설명의 기법을 사용한 수련, 함련, 미련과 표현의 기법을 사용한 경련으로 나누어 살펴볼 수 있다. 수련에서는 자신이 이 시를 짓게 된 배경을 제시하였고, 함련에서는 '금련촉'과 '백호준' 같은 시어를 통해 비유적으로 표현하였지만 '두렵다', '견디기 어렵다' 등의 시어를 통해 자신의 감정을 직접적으로 노출하였다. 또 수련에서 은혜를 입었다는 내용이 나오기 때문에 '금련촉'과 '백호준'이 임금의 은혜를 의미한다는 것을 어렵지 않게 추측해볼 수 있다. 이와 달리 경련에서는 자신을 경물에 이입하여 자신이 느끼는 감정을 비유적으로 묘사하였다. 이 시의 경련은 김종직의 감정을 감각적으로 이해할 수 있게 하여 이 시에서 느껴지는 감정을 보충하는 역할을 한다. 미련은 고향에 가고 싶지만 고향이 황폐해졌을 테니 꿈에서만 만족한다는 아쉬운 마음을 밝힌 것이다.

이 시의 내용을 각 연을 통해 구체적으로 살펴보면, 수련은 김종직이 이 시를 지었을 때의 상황을 보여준다. 장실과 봉산에서 그 옛날 토론하였는데 13년 뒤 다시 은혜를 입었다는 것은 김종직이 성종이 즉위한 해인 1470년 예문관 수찬이 되었다가 13년이 지난 지금 예문관 직제학이 되었다는 사실을 제시한 것이다. 장실藏室과 봉산蓬山은 후한 때 서적을 모아두고 관리하던 곳인 동관東觀의 별칭을 노씨장실老氏藏室·도가봉래산道家蓬萊山이라고 한 것에서 따온 것인데, 여기서는 김종직이 지금 일하고 있는 예문관을 말한다.

함련에서는 예문관에서 다시 일하면서 느끼는 자신의 감정을 직접적으로 제시하였다. 예문관에서 다시 일하게 되는 은혜를 입어 두렵기도 하고 견디기 어렵기도 한 것이다. 3구의 금련촉은 천자가 사용하던 등촉을 말하는데, 대궐에 입시했던 한림학사가 밤이 되어 한림원에 돌아갈 때 황제가 금련촉을 하사했던 고사에서 나온 말이고, 4구의 백호준은 정월 초하루에 백호가 새겨진 잔을 준비해두고 신하들 가운데 직언을 할 수 있는 사람에게 그 안의 술을 마시게 하였다는 데서 나온 말이다. 임금의 은혜로 예문관에서 다시 일하게 되었지만, 자신은 13년 전과 달리 눈이 침침해져 밤까지 일하지도 못하고, 젊은 시절의 담대함도 많이 꺾여 간언을 제대로 하지 못하는 처지가 되었으니 다시 예문관에서 일하게 된 것이 영광스럽기는 하나 부담으로 다가오기도 하는 것이다.

경련은 표면적으로 볼 때 숙직하면서 밖으로 보이는 경물을 묘사한 것이지만, 이면적으로는 함련에서 말한 임금의 은혜를 감당하지 못하는 자신의 감정을 감각적으로 보여준 것이다. 서리맞은 오동나무는 흔들리며 소리를 내고, 달 아래에서 까치는 날갯짓한다고 하였다. 시를 지은 계절이 윤 8월이라고 하였는데 이 시기는 늦가을에서 초겨울 정도로 서리가 내리기 시작하는 때이다. 이 즈음의 서리는 새벽에 얼고 해가 뜨면서 녹기 때문에 이 시를 지은 때가 아직 새벽 시간이라는 것을 알 수 있다. 오동잎에서 소리가 난다고 한 것은 날씨가 추워져 오동잎에 서리가 내리고 오동잎이 새벽 서리의 무게를 감당하지 못하고 흔들린다는 것이다. 이 시를 지을 때 김종직은 방 안에 있어서 오동나무를 직접 보지 못하였다. 다만 자신의 마음이 불안정하기 때문에 새벽녘 오동잎이 서리를 견디지 못하고 소리를 낸다고 한 것이다. 달 아래 까치가 저절로 펄럭거린다는 것은 달빛과 같은 미미한 빛에도 동요한다는 것으로, 이 역시 마음이 불안정하여 작은 일에도 불안해하는 김종직의 심리를 보여주는 것이다. 경련은 임금의 은혜에 보답하지 못하는 자신을 외부의 경물을 통해 보여주고 있다. 이는 앞에서 설명한 김종직의 마음을 감각적으로 묘사하여 김종직이 제시한 상황과 감정을 더욱 깊이 이해하게 만들어 준다는 점에서 설명의 기법을 보충하는 표현의 기법이 된다.

미련에서는 앞에서 본 것처럼 관직에 있는 것이 몹시 부담스럽고 감당하기 어렵지만 그렇다고 다시 고향으로 되돌아갈 수도 없어 꿈에서만 고향을 생각한다고 하였다. 고향의 소나무와 국화가 황폐해졌을 것이라고 한 것은 자신의 고향집이 비어있어 관리되지 않고 있음을 말한 것이다. 이는 고향으로 돌아가도 자신을 반겨줄 존재가 없다는 의미이다. 김종직은 어머니가 살아계실 때 어머니의 봉양을 위해 함양 군수, 선산 부사 등 고향 가까이에서 어머니를 모실 수 있는 지방관을 자처했고, 고향 근처의 지방관으로 나가며 지은 시에서는 고향으로 가는 설렘을 드러내기도 했다. 하지만 이 시를 지은 때는 어머니의 3년상을 마친 해이다. 아버지는 진작에 여의었고 어머니도 돌아가셨으니 고향에 가도 위안을 얻지 못하는 상황인 것이다. 8구에서 김종직은 자신을 나타내는 시어로 '내모嬭母'를 사용하여 관직에 있는 자신의 모습을 또다시 조소했다. 내모嬭母는 송나라의 하승천을 말하는데, 젊은 사람 사이에 있는 나이 많은 사람을 말한다. 김종직은 여기서 스스로를 하승천에 빗대어 많은 나이로 젊은 사람들 사이에서 일하고 있는 자신의 처지를 비웃는 것이다. 또 꿈에서나 만족한다고 한 것은 고향에 가도 자신을 반겨주는 사람이 없으므로 꿈에서나 고향을 그린다는 것이다.

이 시에서 김종직은 끊임없이 불안해하는 모습을 보인다. 13년 전일했던 예문관에서 다시 일하게 되었지만 자신이 맡은 일을 잘 해낼 수 있을지 스스로에 대한 의심에 사소한 일에도 계속 위축된다. 그렇다고 지금 맡은 일을 내려놓고 고향에 가고사 해노 자신을 맞아줄 사람이 없는 현실을 안타까워하며 현실에 안주하지 못하고 꿈속에서나 안정을 찾는 자신의 모습을 돌이켜 본다. 이 시에서 김종직은 자신이 처한 상황과 그 속에서 느끼는 불안감, 그리고 그것을 타개해 나갈 수 없는 현실을 각 구절에서 차근차근 서술하고 있음을 확인할 수 있다. 허균은 이 시를 두고 "호탕하고 장중하다"[297]라고 하였으며, 홍만종은 이 시의 경련이 차고 맑다[298]고 하였다.

진리는 농리가 아니요	津吏非瀧吏
관리는 곧 고을 사람이라	官人卽邑人
세 번 상소로 임금님 사직하고	三章辭聖主
지방관 되어 어머니 위로하려니	五馬慰慈親
흰 새는 배 맞이하는 듯하고	白鳥如迎棹
푸른 산은 손님 보내는 데 익숙하며	靑山慣送賓
맑은 강은 얽매임이 없으니	澄江無點綴
이것으로 내 몸의 규율을 삼으려 하네	持以律吾身[299]

이 시는 김종직의 〈낙동진洛東津〉이다. 이 시는 1476년 7월 김종직이 어머니의 봉양을 위해 선산 부사로 부임할 때 낙동강의 나루에서 지은 시이다. 이 시는 수련, 함련, 미련에서 설명의 기법을, 경련에서 표현의 기법을 사용하고 있다. 이 시의 수련은 자신이 고향으로 내려

297 許筠, 〈直廬偶吟〉, 『國朝詩刪』 卷5, "浩蕩春容."
298 洪萬鍾, 『小華詩評』, "其寒淡如此."
299 金宗直, 〈洛東津〉, 『佔畢齋集』 卷12.

왔다는 내용을 서술하고 있으며, 함련은 왜 고향으로 내려오게 되었는지 그 이유를 밝힌 것이다. 경련은 표현의 기법을 통해 미련의 내용을 보충하는 부분이다. 마지막으로 미련은 자신이 하고자 하는 말을 시 속에 직접적으로 제시하여 시를 마무리하였다.

이 시는 전체적으로 설명의 기법이 중심이 됨을 확인할 수 있다. 수련의 첫구에서 진리는 농리가 아니라고 한 것은 한유의 시에서 가지고 온 것이다. 한유가 조주 자사潮州刺史로 좌천되어 물살이 센 창락롱昌樂瀧이란 여울을 건널 때 그곳의 농리瀧吏를 만나 자신이 가는 조주는 어떤 곳인지를 물었다는 고사가 있다. 여기서 김종직은 지방관으로 가는 것이지만 좌천된 것이 아니라 자신이 가고자 해서 가는 것이니 한유가 조주로 좌천된 것과는 다르다는 얘기를 하는 것이다. 2구에서 관리가 고을 사람이라고 한 것도 자신이 선산에 부임하게 되었다는 것을 말한다.

함련은 자신이 선산에 오게 된 이유를 직접적으로 밝힌 부분이다. 임금에게 세 번이나 상소를 올려 지방관이 되었고, 그렇게 한 이유는 어머니를 위로하기 위해서 였다고 시 속에서 분명히 밝혔다. 수련과 함련은 결과와 원인으로 구성되어 있는데, 어머니를 위로하려 상소를 올려 지방관을 맡게 되었고, 그 결과로 선산 부사로 올 수 있게 되었음을 밝힌 것이다.

이렇게 오게 되어 마주한 풍경이 바로 경련에 나온다. 경련에서 김종직은 배와 사람이 오가는 특별할 것 없는 나루의 풍경을 흰 새가 배를 맞이하는 듯하고, 푸른 산이 손님을 보내는 데 익숙하다고 묘사하였다. 이 풍경은 김종직이 낙동강의 나루에서 본 풍경이지만 이것이 미련과 이어지면서 김종직의 마음가짐을 드러내는 구절로 작용하게 되어 표현의 기법이 된다.

김종직은 이 시의 미련에서 맑은 강은 얽매임이 없으니, 이것으로 자신의 규율을 삼겠다고 말했다. 8구에 '이것'에 해당하는 것이 7구의 얽매임이 없는 맑은 강으로 한정할 수도 있겠지만, 그렇게 이해한다면 미련은 이 시에서 동떨어진 구절로 이해된다. 미련을 경련에서부터 이어 본다면 8구의 '이것'에 해당하는 것은 맑은 강만이 아니라 경련에서 배를 맞이하고 손님을 전송하며 얽매인 데 없이 흐르는 자연스러운 모습이 유지되는 흰 새나 푸른 산, 강물과 같은 자연물 전부라고 보아야 한다. 김종직은 이것을 보고 자신의 규율을 삼겠다고 하며 수신修身의 기준을 삼은 것이다. 마지막 구절에 이것으로 내 몸의 규율을 삼겠다고 한 부분은 자신의 의지를 분명하게 전달하기 위해 설명의 기법을 사용한 것이다. 자신의 마음가짐, 수신의 기준을 다짐하는 부분에서 자신의 의지를 분명하게 밝혀서 자신이 가지고 있는 뜻이 왜곡되지 않도록 한 것이다.

홍만종은 『소화시평』에서 이 시를 두고 극히 전아하다[300]고 평하였다. 홍만종이 이렇게 평한 것은 어머니의 봉양이라는 효의 실천과 자연 경물을 통한 수신의 다짐이라는 시의 내용이 시 속에 억지스럽지 않고 자연스럽게 담겨 있기 때문에 이와 같은 평을 남긴 것이다.

띠집의 가시 울타리 끝에 배를 매고 보니	維舟茅舍棘籬端
물고기와 새는 어찌 이전에 내 얼굴 알았으랴	魚鳥何曾識我顔
병 앓았으나 지팡이와 신 갖출만하니	病後猶能撰杖屨
귀양 와서 겨우 강산 즐기는구나	謫來纔得賞江山
십년 간의 세상일 괴롭게 읊는 속에 있고	十年世事孤吟裏
팔월의 가을빛은 어지러운 숲 사이에 어려	八月秋容亂樹間

300 洪萬鍾, 『小華詩評』, "詞極典雅."

잠깐 누각에 기대 임금 계신 곳 바라보는데	一霎倚闌仍北望
사공은 배 타라 재촉하며 가만히 두지 않네	篙師催載不敎閑[301]

이 시는 김종직의 『점필재집』에 수록된 〈병든 후 선산에 가려고 배를 타고 여주에 들러 청심루에 올랐으나 주인과 만나지 못하고 잠시 뒤에 배로 돌아와 급히 가정의 시에 차운하다病後, 將赴善山, 舟過驪州, 步屧登淸心樓, 不與主人遇, 徑還舟中, 忽忽次稼亭韻〉이다. 『점필재집』은 저작 연대순으로 시가 수록되어 있는데 이 시는 1476년 선산 부사로 가면서 지은 시로 보인다. 이 내용은 시의 제목에서도 확인이 가능한데, 병을 앓은 후에 배를 타고 선산 부사로 가면서 여주를 지나다 청심루에 올랐으나 주인을 만나지 못하고 배로 돌아온 상황을 알 수 있다. 앞서 〈낙동진洛東津〉에서 살펴본 것처럼 김종직이 선산 부사로 가게 된 것은 어머니의 봉양을 이유로 임금께 지방관을 청하였기 때문이다. 이 시가 지방관이 되어 임금이 있는 서울을 떠나 선산으로 가면서 지은 시로 김종직이 느끼는 갈등을 엿볼 수 있다. 이 시는 설명의 기법을 사용한 수련, 함련, 미련과 표현의 기법을 사용한 경련으로 구분할 수 있다.

이 시의 수련을 보면 첫 구에는 설명의 기법을, 둘째 구에는 표현의 기법을 사용하여 여주의 청심루에 들르게 된 상황을 보여주고, 함련은 청심루에 들르게 된 경위를 제시하였다. 경련은 자신의 상황을 표현의 기법을 통해 보여준 것인데, 경련에 대한 구체적인 설명이 미련에서 이루어지고 있다.

수련의 첫 구는 설명의 기법으로, 둘째 구는 표현의 기법으로 되어

301 金宗直, 〈病後, 將赴善山, 舟過驪州, 步屧登淸心樓, 不與主人遇, 徑還舟中, 忽忽次稼亭韻〉, 『佔畢齋集』 卷12.

있는데, 이 시를 지을 때의 상황이 담겨있다. 수련의 첫 구는 여주의 청심루에 도착한 상황을 제시한 것인데, 이 시의 제목에서 청심루에 들렀다가 배로 돌아왔다고 하였으므로 정확하게 보자면 첫 구의 상황은 청심루에 오르기 전 과거의 일이다. 배를 묶어두고 보니 물고기와 새가 어찌 이전에 자신의 얼굴을 알았겠느냐고 한 것은 물고기와 새가 자신의 얼굴을 몰랐다는 것으로 물고기와 새를 통해 자신이 처음 청심루에 방문한다는 것을 짐작하게 하기 때문에 표현의 기법이 사용된 것으로 볼 수 있다.

함련에서는 이곳에 오게 된 이유를 보여주고 있다. 병을 앓다가 지팡이와 신을 신고 나올 만하니 겨우 강산을 즐길 수 있다고 하는 것이다. 여기서 김종직은 자신의 처지를 '귀양 와서[謫來]'라고 하였다. 선산 부사로 가는 길이니 지방관으로 가는 길이고, 게다가 자청하여 가는 길이지만 자신의 처지를 이렇게 말한 것이다.

이 시의 경련은 표현의 기법이 사용되었는데 이는 미련의 내용을 표현의 기법을 통해 보여주는 것이다. 이 시의 미련은 서울을 떠나 선산으로 가는 길에 서울을 바라보다가 결국 사공의 재촉에 못 이겨 배를 탄다는 내용이다. 서울에서 일을 하며 임금의 은혜에 보답하려는 마음이 없는 것은 아니지만 결국은 고향으로 돌아간다는 것으로 김종직이 느끼는 내면의 갈등을 엿볼 수 있는 구절이다. 이러한 갈등은 경련에서도 확인할 수 있다. 경련의 첫 구에서 십 년간의 세상일을 괴롭게 읊는 속에 두었다고 하는 것은 미련의 첫 구에서 김종직이 잠깐 누대에 기대어 서울을 바라보는 것과 연관된다. 서울에 대한 미련을 보이는 듯한 모습인데 이런 모습은 경련의 첫 구와 미련의 첫 구에서 모두 볼 수 있다. 십 년간의 세상일을 괴롭게 읊는 시 속에 둔다고 하였는데, 십 년간의 세상일은 지금까지 김종직이 관직에 있으면서 겪은 것들이다. 외롭게 읊는다고 한 것은 관직에 있으면서 쓸쓸함을 느꼈다는 것을 보여주는데, 세상일을 홀로 시로 읊어 풀어 냈다는 것이다. 김종직은 29세에 문과에 합격하여 벼슬을 시작하였는데 이 시를 지은 때는 김종직이 46세로 김종직이 관직에 있은 지 10여 년이 지난 때라 이렇게 말한 것이다.

경련의 둘째 구에서는 8월의 가을빛이 숲 사이에 어려있다고 하였다. 8월의 가을빛은 경련 첫 구의 십 년 간의 세상일과 대비되는 것으로 자연을 나타내는 것이다. 가을빛이 어지러운 숲, 곧 울창한 숲 사이에 어렸다고 하였는데 김종직이 고향으로 돌아가면서 마주한 풍경이다. 이는 미련의 둘째 구의 사공이 배를 타라 재촉하는 것과 연결된다. 결국은 고향, 자연으로 돌아가게 됨을 보여주는 것이다. 따라서 경련이 지난날 자신의 처지와 현재 처한 상황을 묘사한 것이지만 이는 결국 미련으로 합쳐져서 읽히게 된다. 따라서 이 시가 설명의 기법이 두드러지는 송풍의 시로 읽히는 것이다.

자신의 처지와 상황을 표현한 이 시의 경련을 두고 남용익은 칠언율시 가운데 빼어나고 힘이 있는 부분으로 꼽았으며[302] 신흠은 "그 시원스러움에 탄복하지 않은 적이 없다."[303]라고 하였다. 자신의 처지와 상황을 표현의 기법을 통해 보여주고 있기 때문에 이러한 평을 남긴 것으로 생각된다. 또 허균은 『국조시산』에서 이 시의 미련에 "무게가 같다."[304]라고 하였다. 이는 서울을 바라보면서 임금을 생각

302 南龍翼, 「東詩」, 『壺谷漫筆』 卷3, "七言律奇健, 如 …… 佔畢之, '十年世事孤吟裏, 八月秋容亂樹間'"(시구는 『壺谷漫筆』을 따르지 않고 『佔畢齋集』의 것으로 교감하였다.)

303 申欽, 「晴窓軟談」 下, 『象村集』 卷60, "佔畢齋之詩 …… '十年世事孤吟裏, 八月秋容亂樹間.' 則未嘗不服其爽朗."

304 許筠, 〈將赴善山 舟過驪州 次淸心樓韻〉, 『國朝詩刪』 卷5, "斤兩均稱."

하는 마음과 고향으로 돌아가고자 하는 마음이 같다고 말한 것으로 보인다.

다음으로는 한 편의 시에서 표현의 기법으로 구현된 내용이 공간적 배경을 형성하거나 작가의 시상을 촉발하는 기능을 하는 경우 표현의 기법이 사용되었으나 송풍의 시가 되는 경우를 살펴보겠다. 이러한 경우 표현의 기법은 공간적 배경의 형성이나 작가의 시상을 촉발하는 역할에 그치고 설명의 기법으로 구현된 부분이 시의 중심적인 부분이 된다.

보은사 아래에서 해 저물려 해 **報恩寺下日曛黃**
닻줄 매고 스님 찾아 달빛 밟고 가니 **繫纜尋僧踏月光**
동우는 이미 새로운 법계를 이루었는데 **棟宇已成新法界**
강호는 오히려 예전의 시 생각 흔들어놓네 **江湖猶攪舊詩腸**
절에서 종 울리니 검은 용이 춤추고 上方鍾動驪龍舞
온 구멍에서 바람 부니 철 봉황이 날갯짓하네 萬竅風生鐵鳳翔
신중하신 민공도 인사차 **珍重旻公亦人事**
때마침 채소 가지고 배 갈 길 묻네 **時將菜把問舟航**[305]

이 시는 김종직이 1476년 선산 부사로 가던 중, 밤에 보은사 아래에 배를 대고 주지인 우사牛師에게 준 시이다. 보은사는 현재 신륵사라는 이름으로 더 잘 알려져 있는데, 예종 때에 절을 크고 화려하게 개창하였다. 김종직이 이 시를 지은 때는 개창한 지 채 10년이 되지 않았을 때였으므로 절은 매우 화려한 모습이었을 것이다.

이 시는 설명의 기법을 사용한 수련, 함련, 미련과 표현의 기법을

305 金宗直, 〈夜泊報恩寺下, 贈住持牛師. 寺舊名神勒, 或云甓寺, 睿宗朝, 改創, 極宏麗, 賜今額〉, 『佔畢齋集』 卷12.

사용한 경련으로 구분할 수 있다. 수련에서 김종직은 보은사를 찾아가는 상황을 제시하였고, 함련에서는 절에서 든 생각을 보여주었다. 경련은 절이 어떠한 공간인지를 묘사한 것이다. 미련은 절에서 있었던 일을 보여준다. 이 시는 설명의 기법을 사용하여 각각의 구절을 논리적으로 이해할 수 있게 하였다. 경련은 설명의 기법이 아니라 표현의 기법으로 이루어져 있지만 이 시의 논리적 구성을 이해하는 데 필요한 구절이다.

수련은 보은사 아래에 배를 대고 절을 찾아가려고 하는 상황을 제시한 것으로, 절을 찾아가게 된 이유를 보여준다. 보은사 아래를 지나가면서 마침 해가 저물자 보은사 아래에 닻줄을 매고 보은사의 스님을 만나러 가는 것이다. 달빛을 밟는다고 한 것은 감각적인 표현으로 수련 전체가 상황을 직접적으로 제시하고 있다는 점에서 달빛을 밟는다고 한 것은 일반적으로 표현의 기법에 해당하지만, 이 시에서는 설명의 기법으로 읽힌다.

함련에서는 절에 이르러 든 생각을 직접적으로 서술하였다. 건물은 새로운 법계를 이루었다고 하였는데 이는 예종 때에 보은사가 절을 개창했던 사실을 말한다. 건물은 새로운 법계를 이루었지만 보은사를 둘러 싼 자연은 예전 시 생각을 흔들었던 그 때의 자연과 같다고 하였다. 김종직이 이전에 보은사에서 시를 지은 적이 있었기 때문에 그 생각을 떠올린 것이다. 함련은 보은사에서 자신이 가진 생각을 직접적으로 보여준 것이다.

경련은 상상을 조합하여 자연과 조화된 절의 풍경을 묘사한 것이다. 경련의 첫 구는 절의 종소리라는 청각적 이미지와 춤추는 용이라는 시각적 이미지를 동시에 사용하여 현실과 상상을 조합하여 종소리의 무게감을 표현하였다. 여룡驪龍의 려驪는 검은 용의 색을 말하는 것이지만 보은사가 위치한 여강驪江을 말하는 것이기도 하다. 경련의 둘째 구는 신령한 바람이 불어오는 절 주변의 풍경을 묘사하여 땅의 구멍에서 바람이 불어오니 봉황이 날갯짓한다고 하였다. 철봉鐵鳳의 봉鳳은 봉황을 말하는 것이기도 하지만 보은사가 있는 봉미산鳳尾山을 말하는 것이기도 하다. 보은사가 위치한 여강과 봉미산의 이름을 이용해 보은사의 신비한 분위기를 조성한 것이다. 보은사가 이러한 풍경이기 때문에 함련에서 새로운 법계를 이루었다고 한 것이고, 예전의 시 생각이 다시 떠오른다고 한 것이다. 허균은 이 시의 경련을 두고 "크고 낭랑하며 엄중하니 참으로 우주를 버틸만한 구절이다."[306] 라고 하였고, 홍만종 역시 이 평에 영향을 받아 경련을 "엄중하며 크고 낭랑하여 균천광악이 하늘을 울리는 것 같다."[307]라고 하였다. 절의 신비스러움을 묘사하기 위해 용과 봉황을 동원하였고 이를 통해 종소리의 무게감과 불어오는 바람의 신령함을 표현하였기 때문에 뛰어난 구절이라고 평가한 것이다.

미련은 보은사에서 보은사의 주지인 우사와 있었던 일을 설명한 것이다. 절의 주지가 채소를 가지고 찾아와 배가 갈 길을 묻는다고 하였다. 두보와 황정견의 시에서 모두 민공이라는 스님이 나오는데, 김종직도 역시 이 시에서 보은사의 주지 스님을 지칭하기 위해 민공이라는 시어를 사용한 것이다. 스님도 인사차 채소를 가지고 자신을 찾아와 어디를 가려고 하는지 묻는다고 하였다. 이는 경련에서 묘사한 것처럼 신령한 절의 주지가 자신에게 인사차 채소를 가지고 찾아

306 許筠, 「惺叟詩話」, 『惺所覆瓿藁』 卷25, "洪亮嚴重, 此眞撑柱宇宙句也."

307 洪萬宗, 『小華詩評』, "金佔畢神勒寺詩, '上方鍾動驪龍舞, 萬竅風牛鐵鳳翔.' 嚴重洪亮, 匀天廣樂, 轟暢寥廓."

왔다는 것을 보여주고, 이에 대하여 자신도 이 시를 보은사의 주지에게 지어주면서 예를 표한다는 것이다.

이 시를 보면 수련과 함련 그리고 미련에서는 자신의 상황과 생각을 말하였으며, 경련에서는 시를 짓고 있는 공간적 배경인 보은사를 표현의 기법을 사용하여 묘사하였음을 알 수 있다. 그런데 경련에서 사용된 표현의 기법이 뛰어나지만 시의 전체적인 구조에서 보았을 때 이 표현의 기법은 시의 공간적 배경을 묘사하는 것에 그치고, 시의 전반적인 내용은 수련과 함련, 미련에 사용된 설명의 기법을 통해서 이해된다. 따라서 이 시는 송풍의 시로 읽힌다.

연주산 위의 달 쟁반 같으며	連珠山上月如盤
풀 나무엔 바람 없고 이슬 기운 시린데	草樹無風露氣寒
천 뭉치 상서로운 구름은 다 걷히려 하니	千陣瑞雲渾欲盡
한 무더기 공문서는 볼 필요 없네	一堆鈴牒不須看
세월은 중추의 아름다움 다시 깨닫게 하지만	**年華更覺中秋勝**
나그네 형편까지 이 밤에 여유로울 것 누가 알았겠나	**客況誰知此夜寬**
나그네 깃발은 서쪽 바다 따라 옮겨 갈테니	**旌旆又遵西海轉**
손가락으로 둥근 게 배딱지나 쪼개야지	**指尖將擘蟹臍團**[308]

이 시는 김종직이 1487년 전라도관찰사 겸 순찰사로 화순의 능성 봉서루에 올랐을 때 달을 보고 중추인 것을 깨닫고 사람들과 소소하게 자리를 만들어 시간을 보내며 자신의 상황과 그 속에서 느끼는 감정을 서술한 시이다.

이 시눈 표현의 기법을 사용한 수련과 함련, 설명의 기법을 사용한

308 金宗直, 〈登綾城鳳栖樓, 倥傯中, 月上東峯, 始悟今日爲中秋, 與李都事崔同年, 小飮〉, 『佔畢齋集』 卷21.

경련과 미련으로 구분된다. 수련과 함련은 표현의 기법을 통해 이 시를 짓게 된 상황을 보여주며, 경련은 현재에 자신이 느끼는 것을 직접적으로 말한 부분이고, 미련은 오늘 밤이 지난 뒤의 상황에 대한 생각을 설명의 기법으로 보여준 것이다.

김종직은 이 시의 수련과 함련에서 중추를 맞은 봉서루의 풍경을 보면서 여유를 만들고 있다. 수련의 첫 구에서 연주산은 봉서루가 위치한 산인데 달이 쟁반같이 떠 있다고 하여 중추를 맞은 달을 시각적으로 부각하였다. 수련의 둘째 구는 연주산에 올라 느껴지는 날씨를 묘사한 구절이다. 바람이 불지 않아 풀과 나무는 흔들리지 않고 정적인 모습을 보이며 이슬 기운은 시리다고 하여 연주산에서 자신이 느끼는 기운을 표현의 기법으로 묘사하였다.

함련의 첫 구는 연주산에 올라 하늘을 바라보고 눈에 든 것을 묘사한 것이다. 구름을 천 뭉치라고 하여 그 자욱함을 표현의 기법으로 묘사하였으며 상서로운 구름이 걷히고 곧 달이 환하게 보일 것임을 드러내었다. 이는 중추를 즐기기에 적합한 분위기를 조성하고 있는 것이다. 제목을 보면 연주산의 봉서루에 올랐을 때 김종직은 바쁜 상황이었다는 것을 알 수 있는데, 함련의 둘째 구에서 한 무더기 공문서라고 한 것도 김종직이 바쁜 일정 중이었음을 보여주는 것이다. 바쁜 와중이지만 중추를 맞았기에 공문서는 밀어두고 볼 필요 없다고 하였다. 제목에서 '능성의 봉서루에 올라 바쁜 와중에 달이 동쪽 봉우리로 오르는 것을 보고 그제야 오늘이 중추인 것을 깨달았다[登綾城鳳栖樓, 倥傯中, 月上東峯, 始悟今日爲中秋]'라고 한 부분까지가 수련과 함련에 담겨있다.

경련은 중추가 온 것을 보고 바쁜 일을 잠시 미뤄둔 이후의 상황으로, 중추의 아름다움을 즐기는 것이다. 제목에서 찾아보자면 '이 도사, 최 동년과 단출하게 마시는[與李都事崔同年, 小飮]'것에 해당한다. 하지만 시 속에 이 도사나 최 동년은 나오지 않고 김종직의 감정만 직설적으로 언급된다. 시간이 흐르면 중추가 되고 중추의 아름다음을 알게 되지만 자신은 순찰사의 임무 때문에 여기저기 다니는 나그네 형편이어서 중추의 밤이 여유로울 것을 알지 못했다고 했다. 경련을 통해 바쁜 업무 중이었지만 마침 중추의 밤에 시간을 낼 수 있었던 사실에 대한 만족감을 살펴볼 수 있다.

미련은 이 중추의 밤이 지난 다음의 계획에 관한 부분이다. 화순에서의 일정이 끝나면 바닷길을 따라 움직이게 될 것이데 바닷가에 가면 살이 오른 게 배딱지를 쪼갤 것이라고 하였다. 이는 순찰사의 생활은 여전히 바쁘겠지만 지금 중추의 밤에 즐기는 여유와 즐거움을 그대로 이어가고자 하는 모습을 보여주는 것이다. 앞에서 당풍의 시를 말할 때 상상의 내용이 표현의 기법으로 묘사되는 경우가 많다고 하였다. 그런데 이 시의 미련은 자신이 겪어보지 않은 일을 생각하여 서술했다는 점에서는 상상이라고 볼 수 있지만, 이 내용이 상상이라기보다는 합리적이고 논리적인 미래 예측이기 때문에 설명의 기법으로 보아야 한다.

이 시의 수련과 함련은 자신이 본 중추의 풍경을 표현의 기법을 통해 묘사한 부분으로 경련에서 느끼는 감정을 촉발하는 부분이다. 경련과 미련은 설명의 기법을 통해 촉발된 자신의 감정과 상황을 직접적으로 서술하고 있는 부분이다. 이 시는 중추의 아름다움을 표현하는 시가 아니라, 중추의 아름다움은 감정과 상황을 촉발하는 것에 그친다. 그런 점에서 이 시는 설명의 기법으로 제시한 김종직의 감정과 상황이 시의 주된 내용이기 때문에 송풍의 시가 된다.

취해서 바위 사이의 눈을 씹고 醉嚼巖間雪
미친 듯 머리 위 두건도 던져버린 채 狂遺頭上巾
시간을 분명 게을리 보내고 있지만 時應投懶散
공간은 절로 맑고 참되니 境自着淸眞
시내는 굽어 바위에선 물소리 나고 澗曲音生石
소나무 높아 자리에는 그림자 드리워 松高影落茵
짧은 시로 좋은 경치 훔치니 小詩偸勝景
그대 부인은 아마도 나에게 불평을 하겠지 君婦豈余嗔[309]

이 시는 박은의 〈만리뢰萬里瀨〉 2수 중 두 번째 시이다. 제목의 만리뢰는 시내의 이름인데, 박은과 이행이 남곤의 집 뒷동산에서 남곤 몰래 놀면서 장난삼아 뒷동산의 시내에 이름을 붙인 것이다.[310] 〈만리뢰〉라는 이 시 역시 이 시내에 이름을 붙인 날 박은과 이행 두 사람이 놀면서 박은이 지은 시로 보인다. 시의 표면에도 남곤의 뒷동산에서 박은이 이행과 놀았다는 내용이 서술되어 있다. 이 시는 자기 집 뒷동산에서 노는데 그것을 모르는 남곤을 놀리는 것처럼도 보이고, 눈치를 보며 미안해하는 모습으로도 보인다.

이 시는 설명의 기법을 사용한 수련, 함련, 미련과 표현의 기법을 사용한 경련으로 구성되어 있다. 수련은 만리뢰에서 술에 취해 놀고

309 朴誾, 〈萬里瀨〉, 『挹翠軒遺稿』 卷3.

310 남곤의 집 뒷동산의 시내를 萬里瀨라고 이름 붙이게 된 사연은 『挹翠軒遺稿』 卷2에 수록된 시〈同擇之遊士華北園〉의 주에서 확인할 수 있는데, 그 내용을 살펴보면 "이날 박은이 이행과 술을 가지고 남곤의 집 뒷동산에서 놀았는데 남곤이 알아채지 못하였기 때문에 박은은 그 바위를 大隱이라고 이름 붙이고, 시내를 萬里라고 이름했으니 놀린 것이다. 바위는 주인이 알지 못했기 때문에 대은이라고 한 것이고, 시내는 만 리 먼 곳에 떨어져 있는 듯하다고 하여 이렇게 부른 것이다.[是日, 君與荇携酒遊士華舍後園, 士華不之覺也, 君名其巖曰大隱, 瀨曰萬里, 乃調戲之也. 蓋巖未爲主人所知, 所以爲大隱. 而瀨若在萬里之遠故云耳.]"라고 되어 있다.

있는 자신의 모습을 직접적으로 제시한 부분이고 함련은 지금 이 시간과 공간을 어떻게 생각하고 있는지를 보여주는 부분이다. 경련은 함련에서 말한 공간이 어떤 곳인지를 표현의 기법을 사용해 감각적으로 묘사한 부분이고, 미련은 자신이 이곳에서 즐기고 난 뒤의 일을 추측하면서 마무리하는 부분이다.

수련에서는 박은이 자신의 상태를 '취했다[醉]', '미쳤다[狂]'는 시어를 사용하여 직접적으로 보여주고 있다. 바위 사이의 눈을 씹는 것과 머리의 두건을 던져버리는 것은 '취함[醉]'과 '미침[狂]'이 어떻게 나타나는 것인지를 보여준 것이다. 박은이 이행과 만리뢰에서 어떻게 놀고 있는지 직접적으로 서술하여 만리뢰에서의 상황을 보여준 것이다.

함련은 만리뢰에서 '시간[時]'과 '공간[境]'을 어떻게 즐기고 있는지를 보여준다. 무엇인가를 파악할 때 시간과 공간은 가장 기본이 되는 것으로 '시간[時]'과 '공간[境]'의 대구를 통해 만리뢰에서 즐기는 박은의 모습이 객관적으로 드러난다. 이곳에서 시간을 게을리 보낸다고 하면서 느긋하게 놀고 있는 자신의 모습을 직접적으로 보여주었고, 공간은 맑고 참되다고 직접적으로 언급하였다. 이로 볼 때 함련은 설명의 기법으로 구성되었음을 알 수 있다.

경련에서는 함련에서 맑고 참되다고 하였던 만리뢰의 모습을 구체화시켜 감각적으로 드러냈다. 수련과 함련에서는 만리뢰에서 즐기는 박은의 모습만 등장할 뿐 그 배경이 되는 만리뢰의 모습이 어떤지 제시되지 않았는데, 경련에서는 박은이 어떤 곳에서 미친 듯 취해 게으른 시간을 보내고 있는지 구체적으로 묘사하였다. 시내는 굽어 있어 냇물이 흐르다가 바위에 부딪혀 소리가 나고 소나무는 높이 솟아 깔아 둔 자리 위로 그림자를 드리운다고 하여 만리뢰의 여유롭고 평화로운 모습을 청각적 · 시각적으로 묘사하였다. 수련과 함련은 박은이 즐기고 있는 만리뢰라는 공간을 표현의 기법을 사용하여 보여준 것이다.

미련에서 박은은 경련에서 만리뢰의 경치를 묘사한 것을 시로 좋은 경치를 훔쳤다고 하였다. 경련의 모습만 말하는 것이 아니라 이곳에서 시를 짓는 행위까지 말하는 것이겠지만 바로 앞 연에서 경치를 묘사하였기 때문에 이런 묘사는 경련을 지칭한다고 볼 수 있다. 그러면서 자신의 이러한 행위를 안다면 남곤의 아내가 자신에게 불평을 할 것이라고 추정하면서 시를 마무리하였다.

이 시는 박은이 만리뢰에서 놀고 즐기는 상황을 보여주는 것이지만 만리뢰가 남곤의 집 뒷동산이라는 점을 생각한다면 이 시는 남곤을 놀리는 것으로도 보인다. 남의 집에서 집주인 모르게 미친 사람처럼 술을 마시기도 하고 그 공간에서 시간을 보내는 것이 얼마나 여유롭고 평화로운지를 시 속에 담아내는 것이 남곤을 약올리는 것처럼 보이기도 하기 때문이다. 그래서인지 박은은 이 시의 자주에서 "그대가 이러한 경치가 있는 것을 알지 못하니 그대 부인이 성낼까 염려되네. 취해서 농담이 지나쳤으니 미안하오."[311]라고 하였다.

이 시는 남곤의 집 후원에서 놀고 있는 자신의 상황과 후원의 정경을 직접적으로 보여주고 있다. 또 친구에 대한 미안함까지 시 속에 담아내어 박은이 생각하는 바를 그대로 읽어낼 수 있게 하였는데 이러한 점에서 송풍의 작시 기법인 설명의 기법이 사용되었음을 알 수 있다.

311 朴誾, 〈萬里瀨〉, 『挹翠軒遺稿』 卷3, "自註. 君不知有此景, 恐婦嗔也, 醉中穉言, 多涉狂僭, 死罪死罪."

하늘이 연 두세 칸의 보찰에	**天開寶剎三兩間**
선업 닦는 스님은 문을 닫지 않았으니	**白業胡僧門不關**
백층 석탑은 공중으로 들었고	石塔百層半空入
만장의 굳은 절벽은 천고에 꿋꿋하며	鐵崖萬丈千古頑
새벽에 빠진 찬 조수에 염정이 드러나고	寒潮曉落出鹽井
저물녘 개인 검은 안개에 바다와 산은 넓어	黑霧晚消多海山
눈 돌려보니 하늘 끝 구름은 더욱 멀기만 해	**遊目天涯雲更遠**
북쪽 서신 이르지 않으니 나 돌아갈 수 있을까	**北書不至吾得還**[312]

이 시는 이주의 〈즉흥으로 짓다. 요체를 본받다卽事, 效拗體〉로, 시를 지을 당시에 본 풍경과 감정을 시로 옮긴 즉사시이다. 이 시의 창작 시기는 분명하지 않지만 시의 내용으로 보았을 때 이주가 무오사화로 인해 진도로 유배되었을 때 지은 시로 보인다.

이 시는 설명의 기법을 사용한 수련과 미련, 표현의 기법을 사용한 함련과 경련으로 구분할 수 있다. 수련에서 이주는 절에 들어선 자신의 모습을 제시하였다. 함련에서는 자신이 위치한 절의 모습을 묘사하였으며, 경련에서는 사찰에서 보이는 풍경을 묘사하였다. 마지막 미련에서는 자신의 상황을 직접적으로 언급하며 시를 마무리하였다. 이 시에서 이주가 하고자 하는 말은 미련에 담겨있다. 이 시의 함련과 경련은 절과 절에서 보이는 풍경을 묘사한 것으로 공간적 배경을 구체적으로 보여주는 동시에 미련에서 하고자 하는 말의 원인으로 작용하기도 한다.

수련에서 '보찰寶剎'이라는 시어를 사용하여 지금 이주가 시를 짓는 공간이 어디인지를 직접적으로 밝혔다. 스님이 문을 닫지 않아 절에

312 李胄, 〈卽事, 效拗體〉, 『忘軒遺稿』.

들어왔다는 것을 수련에서 밝히고 있다. 크지 않은 절에 문이 열려 있어 이주가 자유롭게 돌아다니면서 시를 짓고 있음을 확인할 수 있다.

함련에서는 절의 탑과 절이 위치한 절벽을 과장되게 묘사하였다. 이주가 이 시를 지은 절은 진도에 있는 절일 것이니 그렇게 크지 않은 절로 추정할 수 있다. 그래서 수련의 첫 구에서도 두세 칸이라고 하였다. 그런데 이 절의 탑이 백 층 높이로 쌓여 하늘까지 닿는다고 하였다. 또 절이 위치한 절벽이 만 장으로 천년이나 오래도록 꿋꿋하게 서 있다고 하였다. 절이 그렇게 크지 않음에도 절의 탑과 절이 위치한 절벽을 이렇게 과장되게 묘사한 것은 절이 그만큼 먼 곳에서도 눈에 잘 띌 수 있는 곳이고, 멀리까지 바라볼 수 있는 곳임을 보여주는 것이다.

경련은 사찰에서 보이는 풍경을 묘사한 것인데, 경련에서 느낄 수 있는 것은 절에서 보이는 시야가 탁 트여있다는 것이다. 새벽에 조수가 빠져 염정이 드러나고, 저물녘에는 안개가 개어 바다와 산이 다 드러났다고 하였다. 바닷물은 다 빠져 바다의 트인 풍경을 보여주고, 검은 안개는 개어 조수가 빠진 바다와 산이 더 또렷하게 보인다. 바다로나 하늘로나 거칠 것 없이 다 드러나 시야가 트여있음을 보여준다.

미련에서는 자신이 해배되지 못하고 있는 상황을 언급하였다. 경련에서 묘사된 것처럼 탁 트인 시야에서 멀리 하늘 끝의 구름을 바라보는데 자신의 해배를 알리는 서신이 오지 않으니 돌아갈 수 있을지 스스로 의문을 던지고 있다. 이것은 결국 자신이 돌아가지 못할 것이라고 생각하여 체념하는 모습으로 보인다.

함련과 경련은 단순히 우뚝한 절과 거칠 것 없이 모든 게 다 드러난 풍경을 묘사한 것이기도 하지만 서울에서 올 연락을 기다리는 이주의 마음이 반영된 것이기도 하다. 그러나 미련에서 이런 풍경은 이곳이 아득히 먼 곳 절도임을 다시 느끼게 하여, 기대를 좌절로 연결시키고 있다. 표현과 설명의 기법이 잘 조화된 시이지만 미련에서 직접적으로 '나 돌아갈 수 있을까[吾得還]'라고 하여 자신의 처지를 보여주었다는 점에서 이 시는 송풍의 시가 된다.

허균은 이 시에 대해 "전편이 굳세어 용이 나는 듯하다."라고 하면서 경련의 첫 구를 "뛰어난 시상과 굳센 시어"라고 하였고 마지막에 가서는 "두보에게서 나왔다."고 평가하였다.[313]

고요한 밤 솔창엔 향연기 사그라드니	松窓夜靜篆香殘
패옥소리 돌단 아래에서 울리는데	環佩珊珊下石壇
바람 부는 작은 골짝 고운 풀 자라고	小洞風吹瑤草長
달빛 드는 높은 누대 옥 생황 시리네	高樓月入玉笙寒
반도는 천년 열매 열리길 기다려야 하지만	蟠桃待見千年實
약솥에는 구전단이 완성되었으니	藥鼎初成九轉丹
흙먼지 얼굴에 잔뜩 낀 것 의아해하지 말라	**莫訝紅塵猶滿面**
훗날 나도 조관을 벗어둘 것이니	**他年我亦掛朝冠**[314]

이 시는 이승소의 〈육방옹집의 시에 차운하다次陸放翁集詩韻〉 31수 가운데 6번째 수이다. 송나라 시인 육유의 문집에 수록된 시에 차운한 시 가운데 한 수로, 육유의 〈장인관의 도원 벽에 쓰다題丈人觀道院壁〉라는 시에 차운한 것이다. 이승소의 〈육방옹집의 시에 차운하다次陸放翁集詩韻〉에 수록된 시는 육유 시의 제목을 그대로 따오거나 유사한 경우가 많은데, 이 시의 제목에 등장하는 장인관丈人觀은 중국 사

313 許筠, 〈卽事拗體〉, 『國朝詩刪』 卷5, "通篇矯然龍翔 …… 奇思壯語 …… 出杜."
314 李承召, 〈次陸放翁集詩韻・題丈人觀道士壁〉, 『三灘集』 卷3.

천성의 청성산青城山에 위치한 도관을 말한다. 청성산은 도가의 십대 동천 가운데 다섯 번째에 해당하는 산으로 알려져 있으며, 도가의 발원지 중 한 곳이라고 전해진다. 이러한 이유에서 청성산에는 도교 사원이 70여 동까지 있었다고 한다. 육유는 〈장인관의 도원 벽에 쓰다題丈人觀道院壁〉라는 시를 지을 때 실제 장인관의 도원 벽에 썼겠지만, 이승소는 청성산의 도관에 가본 적이 없기 때문에 육유의 시에서 느껴지는 분위기만을 가지고 시를 지은 것이라고 할 수 있다. 이 시의 수련과 함련, 경련에는 이승소가 상상한 도관의 분위기가 표현의 기법으로 묘사되어 있다. 하지만 이 시에서 이승소가 결과적으로 하고 싶었던 말은 미련의 내용이다. 자신도 언젠가 관직을 그만두고 현실을 벗어나고자 하는 것이다. 따라서 결과적으로 이 시에서 수련과 함련, 경련에서 표현의 기법으로 묘사된 도관의 분위기는 미련에서 언제든 조관을 벗고 떠날 수 있다고 생각하게 된 계기로 작용한다. 결국 이 시에 사용된 표현의 기법은 미련의 배경을 만들어 주는 역할을 한다.

시의 수련에서는 시각적, 청각적 요소들을 사용하여 도관의 모습을 묘사하였다. 고요한 밤 솔창에 향연기 사그라드니, 패옥소리가 돌단 아래에서 울린다고 하였다. 솔창이라고 한 것은 소나무가 보이는 창을 말하는 것일 수도 있지만, 소나무 숲에서 소나무 가지 사이로 무언가 보이기 때문에 이를 솔창이라고 한 것일 수도 있다. 실제 창이든, 숲이든 그 사이로 향 연기가 올라온다고 하였다. 여기에 향연기를 '전향篆香'이라고 한 것은 향 연기가 피어올라 꼬불꼬불하게 얽힌 모습이 전서와 닮았기 때문인데, 소나무가 비치는 창으로 꼬불꼬불한 향연기가 사그라지는 모습은 장인관의 신비스러운 분위기를 강조한다. 수련의 첫 구에서는 고요한 밤이라고 하여 소리가 들리지 않는 장면을 만들었는데 수련의 둘째 구에서 패옥소리가 울린다고 하여, 조용한 공간에 울리는 패옥소리를 더욱 두드러지게 만들어 준다.

함련에서는 작은 골짝[小洞], 고운 풀[瑤草], 옥 생황[玉笙] 등의 시어를 통해 장인관의 선계적 분위기를 노출하였다. 소동은 소동천으로 신선들이 사는 곳을 말하는데 이 시에서 묘사하고 있는 도관을 말하는 것이고, 요초는 곤륜산의 정상에 있는 신선의 거처에 만발한 풀을 말한다. 이곳이 신선들이 사는 곳이기 때문에 바람이 부는 곳에 선계의 풀이 자라나는 것이다. 옥 생황은 신선의 피리를 의미하는데, 이 피리가 차갑다고 한 것은 누대에 달빛이 든다고 하였기 때문에 달빛을 받은 옥 생황이 시린 빛을 띤다고 한 것으로 볼 수 있다. 이러한 선계를 상징하는 시어들을 통해 상상 속의 자신이 위치한 공간을 선계로 만들고 있다.

경련은 이 공간을 곧바로 신선이 될 수 있는 공간으로 묘사하였다. 반도는 먹으면 신선이 되는 열매인데, 이것이 열매를 맺기까지는 3천 년이 걸린다. 그래서 반도를 먹고 신선이 되고자 한다면 오랜 시간을 기다려야 한다. 하지만 이곳에는 이미 구전단이 완성되었다고 하였다. 구전단은 도가에서 만드는 선약仙藥으로 먹으면 신선이 된다고 하는 선약이다. 먹으면 바로 신선이 될 수 있는 선약이 완성되어 있기 때문에 굳이 반도가 열리기까지 3천 년의 시간을 기다릴 필요가 없다고 한 것이다.

미련의 첫 구와 둘째 구는 도치된 구문으로 이해할 수 있다. 훗날 자신이 조관을 벗어둘 것이니 지금 얼굴에 흙먼지가 끼어있어도 의아할 것이 없다는 것이다. 자신이 바로 현실을 벗어날 수 있는 입장에 있기 때문에 미련에서 이렇게 말하고 있는 것이다. 수련과 함련, 경련에서 표현의 기법을 사용하여 속세를 벗어난 공간을 만들고 있는 것이 미련에서 이승소가 설명의 기법으로 언제든 현실을 떠날 수 있다는 것을 보여주기 위한 배경으로 작용하고 있다는 점에서 이 시는 송풍의 시가 된다.

이 장은 조선 초기의 한시를 작시 기법을 통해 당풍과 송풍의 시로 구분하고 분석하여 조선 초기 시풍의 실제적인 양상을 검토한 것이다. 한시의 창작에 있어서 시풍은 가장 본질적인 요소이고, 한시의 시풍은 시기를 불문하고 당풍과 송풍으로 구분된다. 이는 조선 초기의 한시에 있어서도 예외가 아니다. 기존에 시풍을 당풍과 송풍으로 구분하고자 하는 연구가 많이 축적되었음에도 불구하고 명확한 하나의 기준을 적용하여 당·송풍의 시를 분석하지 않았다. 시풍을 분석하는 데 있어 명확한 기준이 없이 다양한 요소들을 자의적으로 적용한다면 설득력이 떨어질 뿐만 아니라 그 결과 역시 신뢰하기 어렵다는 문제가 생긴다. 그러므로 분명한 하나의 기준을 적용하여 시풍을 구분하여야 시의 분석에서도 설득력을 획득할 수 있다. 또 선명한 하나의 기준을 설정하는 것은 인상비평을 지양하는 데에도 큰 도움이 된다. 시를 단순히 감상하고자 한다면 인상비평이 도움이 될 수 있겠지만, 인상비평을 통한 당·송풍의 구분과 시의 분석은 혼란을 초래한다. 따라서 시를 분석하고자 한다면 분명한 분석의 도구가 필요하다. 이 책에서는 이 분석의 도구로 작시 기법을 설정하여 조선 초기의 시풍을 검토하였다.

조선 초기의 시풍을 검토하기에 앞서 조선 초기 대표 작가 11인의 시풍에 대한 선행 연구를 확인한 결과 조선 초기의 시풍이 송풍에 경도되었다고 하는 문학사와 선인들의 언급과는 달리 송풍보다 당풍으로 언급되는 작가가 더 많다는 것을 알 수 있나. 그러나 이러한 선행 연구에서는 당풍의 시를 짓는 것을 특별한 경향으로 인식하는 경우가 많다. 그런데 조선 초기의 시풍을 당시의 대표 작가가 지은 대표 작품을 통해 실제적으로 검토해 보면 이 시기의 시풍은 송풍에 경도되어 있는 것이 아니라 당풍의 시와 송풍의 시가 같이 창작되고 있었다는 사실을 확인할 수 있다. 조선 초기의 대표 작가가 창작한 대표 작품을 살펴보면 당풍과 송풍의 어느 한 쪽에 치우치기 보다 두 경향의 시가 동시에 창작되는 모습을 보인다. 오히려 송풍의 시를 창작한 작가보다 당풍의 시를 창작한 작가가 더 많다는 것을 확인할 수 있는데, 이것은 조선 초기의 시풍이 송풍에 편향되어 있지 않다는 사실을 보여주는 것이고 당풍의 시를 짓는 것이 특별한 경향이 아니라 보편적인 경향이었음을 보여주는 것이다.

또 이 장에서 분석한 작가들의 작품을 살펴보면 한 명의 작가가 당풍의 시만 짓거나 송풍의 시만 지은 것이 아님을 확인할 수 있다. 특히 이 책에서 살핀 모든 대표 작가의 대표 작품에서 당풍의 시와 송풍의 시가 모두 있었던 것은 아니지만 유방선, 이승소, 김종직, 이주의 시에서 당풍의 시와 송풍의 시가 공존하였다. 이 책에서 선정한 대표 작가의 대표 작품이 적게는 2수에서 많게는 10여 수에 불과함에도 불구하고 이들에게서 당풍의 시와 송풍의 시가 모두 발견된다는 것은 한 작가가 한 시풍의 시만을 창작하는 것이 아니라는 사실을 반증하는 것이다. 물론 개인에 따라 선호하는 시풍이 있을 수 있고, 더 능한 시풍이 있을 수는 있지만 그렇다고 당풍 혹은 송풍의 시만을 짓지는 않았다는 것이다.

한 작가의 시작품에 당풍의 시와 송풍의 시가 공존한다는 사실을 확장해보면 한 시기에 당풍의 시와 송풍의 시가 공존한다고 볼 수도 있다. 실제로 필자가 이 책을 구성하기 이전에 조선 초기의 작가들을 무작위로 추출하여 이들의 시풍을 검토해 본 결과 당풍의 시와 송풍의 시가 공존한다는 것을 살펴볼 수 있었다. 하지만 일반적으로 우리나라 시풍의 변전을 논의할 때 한 시기에 한 시풍의 시만 지어진 것처럼 또는 주가 되는 것처럼 언급되는 경우가 많다. 신라 말 최치원을 비롯한 견당 유학생들의 영향으로 만당풍의 한시가 유입되었던 것을 시작으로 하여 만당풍이 고려 중엽까지 유행하였으며, 11세기 후반에 소식의 시가 유입되고 12~13세기가 되어서는 소식을 위시한 송풍이 유행하기 시작하여 송풍의 시가 조선 초기까지 영향을 미치다가 15세기 후반에 이르면 해동강서시파라는 일군의 무리가 형성되고, 이후 목릉성세에 이르러서는 당풍의 시가 다시 유행하면서 삼당 시인이 등장하였다고 하는 것이 그것이다. 시풍의 변전을 이렇게 설명하는 것은 간단하지만 이런 언급은 시풍의 흐름을 단선적으로 이해하고 당대 시단과 시풍의 실체적 양상을 오인하게 만들 가능성이 있다. 시풍이 한시 창작의 가장 본질적인 요소이고, 당풍과 송풍은 시의 본질적인 두 가지 경향을 말하는 것이기에 한 시기에 하나의 시풍만 나타난다고 보기 어렵기 때문이다. 따라서 이 책에서 살펴보고 언급한 내용들을 더욱 확장하여 우리 한시사 전 시기의 작가와 작품들을 대상으로 시풍을 분석해 본다면 우리 한시사에 존재했던 시풍의 실체를 보다 복합적이고 다각적으로 이해할 수 있을 것이다.

3부

조선 초기 한시와 당송풍唐宋風

이 책에서는 그간 송풍 일색이었다고 알려진 조선 초기의 대표 작가와 대표 작품을 통해 조선 초기의 시풍을 살펴 조선 초기에 당풍의 시와 송풍의 시가 같이 창작되고 있었다는 사실을 확인하였다. 기존의 문학사에서 조선 초기의 시풍은 송풍 일색이라고 하였는데, 실제로 작품을 분석해 본 결과로는 송풍의 시를 창작한 경우보다 당풍의 시를 창작한 경우가 오히려 더 많았다. 이는 조선 초기의 시풍이 송풍에 편향되어 있지 않았다는 사실을 보여주는 것이고, 이 시기에 당풍의 시를 짓는 것이 특별한 경우가 아니라 보편적인 경향이었음을 보여주는 것이다.

이처럼 조선 초기에 당풍의 시와 송풍의 시가 공존하였음에도 불구하고 조선 중기 이후의 문인들은 조선 초기를 송풍 일색으로 평가했었다.

> 申　欽 : 高麗朝와 我朝에서는 모두 동파를 숭상하여 고려 때에는 과거를 치를 때 33명의 동파라는 말이 나오기까지 할 정도였다. 그런데 근년 이래로 점차 그를 좋아하지 않게 되어 시를 짓는 자들 모두가 唐나라 사람들의 작품만을 따르고 있다.[315]

李睟光 : 우리나라의 시인들이 대부분 소식과 황정견을 숭상하여 200년 간 모두 한 가지를 답습하였는데 근세에 최경창, 백광훈에 이르러 당을 배우기 시작했다.[316]

金萬重 : 조선초에는 고려의 풍상을 이어 순전히 소식을 배웠는데, 성종 연간에 이르러서는 이행이 크게 이루었다고 이야기된다. 그 사이 황정견의 경지에 들어간 것은 박은의 재주이니, 실로 300년에 한 번 나올 사람이라 하겠다. 또 변하여 오로지 황정견과 진사도를 배웠으니 정사룡, 노수신, 황정욱 세 사람이 나란히 뛰어났다. 또 변하여 당시라는 바른 것으로 돌아갔으니, 최경창, 백광훈, 이달이 가장 뛰어난 자였다.[317]

위의 인용문에서 신흠과 이수광, 김만중 모두 조선 초기의 시풍은 소식과 황정견의 영향 아래에 있었음을 지적한 것을 볼 수 있다. 당풍과 송풍이 공존하고 있었음에도 불구하고 이들이 이렇게 평가한 것에는 다른 이유가 있었을 것으로 보인다. 이는 시를 직접적으로 분석한 결과가 아니라 이들 역시 조선 초기에 활동했던 문인들의 언급을 따라 이렇게 판단한 것이 아닐까 생각된다.

金宗直 : 고려 중엽에는 오로지 동파를 배웠고 그 말기에 이르러서는 익재 등 여러 분이 구습을 조금 바꾸어 아정하게 재단함으로

315 申欽, 「晴窓軟談」, 『象村稿』 卷51, "麗朝及我朝, 皆尙東坡, 故麗朝大比, 至有三十三東坡之語. 近年以來, 稍稍不喜, 爲詩者皆學唐人."

316 李睟光, 「文章部二 · 詩」, 『芝峯類說』 卷8, "我東詩人, 多尙蘇黃, 二百年間, 皆襲一套, 至近世崔慶昌 · 白光勳, 始學唐."

317 金萬重, 『西浦漫筆』, "國初承勝國之緖, 純學東坡. 以迄於宣靖, 惟容齋稱大成焉. 中間參以豫章, 則翠軒之才, 實三百年一人. 又變而專攻黃陳, 則湖 · 蘇 · 芝鼎足雄峙. 又變而反正於唐, 則崔 · 白 · 李其粹然者也."

써 조선조의 문명에 이르러서도 오히려 그 궤도를 그대로 따랐다.[318]

成 俔 : 지금 시를 배우는 자들은 반드시 "이백은 너무 호탕하고, 두보는 너무 자세하며, 소식은 너무 웅장하고, 육유는 너무 호방하니 본받을 만한 자는 황정견과 진사도이다."라고 하는데, 피부와 살을 발라내고 뼈만 남겨두어 두 사람의 경지에는 이르지 못하고 기상만 약해졌으니 난삽하고 기벽하지 않으면 완고하거나 졸렬하여 볼 만한 것이 없다.[319]

김종직의 언급은 고려 중엽부터는 동파만을 배우다가 고려 말에는 성리학의 유입으로 염락풍이 하나의 경향을 형성하였는데 이 경향이 조선 초기까지 지속되었다는 것이고, 성현의 언급은 조선 초기에 시를 배우는 이들이 황정견과 진사도를 본받아야 한다고 말하지만 도리어 시의 기상이 약해졌다는 것이다. 김종직과 성현의 언급을 보면 이들이 당대의 시풍이 송풍에 더 치우쳤다는 것으로 인식하고 있있음을 알 수 있다.

김종직이나 성현과 같은 조선 초기 문인들의 언급 외에도 조선 초기에 편찬된 책의 성격을 확인해보면 송풍 위주의 책들이 간행되었다는 것을 확인할 수 있다.

318 金宗直, 『青丘風雅』 序, "得吾東人詩而讀之, 其格律無慮三變, 羅季及麗初, 專習晚唐, 麗之中葉, 專學東坡, 迨其叔世, 益齋諸公, 初變舊習, 裁以雅正, 以迄于盛朝之文明, 猶循其軌轍焉."

319 成俔, 「文變」, 『虛白堂文集』 卷13, "今之學詩者必曰, '謫仙太蕩, 少陵太審, 雪堂太雄, 劍南太豪, 所可法者涪翁也, 后山也.' 刋落肌肉, 獨存骸骨, 未至兩人之域, 而氣象萮然, 不聱牙奇僻, 則頑庸駑劣,有不足觀者."

〈표 10〉 조선 초기 간행 중국 문학 관계서 목록[320]

분류	간행시기	작자 / 편자	서명
시문집	세종대	李白(唐)	分類補注李太白詩
		杜甫(唐)	纂注分類杜詩
			杜工部草堂詩箋
			黃氏集千家注杜工部詩史補遺
		韓愈(唐)	朱文公校昌黎先生集
			新刊五百家註音辨昌黎先生文集
		柳宗元(唐)	唐柳先生外集
			唐柳先生集
		杜牧(唐)	樊川集
		蘇軾(宋)	增刊校正王狀元集註分類 東坡先生詩
		黃庭堅(宋)	山谷詩注
		陸游(宋)	名公抄選陸放翁詩集
	성종대	杜甫(唐)	分類杜工部詩諺解
			虞注杜律
			杜工部七言律詩
		白居易(唐)	香山詩抄
		李賀(唐)	李長吉集
		曾鞏(宋)	南豐先生近體詩抄
		王安石(宋)	王荊公詩集
			王荊文公集
		陳與義(宋)	須溪先生批點簡齋詩集
		文天祥(宋)	文山先生文集
시선집 및 시문론집	세종대	元好問	唐詩鼓吹
		魏慶之	詩人玉屑
	성종대	方回	瀛奎律髓
		于濟	精選唐宋十家聯珠詩格
		高棅	唐詩品彙

320 김학주, 『조선시대 간행 중국문학 관계서 연구』, 서울대학교 출판부, 2000, 2~10쪽에 제시된 표에서 조선 초기에 간행된 서적을 정리한 것이다.

이 시대에 간행된 책들은 이 시대뿐만 아니라 이후 조선시대 전반에 걸쳐 중국 문학의 연구와 이해의 초석이 되었고, 이를 바탕으로 중국 문학을 학습하여 우리 문화 발전의 영양이 되었다. 세종대에 간행된 시문집을 살펴보면 당나라는 성당의 이백李白·두보杜甫, 중당의 한유韓愈·유종원柳宗元, 만당의 두목杜牧 등의 시문집이 간행되었고 송나라는 소식蘇軾과 황정견黃庭堅, 육유陸游 등의 시문집이 간행되었다. 성종대에 간행된 시문집을 보면 당나라는 성당의 두보, 중당의 백거이白居易와 이하李賀의 시문집이 간행되었고 송나라는 증공曾鞏·왕안석王安石·진여의陳與義·문천상文天祥의 시문집이 간행되었다. 당나라 문인의 시문집으로는 이백·두보·한유·유종원·백거이·이하·두목 등의 시문집이 간행되었고, 송나라 문인의 시문집으로는 증공·왕안석·소식·황정견·진여의·육유·문천상 등의 시문집이 간행되어 현상적으로는 한쪽에 치우치지 않았으나 그 영향력의 측면에서 보자면 송풍의 영향이 우위에 있었던 것으로 보인다. 세종대에는 황정견의 문집이 간행되었고 성종대에는 진여의의 문집이 간행되었는데, 이 시기에 간행된 강서시파 작가들의 문집은 15세기 후반~16세기 초반 해동강서시파의 출현에 영향을 미쳤을 것으로 추정된다.

성종대에는 시선집의 편찬과 관련하여 송풍의 영향력을 좀 더 확인할 수 있다. 성종 13년에 『소문충공집蘇文忠公集』에 대한 주해註解를 명한 것이나,[321] 14년에 『연주시격』과 『황산곡집』의 언해를 명한 데서[322] 그 영향력의 일단을 확인할 수 있다. 또 유호인兪好仁은 성종에

321 『成宗實錄』 卷140, 13년 4월 6일, "命任元濬·許琮·成任·李坡·李克基·李瓊仝·朴楗·柳洵·李則·韓堰, 郎廳安琛·河荊山·金學起·丁壽崐·朴衡文·朴文孝,·註解蘇文忠公集難解處."

게 문천상의 문집 간행을 요청하기도 하였고,[323] 스스로 『황산곡집』을 간행하기도 하였다.[324]

시선집과 시문론집의 간행에서도 송풍의 영향력이 확인된다. 세종대에는 『당시고취唐詩鼓吹』와 같은 당시선집이나 『시인옥설詩人玉屑』과 같은 송대의 시론서가 간행되었다. 『시인옥설』은 송나라의 위경지가 편찬한 시론집인데, 세종의 명으로 간행된 뒤에 조선 초기에 큰 영향을 끼쳤던 것으로 보인다. 특히 『시인옥설』은 조선 초기 서거정이 편찬한 『동인시화』에도 영향을 주었다.[325] 성종대에는 『영규율수瀛奎律髓』와 『정선당송십가연주시격精選唐宋十家聯珠詩格』[326], 『당시품휘唐詩品彙』가 간행되었다.

성종대에 처음 간행된 시선집 『영규율수』와 『연주시격』은 조선 초기에 시학서로 큰 역할을 하였는데, 성현은 "율시에는 『영규율수』가 있고 절구에는 『연주시격』이 있는데 고체古體를 모아놓은 책만 없으니, 이래서야 되겠는가."[327]라고 하였다. 이런 언급은 『영규율수』와 『연주시격』이 간행되어 학시에 상당한 영향을 미쳤음을 알 수 있다. 그런데 『영규율수』와 『연주시격』의 성격을 확인해보면 두 책 모두 송풍에 치중하고 있음을 알 수 있다. 『영규율수』는 원나라의 방회가

322 『成宗實錄』 卷156, 14년 7월 29일, "命徐居正 · 盧思愼 · 許琮 · 魚世謙 · 柳洵 · 柳允謙以諺文飜譯聯珠詩格及黃山谷詩集."

323 『成宗實錄』 卷273, 24년 1월 11일, "御晝講. 侍讀官兪好仁啓曰, '文天祥集, 忠憤激烈, 實爲詩史, 使人讀之, 自有感慨之心, 印頒何如.' 上曰, '可也.'"

324 兪好仁, 「黃山谷集跋」, 『濡谿集』 卷7.

325 류화정, 「『東人詩話』에 수용된 중국 詩學書 연구」, 『동양한문학연구』 36, 동양한문학회, 2013, 101쪽.

326 이 책에서 이후로 나오는 『精選唐宋十家聯珠詩格』은 『연주시격』으로 칭한다.

327 成俔, 「風騷軌範序」, 『虛白堂文集』 卷6, "律詩則有瀛奎律髓, 絶句則有聯珠詩格, 而獨無古體所裒之集, 其可乎."

당나라와 송나라의 율시를 선별하여 수록하고 시에 대한 평을 남긴 책이다. 이 책에서 방회는 서곤체의 시를 배격하고 강서시파의 시를 위주로 하여, 두보를 일조一祖로 삼고 황정견·진사도·진여의를 삼종三宗으로 삼아 일조삼종一祖三宗의 설을 주창하였다.[328] 『영규율수』는 이후 두 차례 더 복간되면서 16세기까지 그 영향력을 미쳤다. 이 사실은 조선 중기의 한문사대가로 알려진 이식李植(1584~1647)이 어려서 두시와 황정견, 소식, 『영규율수』를 읽고 습작하는 것으로 시를 배웠다[329]고 한 것에서도 확인할 수 있다. 『연주시격』은 송나라 말엽에서 원나라 초에 활동한 우제于濟와 채정손蔡正孫이 편찬한 시선집으로, 당나라와 송나라에 활동한 시인들의 칠언절구 천 여수를 340여개의 격格으로 분류하고 채정손이 시마다 비평과 주석을 달았다.[330] 『연주시격』의 편자 우제가 시안의 중요성을 들어 자안으로서 허자虛字의 쓰임새에 주목하고, 대우와 첩자, 구식 등에도 관심을 두어 『연주시격』의 격格으로 설정한 것은 강서시파가 추구한 주요한 측면과 합치되어, 『연주시격』의 간행이 해동강서시파의 형성과도 무관하지 않을 것으로 추정할 수 있다.[331] 이처럼 당대 시학서의 역할을 했던 시선집들이 송시 위주였다는 것을 확인할 수 있다.

『당시품휘』는 명나라의 고병高棅이 편찬한 당시선집으로 고병이

328 『瀛奎律髓』 「提要」, "大旨排西崑而主江西, 倡爲一祖三宗之說, 一祖者杜甫, 三宗者黃庭堅·陳師道·陳與義也."

329 李植, 「學詩準的」, 『澤堂集』 別集 卷14, "余兒時無師友, 先讀杜詩, 次及黃·蘇瀛奎律髓諸作, 習作數千首."

330 于濟, 蔡正孫, 『唐宋千家聯珠詩格校證』, 鳳凰出版社, 2007, 1쪽. "該書仙趣唐宋詩人一千餘首七言絶句, 分爲三百四十餘格, 每首詩都有蔡正孫本人的評釋."

331 김상일, 「『精選唐宋千家聯珠詩格』과 조선조 간행의 의미」, 『동악어문학』 36, 동악어문학회, 2000, 413쪽.

이 책에서 "당시는 성정을 통함을 주로 하기 때문에 시경에 가깝고, 송시는 의론을 주로 하기 때문에 시경에서 멀다."[332]라고 한 것에서 알 수 있듯, 고병은 당시는 시경에 가깝고 송시는 시경에서 멀다고 생각한 존당론자이다. 이러한 인식을 바탕으로 편찬된 고병의 『당시품휘』는 조선 중기 이후 명대 전후칠자의 영향으로 당시를 숭상하는 분위기가 확산된 속에서 이수광(1563~1628)과 허균(1569~1618)이 『당시휘선唐詩彙選』과 『당시산唐詩刪』과 같은 책을 편찬하는 데 상당한 참고가 되었다는 점에서 『당시품휘』가 이 시기 조선에 미친 영향력을 확인할 수 있다. 하지만 조선 초기에는 조선 중기만큼 큰 영향력을 가지지 못한 것으로 보인다.[333]

이처럼 조선 초기 문인들의 당대當代 시경향에 대한 언급이나 간행된 책의 성격을 보면 송풍의 영향력이 발견된다. 후대의 문인들 역시 조선 초기 문인들의 언급이나 간행된 책의 성격을 바탕으로 조선 초기 시풍을 송풍 일색으로 재단한 것이라 생각된다. 또 이들의 이러한 언급의 영향으로 지금까지의 우리 문학사에서 조선 초기 시풍으로 송풍만 언급하고, 당풍의 시가 창작된 것을 특별한 경향으로 치부했던 것으로 보인다.

그러나 조선 초기에 송풍의 영향력이 확인되기는 하지만, 조선 초기의 시풍을 당풍과 송풍의 어떠한 한 가지 시풍으로 규정할 수 있는 경향성이 확인되지는 않는다. 이러한 현상이 나타나게 된 것은 조선

332 高棅, 「歷代叙論」, 『唐詩品彙』, "唐詩主於達性情, 故於三百篇爲近, 宋詩主議論, 故於三百篇爲遠."

333 조선시대 『唐詩品彙』의 간행과 수용에 대한 내용은 전염순의 논문을 통해 확인할 수 있다. (전염순, 「조선시대 『唐詩品彙』의 간행과 수용」, 고려대학교 박사학위논문, 2018.)

초기의 시대적 상황에도 적지 않은 이유가 있다고 생각된다. 조선 초기는 정치·경제·사회·문화 등 제 분야의 혼란이 일었던 시기이다. 고려조에서 무신정권이 끝났을 때 고려의 국교였던 불교는 폐단이 너무 커져 있었다. 위화도회군 이후 실권을 잡은 이성계는 정도전을 비롯한 고려의 신진세력과 정치개혁을 단행하였다. 이성계의 조선 건국은 주자학의 영향을 받은 고려 신진세력의 지원 아래 이루어졌기 때문에 조선은 주자학을 기반으로 한 숭유억불崇儒抑佛에 힘쓰게 되었다. 이들에게 주자학은 사상적인 면에서만 기능한 것이 아니라 정치이념으로 작용하는 것이었다. 그런데 조선은 주자학을 새로운 정치이념으로 표방하기는 하였으나 실제 정치에 곧바로 적용하기는 어려웠기에 제도적인 차원에서 주자학을 정리할 필요가 있었다. 조선 건국 초 정도전이 태조의 즉위 교서에서 문장에 도움이 되는 제술보다 경전을 익혀 경학에 뛰어난 인재를 뽑고자 한 것[334]도 주자학을 자리 잡게 하기 위한 노력에 해당할 것이다.

하지만 조선 건국 초에 태조는 정치·사회적 안정에 힘을 쏟았고 왕자의 난 이후에 왕위에 오른 태종은 왕권 강화에 더 힘을 기울였기에 정치이념에 대한 제도적인 정비가 이루어지기는 어려웠다. 세종조에는 제도적인 정비와 함께 집현전을 개편하여 학자 양성과 학문 연구에 힘을 쏟았다. 세종 이후 문종이 일찍 죽고 단종이 즉위하자 수양대군은 계유정난을 일으켜 왕위를 찬탈하였고, 수양대군이 세조로 즉위한 뒤에는 일부 신하들이 단종의 복위를 도모하다가 발각되어 죽임을 당하는 사육신 사건이 일어나기도 하였다. 세조 이후 성종

334 『太祖實錄』 卷1, 1년 7월 28일, "試講所通經書, 自四書五經通鑑已上通者, 以其通經多少, 見理精粗, 第其高下爲第一場. …… 監試革去."

대에는 고려의 잔재로 남아있던 불교의 영향력이 사그라들고, 새로운 정치이념으로 도입하였던 주자학이 점점 자리를 잡았다. 또 문화의 진흥에 힘을 쏟아 각종 서적의 간행을 추진하였고, 이를 통해 조선 초기 문물제도를 완성하였다. 그러나 성종을 뒤이어 왕위에 오른 연산군의 실정으로 두 차례의 사화가 일어났다.

조선 초기에는 문운의 성세를 열었던 세종과 성종의 치세가 있었다. 15세기 세종에서 성종으로 이어지는 치세는 조선에서 문운이 가장 융성했던 시기로 인식되어, 후대 지식인들이라면 누구든 이 시기를 통치의 귀감이자 전범으로 여겼다.[335]

세종은 집현전을 개편하여 학자 양성과 학문 연구에 힘썼다. 집현전을 통해 많은 문인들이 배출되었고, 사가독서제賜暇讀書制를 시행하여 젊은 인재를 지원하였다. 사가독서는 집현전의 젊고 유능한 인재를 뽑아 휴가를 주어 독서에 전념할 수 있도록 하는 제도인데, 이를 통해 조선 전기에 명성을 떨친 뛰어난 문사들이 많이 배출되었다. 세종 8년 권채權採, 신석견辛石堅, 남수문南秀文 등이 사가독서에 선발된 이후로 단종대까지 사가독서가 지속되어 최항崔恒·김수온金守溫·서거정徐居正·이파李坡·유성원柳誠源·이승소李承召·강희맹姜希孟 등 성종대 명성을 떨친 뛰어난 문사들이 사가독서에 선발되었다.

세종은 집현전을 통해 학자 양성과 학문 연구에 힘썼을 뿐만 아니라, 문학의 진흥에도 많은 관심을 두었다. 세종은 사가독서의 첫 선발자이자 당시 검토관이었던 권채에게 "두시와 같은 것은 풍월이나 읊조리는 일로 유자의 바른 학문이 아니지만 또한 섭렵하지 않을 수

335 정용건, 「中宗代 官僚 文人의 '文治'에 대한 기억과 정책적 계승 - 世宗·成宗代 학문에 대한 인식을 중심으로」, 『한문고전연구』 37, 한국한문고전학회, 2018, 145쪽.

없으니, 그대들은 학문에 더욱 힘쓰고 두보의 시나 한유와 유종원의 글들을 익숙히 보는 것이 좋다."[336]라고 하면서 당나라의 시와 문장을 볼 것을 권면하였다. 또 집현전에서는 문학을 진흥하기 위해 문과의 중장에서 부賦와 배율십운시排律十韻詩 중 하나를 시험 볼 것을 건의하기도 하였고 성균관 생원들이 여가에 초사楚辭나 문선文選, 이백·두보·한유·유종원·구양수·왕안석·소식·황정견 등 중국 역대 제가諸家의 시문詩文를 익히게 할 것 등을 제안하였는데, 세종은 이를 따르면서 문학 진흥에 대한 의지를 보이기도 하였다.[337] 또 시문에 관심이 많았던 세종의 셋째 아들 안평대군은 『팔가시선八家詩選』을 편찬하기도 하였다. 『팔가시선八家詩選』은 안평대군이 주관하여 당에서는 이백·두보·위응물·유종원, 송에서는 구양수·왕안석·소식·황정견 등 당송팔대가唐宋八大家의 시 가운데 오언五言과 칠언율시七言律詩, 칠언절구七言絶句 중에서 모범이 될 만한 것을 뽑아서 만든 책이다.[338] 이를 봉해 이 시기에는 이 당시에는 당풍과 송풍을 구분하지 않고 시를 공부하기 좋은 전범이 되는 중국 시나 시인이라면 두루 학습하였다는 것을 알 수 있다.[339]

세종의 치세가 지나고 문종이 즉위하였으나 일찍 죽고, 어린 단종이 즉위하자 수양대군이 계유정난을 일으켜 왕위를 찬탈하였는데, 수양대군이 세조로 즉위하자 신하들이 단종의 복위를 도모하다가 발

336 『世宗實錄』 卷48, 12년 5월 18일, "上謂檢討官權採曰, …… '若杜詩則吟風詠月, 非儒者正學, 然亦不可不涉, 若等尤加勉學, 如杜詩, 韓·柳文等書, 靡不熟看可也.'"

337 『世宗實錄』 卷68, 17년 6월 26일.

338 李瑢, 「八家詩選序」, 『東文選』 卷94, "於唐得李杜韋柳, 於宋得歐王黃蘇, 采五七言短律及七言絶句等可爲楷範者, 凡若干首, 分爲十卷, 以便觀閱."

339 전송열, 『朝鮮 前期 漢詩史 硏究』, 이회, 2001, 61쪽.

각되어 죽임을 당하였다. 그런데 이 사육신 사건에 연루되었던 신하들이 집현전의 관리들이었기 때문에 사육신 사건이 일어난 뒤 집현전이 폐지되었고, 집현전에서 운영되던 사가독서제 역시 폐지되었다. 성종은 즉위 이후 문인 양성 제도의 필요성을 인식하여 예문관을 열었고, 세조대에 폐지되었던 사가독서제도 다시 실시하였다. 사가독서제는 원래부터 사장학에 중심이 있었는데, 사림의 힘이 커지면서 경학이 점차 중시되었지만, 사신 접대와 같은 실용적인 목적 때문에 사장에 능한 인재의 양성을 목적으로 하는 사가독서제가 유지될 수 있었다.[340]

성종대에는 주자학이 정치이념으로 자리를 잡고, 각종 서적의 간행을 통해 조선 초기 문물제도를 완성하였다. 성종대에 이러한 간행사업의 일환으로 나온 서적이 『경국대전』, 『여지승람』, 『오례의』, 『악학궤범』과 같은 조선의 문물제도와 관련된 것들이다. 이 책에서 다루었던 시문선집 가운데 하나인 『동문선』 역시 1475년(성종 6) 경에 편찬되기 시작하여[341] 1478년(성종 9)에 완성되었다.[342] 홍만종은 『동문선』을 두고 "하나로 모았을 뿐이니 또한 선별하는 방법을 따른 것이 아니다."[343]라고 하였으며, 남용익은 "넓지만 정밀하지 못하다."[344]라고 하였는데, 이는 많은 작품을 담았지만, 좋은 작품을 선별하여 담은 것이 아님을 지적한 것이다. 하지만 가급적 많은 문체의 다양한

340 이종묵, 「賜暇讀書制와 讀書堂에서의 문학 활동」, 『한국한시연구』 8, 한국한시학회, 2000, 6~7, 10, 40~41쪽.

341 『成宗實錄』 卷5, 6년 5월 7일, "居正曰, '…… 臣等欲倣古文選, 自新羅至我朝, 類選詩文, 今已裒集, 時未成書耳.' 上曰, '第撰之, 當印頒.'"

342 徐居正, 「東文選序」, 『東文選』 序, "成化紀元之十四年蒼龍戊戌二月下浣."

343 洪萬宗, 「附證正」, 『詩話叢林』, "東文選, 卽一類聚, 亦非選法."

344 南龍翼, 「箕雅序」, 『壺谷集』 卷15, "東文選, 博而不精."

작품을 수록하였기에, 후대에 많은 작품을 전할 수 있어 『동문선』은 현재까지 조선 초기의 문학 관련 자료집으로서 큰 역할을 하고 있다.

세종대와 성종대 문운의 흥기에 관한 내용을 살펴보면 새로운 문학적 담론에 중점을 둔 것이 아니라 당대까지의 문학적 역량을 집대성하는 데에 중점을 두었다는 것을 확인할 수 있다. 조선 초기의 문예 정책이 기본적으로 유학과 문학의 조화에 힘을 기울였다는 데에서도 알 수 있듯 새로운 것을 받아들이기보다는 기존의 것을 조화시키고 집대성하는 데 역점을 두었다. 성종조 문물제도 정비 차원에서 편찬된 『동문선』에 다양한 문체의 많은 작품이 수록된 이유 역시 시풍의 우열 담론에 따른 취사보다는 조선 초기까지의 문학적 역량을 집대성하는 데 목적이 있었기 때문이라고 볼 수 있다.

이처럼 조선 초기에 새로운 문학적 담론이 형성되지 않았던 것에는 외부와의 접촉이 많지 않았던 것이 하나의 요인이 될 수 있을 것으로 보인다. 외부의 자극이 새로운 담론 형성의 필수적인 요인은 아니지만 새로운 문화적 조류가 형성되는 중요한 요인의 하나가 외부의 자극이기 때문이다. 당풍의 유입에 당나라 유학생들이 큰 영향을 미쳤고, 송풍의 유입에는 송나라와의 활발한 교역이 큰 역할을 하였다. 또 원 간섭기에 원나라에 유학하거나 방문한 학자들을 통해 주자학의 수입이 이루어졌다. 하지만 조선 건국 초인 15세기에는 상인들의 자본축적이 미흡한데다 사무역이 법제로 금지되어 있었고,[345] 명나라와의 교류도 활발히 이루어질 수 없는 여건이었기에 고려만큼 중국의 문학 경향에 빠르게 반응하지 못하였다. 명나라 건국 초 중국에서는 원나라의 문풍을 벗어나 한족의 것을 되찾으려는 움직임을 보

345 박원효, 『한국사』 22, 국사편찬위원회, 1995, 303쪽.

이다가, 영락永樂(1403~1424), 성화成化(1465~1487) 연간에는 대부분의 작가들이 명나라의 공덕과 태평을 칭송하는 대각체 시문을 지었다. 영락·성화 연간 이후, 홍치弘治(1488~1505), 정덕正德(1506~1521) 연간에 중국의 문단에서 이몽양李夢陽·하경명何景明을 비롯한 전칠자가 활동하였으나[346] 조선 초기에는 이들의 영향력을 찾아볼 수 없다.

조선 초기에 명나라의 문화가 즉각적으로 반영되지 않았지만 명나라에서 건국 초의 혼란이 안정되면서 대각체의 한시를 지었던 것처럼 조선에서 역시 관각문인들이 활동하면서 조선 초기 시 창작의 한 경향을 형성하기도 하였다. 우리나라의 조선 초기, 15세기를 대표할 만한 문인들은 대부분 관각에 몸을 담고 있었는데, 정도전·권근·성석린·변계량·서거정·성현과 같은 작가들이 이에 해당한다.[347] 특히 관각의 영수인 대제학은 당대 시단에 가장 큰 영향을 미쳤다. 조선 초기 가장 오랜 시간 동안 대제학을 맡은 서거정은 20여 년을 대제학의 자리에 있었기 때문에 강희맹, 이승소, 김수온 같은 인물이 대제학의 자리에 오르지 못하였다.[348] 이렇게 오랜 시간 동안 대제학의 자리에 있던 서거정과 그의 뒤를 이어 대제학이 된 성현은 대표적인 관각문인으로 불리게 되었다.[349] 서거정과 성현은 성종대에 『동문선』과 『악학궤범』 같은 서적의 편찬을 주도하는 등 조선 초기의 서적 간행사업에 적극적으로 가담하였다. 이들이 관각에서 지은 시를 보

346 김학주, 『중국문학사』, 신아사, 1994, 485~487쪽.

347 이종묵, 「조선전기 관각문학의 성격과 문예미」, 『국문학연구』 8, 국문학회, 2002, 41쪽.

348 許筠, 「惺叟詩話」, 『惺所覆瓿稿』 卷25, "徐四佳久爲大提學, 故一時如姜晉山·李陽城·金永山, 皆不得主文而先沒."

349 張維, 「簡易堂集序」, 『谿谷集』 卷6, "虛白四佳通敏利用, 館閣之豪."

면 관각문학의 성격이 잘 드러나는데, 관각시는 청완淸婉한 기풍을 주로 하면서 생활의 흥취와 한적을 노래한 것이 많아, 당풍의 기미가 강하게 나타난다.[350] 이 책에서 살펴본 시 가운데 성현의 〈비를 마주하고 청주동헌에서 쓰다對雨, 題淸州東軒〉는 관각체의 경향을 잘 보여주는 시이다. 하지만 서거정과 성현이 대표적인 관각문인이고, 관각시에 당풍의 기미가 많이 드러난다고 하여 이들의 시를 당풍의 시라고 단정할 수는 없다. 그것은 서거정이 많은 시를 지었을 뿐만 아니라 『동인시화』를 지어 신라에서 서거정 당대까지의 시에 대해 언급하였는데, 『동인시화』에 나타난 서거정의 시론에 당풍의 영향[351]과 송풍의 영향[352]이 모두 나타나기 때문이다. 이는 서거정이 당풍과 송풍에

350 이종묵, 「조선전기 관각문학의 성격과 문예미」, 『국문학연구』 8, 국문학회, 2002, 44쪽.

351 서거정의 시론에 나타나는 당풍의 영향에 관한 선행 연구를 살펴보면, 여진호는 서거정이 중국의 시를 끌어오는 데 있어서 唐·宋의 시를 모두 모범으로 삼았지만 송시보다 당시를 우위에 두고 당시를 전범으로 삼았다고 하였으며, 엄재선은 詩評에 있어서 두보와 소식을 모범으로 삼았는데, 그 중에서도 시의 기교적인 문제와 시가 세교에 바른 영향을 주어야 한다는 시의 효용성에 많은 비중을 두어 유교 사상에서 나온 현실의식을 주로 표현하였던 두보의 영향을 더 크게 받았다고 하였다. 김풍기는 서거정이 宋詩보다 唐詩를 더 훌륭한 詩評의 기준으로 삼았으며, 자기 시대가 태평성대임을 징험하기 위해서 작가가 담당해야 할 일은 바로 그에 걸맞는 豪富한 풍격의 작품을 지어야 한다고 하였다고 언급하였다. 박수천은 서거정의 문학비평이 宋詩를 추숭하지 않았으며 『동인시화』에 용사에 관한 기사를 많이 수록했다는 것이 송시 추숭의 증거가 되지 않는다고 하면서, 『동인시화』에서 논한 이상적 작품은 意新語奇하며 깊은 함축을 담은 것인데 이는 바로 唐詩가 지닌 문학성을 지적한 것이라고 하였다. (여진호, 「東人詩話 속에 나타난 徐居正의 批評觀」, 『동양한문학연구』 1, 동양한문학회, 1985, 67쪽.; 엄재선, 「東人詩話硏究」, 숙명여자대학교 석사학위논문, 1991, 26쪽.; 김풍기, 「서거정의 文學論 硏究」, 『어문학보』 16, 강원대학교 국어교육과 1993, 99, 121쪽.; 박수천, 「徐居正의 文學批評」, 『서거정 문학의 종합적 검토』, 한국정신문화연구원, 1998. 234쪽.)

352 송풍의 영향이 더 크다고 본 선행 연구도 있는데 안미영은 서거정이 성리학을 통치이념으로 채택한 조선 왕조의 도양에서 宋詩學의 영향을 수용하면서도 새로운 문학관을 펼쳐 보였다고 하였다. 김풍기는 서거정이 用事와 點化를 중시했는데, 점화의

모두 주목하였음을 보여준다.

세종과 성종의 시기가 치세라고 하였으나 세종 이전으로 왕자의 난, 세종과 성종 사이에 계유정난이, 성종 이후 연산군 대에 두 차례 사화가 일어나 혼란이 일기도 했기에 유방선과 같이 개인적인 곡절을 겪거나 이주나 박은처럼 사화라는 큰 사건을 겪은 작가들은 다양한 개인적인 상황을 자신의 처지에 따라 시 속에 담아내었다. 서거정과 같이 20여 년을 대제학의 자리에 있으면서 평탄한 관직 생활을 했다고 알려진 인물 역시 출사 초반에는 절친한 이들이 조정의 핵심 세력으로 부상하는 것을 지켜보면서 공명에 대한 열망을 드러내거나 불안정한 모습을 보이기도 한다.[353] 이처럼 한 시기가 치세의 연속이고, 한 사람의 인생이 탄탄대로처럼 보인다고 하더라도 돌아보면 크고 작은 사건들이 계속되기 때문에, 한 사람의 시문학 작품에 한가지 성격만 나타날 수 없어, 다양한 감정과 생각이 담긴 시문학 작품이 창작되는 것이다. 또 이렇게 각각의 상황에서 지어지는 시들은 작가의 처지와 감정에 따라 당풍의 시가 되기도 하고 송풍의 시가 되기도 한다.

또 한 명의 작가가 당풍의 시만 짓거나 송풍의 시만 지은 것이 아니

방법으로 제시할 수 있는 것이 강서시파에서 말한 환골과 탈태라고 하여 서거정에게 강서시파의 영향이 있었음을 언급하였다. 윤인현은 서거정을 '강서시론의 계승자'로 평가하고 용사와 점화의 작법이 그의 주요 시론이며, 이는 용사와 점화 이론이 조선 전기에 일반화되었음을 보여주는 예라고 하였다.(안미영, 「徐居正 詠物詩의 特性 硏究」, 『수련어문논집』 26, 부산여자대학교 수련어문학회, 2001. 104쪽.; 김풍기, 「조선전기 문학론의 위계와 『東人詩話』」, 『한민족어문학』 73, 한민족어문학회, 2016, 245쪽.; 윤인현, 「『東人詩話』를 통해 본 徐居正의 用事와 點化에 대한 인식」, 『한국문학과 예술』 29, 숭실대학교 한국문학과 예술연구소, 2019, 125쪽.)

353 김창호, 「徐居正 초기시에 있어서의 功名의 문제와 시적 대응」, 『동방한문학』 85, 동방한문학회, 2020, 103～104쪽.

라는 것도 확인된다. 한 작가의 시에서 당풍의 시와 송풍의 시가 모두 발견된다는 것은 한 작가가 한 시풍의 시만을 창작한 것이 아니라는 사실을 반증하는 것이다. 이렇게 조선 초기 대표 작가의 대표 작품을 통해 확인한 사실을 확장해 본다면, 조선 초기뿐만 아니라 우리 한시사의 전 시기에 당풍과 송풍의 시가 공존한다고 생각할 수 있다.

조선 초기는 전으로 고려 후기와, 후로 16세기와 이어진다. 지금까지 고려 중기에서 조선 초기에는 소식을 위시한 송풍이 유행하였다고 알려졌는데, 이 책에서 작품을 통해 확인해 본 결과 조선 초기의 시문학에는 당풍의 시와 송풍의 시가 공존하였다. 그런데 이 책에서 논의의 대상으로 삼은 대표 작가 가운데 정도전과 이첨은 고려 후기부터 활동했던 인물이고, 그런 만큼 이들의 대표 작품에는 고려조에서 지어진 시도 있다. 또 이 책에서 선정한 대표 작가 가운데 생년을 기준으로 가장 마지막에 해당하는 인물인 박은은 이행・박상・정사룡・노수신・황정욱과 함께 해동강서시파로 일컬어지기도 했다. 모든 시기가 그러하듯이 조선 초기 역시 고립된 시기가 아니라 앞 시기, 뒷 시기와 연결된 시간 속에 있는 것이다.

조선 초기가 고려 후기와 16세기의 가운데에 위치하면서 연속된 시간적 흐름 속에 놓여있고, 조선 초기의 대표 작가와 대표 작품에서 당풍과 송풍이 모두 확인된다고 한다면, 시풍 역시 단절되는 것이 아니라 앞 시기에 유행하던 경향이 발전하기도 하고 쇠퇴하기도 하면서 이어진다고 보아야 한다. 현재까지 우리나라 시풍의 변전을 언급할 때 신라 말 최치원을 비롯한 견당 유학생들의 영향으로 만당풍의 한시가 유입되었던 것을 시작으로 하여 고려 중엽까지 만당풍이 유행하였고, 11세기 후반에 소식의 시가 유입되고 12~13세기가 되어서는 소식을 위시한 송풍이 유행하기 시작하여 송풍의 시가 조선 초기까지 영향을 미치다가 15세기 후반에 이르면 해동강서시파라는 일군의 무리가 형성되었고, 이후 목릉성세에 이르러서는 당풍의 시가 다시 유행하면서 삼당 시인이 등장하였다고 한다.

신라에서 목릉성세까지 시풍의 변전을 이렇게 단선적으로 설명하지만 모든 시기는 연결된 시간 속에 있고, 각각의 시기를 살아가는 사람의 의식과 생활 양식, 문학 경향 역시 연속되는 흐름 속에서 움직이는 것이기에, 소식의 시가 유입되었다고 해서 당풍의 시를 짓던 사람들이 모두 소식의 시에 관심을 가지고 송풍의 시를 지었다고 보기는 어렵다. 특히 송대에 시를 지었던 작가가 모두 송풍의 시를 지은 것이 아니기 때문에 소식의 시에서도 당풍의 시와 송풍의 시가 모두 발견된다. 그러므로 고려 중기 이후 소식의 시에 흥미를 가지고 몰두했던 작가라고 해서 모두 송풍의 시를 지었다고 하기는 어렵다. 이러한 사실을 확장한다면 고려 중기에서 조선 초기까지 소식을 위시한 송풍이 유행했다고 하지만 고려 중기와 후기에도 당풍의 시에 능한 작가가 있었고, 송풍의 시에 능한 작가가 있었다고 보아야 한다.

이러한 고려 시대의 한시 창작 경향은 조선 초기에도 이어져 조선 초기에도 당풍에 능한 작가와 송풍에 능한 작가가 공존하였다. 또 조선 초기의 한시 창작 경향은 다음 시기의 한시 창작에 영향을 미치게 된다. 그런데 이 책에서 다루고 있는 시기 바로 다음 시기에 나타난 대표 작가는 해동강서시파이다. 이종묵은 해동강서시파에 해당하는 작가로 박은(1479~1504)·이행(1478~1534)·박상(1474~1530)·정사룡(1491~1570)·노수신(1515~1590)·황정욱(1532~1607) 6명을 들었는데, 이 가운데 정사룡, 노수신, 황정욱은 삼당시인으로 알려진 백광훈(1537~1582)·최경창(1539~1583)·이달(1539~1612)과 동시대에 활동하였다.

이렇게 보면 15세기 말에서 16세기가 되면 조선 초기와 달리 작가에 따라 당풍과 송풍 가운데 한가지 시풍에 주력하는 경향을 발견할 수 있다. 이 시기의 작가들이 하나의 시풍에 주력하게 된 것은 조선 초기 세종과 성종대의 치세를 거치면서 문학적 역량이 확장되었고, 그런 가운데 작가들이 당풍의 시와 송풍의 시를 모두 창작하면서 각각의 시풍에 주력할 수 있는 토양이 마련되었기 때문이라고 생각된다. 이렇게 본다면 각 시기의 시풍은 단절되지 않고 유기적으로 이어진다고 생각할 수 있고, 이러한 유기적 연관성을 우리나라 한시사의 전시기로 확장할 수 있을 것이다.

여기에서는 조선 초기의 한시를 대상으로 그 시풍을 분석하였지만 우리나라 한시사 다른 시기의 한시를 작시 기법으로 분석한다면 표현의 기법과 설명의 기법이 더 다양한 관계로 엮이는 양상을 확인할 수 있을 것이라고 생각된다. 한시의 창작에 있어 시풍은 가장 본질적인 요소이고, 한시의 시풍은 시기를 불문하고 당풍과 송풍으로 구분되지만, 시풍은 발전하기도 하고 쇠퇴하기도 하면서 이어지는 것이기 때문이다. 또 다른 시기는 사회적인 분위기 혹은 시문학을 창작하는 여건 자체가 조선 초기와 다르기 때문에 시풍 역시 다른 양상을 띨 것이다. 따라서 다른 작가, 다른 시기의 시풍을 지속적으로 연구한다면 우리나라 한시사를 보다 풍성하게 조망할 수 있을 것으로 기대된다.

참고문헌

1. 자료

權鼈, 『海東雜錄』

金萬重, 『西浦漫筆』

金時習, 『梅月堂集』

金宗直, 『青丘風雅』

金昌協, 『農巖集』

南龍翼, 『壺谷集』

南龍翼, 『壺谷漫筆』

南龍翼, 『箕雅』, 미국 하바드대학 옌칭도서관본.

徐居正, 『四佳集』

徐居正, 『東人詩話』

徐居正 外, 『東文選』

成俔, 『虛白堂集』

成俔, 『慵齋叢話』

申景濬, 『旅菴遺稿』

申用漑, 『二樂亭集』

申用漑 外, 『續東文選』

申緯, 『警修堂全藁』

申欽, 『象村稿』

梁慶遇, 『霽湖集』

柳方善, 『泰齋集』

李奎報, 『東國李相國集』

李山海, 『鵝溪遺稿』

李裕元, 『林下筆記』

李珥,『栗谷全書』
李承召,『三灘集』
李仁老,『破閑集』
李詹,『雙梅堂篋藏集』
林椿,『西河集』
張維,『谿谷集』
張志淵,『大東詩選』, 學民文化社.
鄭道傳,『三峯集』
正祖,『弘齋全書』
曹伸,『謏聞瑣錄』
崔滋,『補閑集』
崔瀣,『拙藁千百』
許筠,『惺所覆瓿稿』
許筠,『國朝詩刪』,
許筠,『鶴山樵談』
洪萬鍾,『小華詩評』
洪萬鍾,『詩話叢林』,『韓國詩話叢編』5.
黃玹,『梅泉集』
『高麗史』
『大東野乘』
『成宗實錄』
『燕山君日記』
『中宗實錄』

高棅,『唐詩品彙』
孔穎達,『毛詩正義』
郭兆麟,『梅崖詩話』
羅大經,『鶴林玉露』
蘇頌,『蘇魏公文集』
蘇軾,『東坡全集』
葉燮,『原詩』

嚴羽,『滄浪詩話』
吳可,『藏海詩話』
翁方綱,『石洲詩話』
『唐會要』

2. 단행본

강석중 외,『허균이 가려뽑은 조선시대의 한시』 1~3, 문헌과 해석사, 1999.
김종진 외,『조선시대한시작가론』, 이회문화사, 1996.
김학주,『조선시대 간행 중국문학 관계서 연구』, 서울대학교 출판부, 2002.
박선정,『佔畢齋 金宗直 文學研究』, 이우출판사, 1989.
변종현,『高麗朝漢詩研究 - 唐宋詩 受容樣相과 韓國的 變容』, 태학사, 1994.
심경호,『한국한시의 이해』, 태학사, 2000.
안대회,『對校譯註 小華詩評』, 국학자료원, 1995.
안병국,『唐詩概論』, 청년사, 1996.
오가와 다마끼(심경호 역),『당시개설』, 이회, 1998.
요시카와 고지로(호승희 역),『송시개설』, 동문선, 2007.
여운필,『高麗後期 漢詩의 研究』, 월인, 2004.
윤재환 외,『허균이 사랑한 한시 惺叟詩話』, 학자원, 2017.
이병혁,『性理學 受容期 漢詩의 特徵』, 태학사, 1999.
이종묵,『海東江西詩派研究』, 태학사, 1995.
이종묵 외,『서거정 문학의 종합적 검토』, 한국정신문화연구원, 1998.
이혜순,『고려 전기 한문학사』, 이화여자대학교 출판부, 2004.
조규백,『한국 한문학에 끼친 소동파의 영향』, 명문당, 2016.
전송열,『朝鮮 前期 漢詩史 研究』, 이회, 2001.
정경주,『成宗朝 新進士類의 文學世界』, 법인문화사, 1993.

3. 논문

〈학위 논문〉

강전항,「姜希孟의 詩世界」, 단국대학교 석사학위논문, 1987.
강현정,「姜希孟의 詩書畵에 關한 研究」, 대전대학교 석사학위논문, 2021.

곽상우, 「『동인시화』 연구」, 세종대학교 석사학위논문, 2008,

권순열, 「「東人詩話」에 나타난 徐居正의 詩觀硏究」, 조선대학교 석사학위논문, 1982.

권진옥, 「橘山 李裕元의 學問 性向과 類書·筆記 편찬에 관한 연구」, 고려대학교 박사학위논문, 2015.

권혁명, 「16세기 식영정 시단의 시세계 연구 – 임억령, 양응정, 김성원, 정철을 중심으로」, 고려대학교 박사학위논문, 2007.

김경숙, 「忘軒 李胄의 漢詩硏究」, 충남대학교 석사학위논문, 1995.

김　기, 「점필재(佔畢齋) 김종직(金宗直)의 시에 나타난 도학사상 연구」, 『유학연구』 54, 충남대학교 유학연구소, 2021.

김대월, 「泰齋 柳方善의 詩世界」, 충남대학교 석사학위논문, 2000.

김승회, 「徐居正의 文學思想 硏究」, 단국대학교 석사학위논문, 1992.

김승룡, 「좌주문생을 통한 고려후기 한시 연구」, 고려대학교 박사학위논문, 2002.

김영봉, 「佔畢齋 金宗直의 詩文學 硏究」, 연세대학교 박사학위논문, 1998.

김용각, 「佔畢齋 金宗直의 詩文學考」, 동국대학교 석사학위논문, 1988.

김은수, 「梅月堂詩硏究」, 전남대학교 박사학위논문, 1995.

김재익, 「雪岑 金時習의 佛敎詩攷」, 동국대학교 석사학위논문, 1996.

김지애, 「初期 士林의 歷史紀行 詩文에 관한 一考察 – 金宗直·兪好仁·曺偉를 중심으로」, 성균관대학교 석사학위논문, 1995.

김창호, 「朝鮮中期 西人系 詩人의 詩世界 硏究」, 고려대학교 박사학위논문, 2005.

김태안, 「成俔의 文學論과 詩世界」, 성균관대학교 석사학위논문, 1982.

김태호, 「雙梅堂 李詹 詠史詩 硏究」, 상명대학교 석사학위논문, 2004.

김현숙, 「金時習의 詩에 나타난 삶의 樣相과 文學觀」, 숙명여자대학교 석사학위논문, 2001.

김현영, 「金宗直 詩文選集의 主題意識과 意味」, 경북대학교 석사학위논문, 2008.

김현주, 「高麗 武人執權期 竹林高會의 成立과 性格」, 충북대학교 석사학위논문, 2008.

노항옥, 「三峯 鄭道傳文學의 一考察 – 流配期作品을 中心으로 –」, 성균관대학교 석사학위논문, 1992.

명희복, 「鄭三峯詩歌文學硏究」, 경기대학교 박사학위논문, 1998.

문상기, 「金時習硏究」, 동아대학교 박사학위논문, 1991.

박성순, 「四佳 徐居正의 詩文學 硏究」, 충남대학교 박사학위논문, 1989.

박신옥, 「東人詩話에 나타난 徐居正의 詩論 硏究」, 공주대학교 석사학위논문, 2001.

박재홍, 「김시습 문학에 나타난 역사인물의 형상화 연구」, 고려대학교 석사학위논문, 2009.

박희웅, 「徐居正의 漢詩研究 - 自然詩를 中心으로」, 단국대학교 석사학위논문, 1985.

백연태, 「徐居正의 詩論과 詩世界」, 충남대학교 박사학위논문, 2005.

손지수, 「태재(泰齋) 유방선(柳方善)의 연작시 연구 - 두보(杜甫) 연작시 수용을 중심으로」, 연세대학교 석사학위논문, 2017.

송기섭, 「매월당 김시습의 시문학 연구」, 선문대학교 석사학위논문, 2006.

송만용, 「揖翠軒 朴誾의 詩文學」, 동국대학교 석사학위논문, 1998.

신상구, 「虛白堂 成俔의 風雅錄研究」, 동국대학교 석사학위논문, 1994.

안민용, 「姜希孟의 〈題四佳漢都十詠屛風用四佳韻李三灘同賦〉 考察」, 수원대학교 석사학위논문, 2000.

엄재선, 「東人詩話研究」, 숙명여자대학교 석사학위논문, 1991.

왕 찬, 「金時習의 和陶詩 研究」, 중앙대학교 석사학위논문, 2015.

유재민, 「泰齋 柳方善의 한시 연구」, 부산대학교 석사학위논문, 2017.

윤재환, 「매산 이하진 시문학 연구 - 성호 가학의 성립과 관련하여」, 성균관대학교 박사학위논문, 2004.

이강렬, 「三峯 鄭道傳의 漢詩 研究」, 단국대학교 석사학위논문, 1986.

이교선, 「梅月堂 詠史詩에 관한 研究」, 성균관대학교 석사학위논문, 1994.

이민용, 「徐居正 茶詩 研究」, 경북대학교 석사학위논문, 2011.

이상직, 「揖翠軒 朴誾의 詩文學攷」, 동국대학교 석사학위논문, 1988.

이은주, 「李詹의 「讀史感遇」 研究」, 경상대학교 석사학위논문, 1999.

이정규, 「三灘 李承召의 漢詩 研究」, 고려대학교 박사학위논문, 2012.

이종건, 「徐居正詩文學研究」, 동국대학교 박사학위논문, 1984.

이지연, 「梅月堂 金時習의 詩文學 研究 - 그의 道教思想을 中心으로」, 원광대학교 석사학위논문, 2004.

이현일, 「金時習 《四遊錄》詩 研究」, 연세대학교 석사학위논문, 1998.

이현지, 「柳方善 漢詩 考察 - 杜詩 受容을 中心으로」, 동국대학교 석사학위논문, 2000.

임기묵, 「徐居正 文學의 比較文學的 研究 - 中國 漢詩의 受容과 變形을 中心으로」, 고려대학교 박사학위논문, 2001.

임준성, 「梅月堂 金時習의 佛教詩 研究」, 한양대학교 박사학위논문, 2003.

정민규, 「揖翠軒 朴誾의 漢詩研究」, 성균관대학교 석사학위논문, 1990.

정석용, 「金宗直의 漢詩硏究」, 단국대학교 석사학위논문, 1986.
정선용, 「三灘 李承召의 詩意識과 詩世界」, 성균관대학교 석사학위논문, 2008.
정용건, 「중종대 관료 문인의 학적 지향과 문학의식」, 고려대학교 박사학위논문, 2020.
정용수, 「私淑齋 姜希孟 文學 硏究」, 성균관대학교 박사학위논문, 1990.
조익행, 「虛白堂 成俔의 「風雅錄」 硏究, 충남대학교 석사학위논문, 1991.
조항덕, 「三峯 鄭道傳의 思想과 그 文學的 具現」, 성신여자대학교 박사학위논문, 2008.
지영원, 「『東人詩話』의 文獻 受容樣相 硏究」, 고려대학교 석사학위논문, 2020.
최은주, 「17세기 시선집 편찬에 대한 연구」, 경북대학교 박사학위논문, 2006.
최혜경, 「김시습 茶詩 연구」, 조선대학교 석사학위논문, 2010.
하영옥, 「조선 전기 점필재(佔畢齋) 김종직(金宗直)의 차시(茶詩) 연구, 계명대학교 석사학위논문, 2014.
한소영, 「梅月堂 金時習의 詩文學 硏究 - 遊湖南錄 詩를 중심으로」, 원광대학교 석사학위논문, 2003.
한인석, 「徐居正 文學 硏究 - 「東人詩話」를 中心으로」, 단국대학교 박사학위논문, 1989.
한재표, 「三峯 鄭道傳 詩의 硏究」, 성균관대학교 석사학위논문, 2001.
홍순석, 「成俔의 文學論과 詩世界」, 성균관대학교 석사학위논문, 1982.
홍종만, 「高麗詩話集의 比較文學的 硏究 - 李仁老·李奎報의 中國文學 受容을 中心으로」, 단국대학교 석사학위논문, 1984.
황아영, 「虛白堂 成俔의 文學 硏究」, 성신여자대학교 박사학위논문, 2017.

〈학술지 논문〉

강명관, 「鄭道傳의 "載道論" 硏究」, 『한문학논집』 10, 근역한문학회, 1992.
강민구, 「조선 관료문인의 職務스트레스와 反應의 문학적 표출양상 - 徐居正의 경우」, 『한문교육연구』 34, 한국한문교육학회, 2010.
______, 「金宗直의 疾病과 文學的 表出」, 『동방한문학』 45, 동방한문학회, 2010.
______, 「徐居正의 문학을 통해 본 바둑의 기능과 형상화」, 『동방한문학』 59, 동방한문학회, 2014.
강석근, 「梅月堂 金時習과 慶州 - 『遊金鰲錄』을 중심으로」, 『온지논총』 23, 온지학회, 2009.
강석중, 「雙梅堂 李詹의 詩世界」, 『한국한시작가연구』 2, 한국한시학회, 1996.
강전항, 「姜希孟의 詩世界」, 『한문학논집』 6, 근역한문학회, 1988.

강지희, 「매월당의 「화연명음주이십수(和淵明飮酒二十首, 연구 – 陶淵明의 「飮酒」詩와의 비교를 중심으로」, 『민족문학사연구』 29, 민족문학사학회, 2005.

강혜선, 「李胄의 삶과 시세계」, 『한국한시작가연구』 3, 한국한시학회, 1998.

______, 「고려 말 사대부의 교유시 연구 – 둔촌, 척약재, 포은, 도은, 삼봉, 양촌을 중심으로 –」, 『한국한시연구』 22, 한국한시학회, 2014.

강택구, 「唐宋詩之爭과 宋詩의 特性」, 『중국학논총』 20, 한국중국문화학회, 2005.

권진옥, 「택당 이식의 序跋類·贈序類 산문 일고」, 『한자한문연구』 58, 고려대학교 한자한문연구소, 2009.

______, 「明代 前七子의 法古와 創新의 문제 – 李夢陽과 何景明의 서신왕래를 통하여」, 『중국어문학논집』 68, 중국어문학연구회, 2011.

______, 「조선 중기 한문 사대가의 비평사적 존재 양상과 위상 재고」, 『Journal of korean Culture』 58, 한국어문학국제학술포럼, 2022.

권혁명, 「南孝溫의 自挽詩 研究」, 『동양한문학연구』 27, 동양한문학회, 2008.

______, 「寓菴 洪彦忠의 漢詩 研究 – 不運의 '病顙駒'와 '和光同塵'의 現實對應을 중심으로」, 『우리어문연구』 36, 우리어문학회, 2010.

______, 「士禍期 知識人의 內面 肖像 – 猿亭 崔壽城論」, 『한국시가연구』, 44, 한국시가학회, 2018.

______, 「충재 최숙생의 삶과 시세계」, 『한문학논집』 58, 근역한문학회, 2021.

김경동·김은이, 「국내 중만당시 연구의 현황과 성과 – 2001~2010년 기간을 중심으로」, 『중어중문학』 56, 한국중어중문학회, 2013.

김 근, 「賦·比·興의 개념과 기능에 대한 현대적 재조명」, 『중국어문학지』 25, 중국어문학회, 2007.

김남이, 「佔畢齋 金宗直의 시와 내면 – 1482년(성종 13) 漢陽 조정 재진입 시기를 전후로 하여」, 『한국한시연구』 23, 한국한시학회, 2015.

______, 「佔畢齋 金宗直의 「和陶淵明述酒」가 읊은 역사와 현실의 문제 – 1475년(성종 6) 겨울, 왜 陶淵明의 「述酒」인가?」, 『코키토』 81, 부산대학교 인문학연구소, 2017.

김대중, 「정도전의 『錦南雜詠』 연구」, 『동방학지』 161, 연세대학교 국학연구원, 2013.

김덕수, 「고려의 對중국 遊學과 制科 급제자」, 『인문연구』 87, 영남대학교 인문과학연구소, 2019.

______, 「서거정의 황화수창과 문학적 대결의식」, 『진단학보』 136, 진단학회, 2021.

김동욱, 「雙梅堂 李詹의 文學과 삶」, 『반교어문연구』 3, 반교어문학회, 1991.

김동준, 「成俔의 삶과 시세계」, 『한국한시작가연구』 3, 한국한시학회, 1998.

_____, 「太平閑話滑稽의 시적 버전 - 徐居正이 선보인 웃음의 館閣詩學」, 『고전문학연구』 59, 한국고전문학회, 2021.

김미선, 「徐居正의 公州十景 漢詩 考察 - 공주의 융복합적 지역문화 탐색을 중심으로」, 『한문고전연구』 39, 한국한문고전학회, 2019.

김상일, 「『영규율수』와 조선시대 수용의 의미」, 『한국문학연구』 23, 동국대학교 한국문학연구소, 2000.

김석회, 「김시습 기행 연작의 시세계(1)」, 『겨레어문학』 41, 겨레어문학회, 2008.

김성기, 「高麗 文人의 蘇東坡 受容 樣相」, 『개신어문연구』 31, 개신어문학회, 2010.

_____, 「『東人詩話』에 나타난 중국시의 수용양상」, 『개신어문연구』 33, 개신어문학회, 2011.

김성룡, 「四佳 徐居正의 시학과 문학 사상」, 『고전문학연구』 59, 한국고전문학회, 2021.

김수경, 「朝鮮時代 賦比興 論議의 認識層位에 대한 고찰」, 『한국한문학연구』 62, 한국한문학회, 2016.

김승룡, 「13세기 후반 13세기 후반 高麗知識人의 現實觀과 詩世界의 한 경향 - 天頙의 白蓮結社를 중심으로」, 『한국문학연구』 30, 동국대학교 한국문학연구소, 2006.

_____, 「고려후기 지식인담론의 새로운 모색을 위하여 - 신흥사대부론을 다시 읽다」, 『한국한문학연구』 51, 한국한문학회, 2013.

_____, 「원간섭기 고려한시사 이해를 위한 전제」, 『국제어문』 57, 국제어문학회, 2013.

김승회, 「徐居正의 文學論에서의 官僚的 性格」, 『한문학논집』 12, 근역한문학회, 1994.

김영봉, 「金宗直 詩 硏究」, 『열상고전연구』 3, 열상고전연구회, 1990.

_____, 「佔畢齋 金宗直의 官僚文人的 性格」, 『연민학지』 3, 연민학회, 1995.

_____, 「『青丘風雅』 硏究」, 『열상고전연구』 11, 열상고전연구회, 1998.

_____, 「『悔堂稿』에 나타난 金宗直의 初期 詩 연구」, 『한국한문학연구』 24, 한국한문학회, 1999.

김영수, 「徐居正의 漢詩 硏究」, 『한문학논집』 12, 근역한문학회, 1994.

김영훈, 「病中 정서를 드러내는 서거정 한시의 특징 - 노년기 작품을 중심으로」, 『관악어문연구』 40, 서울대학교 국어국문학과, 2015.

김윤섭, 「金時習의 佛教詩에 관한 小考 - 四遊錄 創作期의 詩들을 중심으로」, 『한국한문학연구』 40, 한국한문학회, 2007.

_____, 「雪岑 金時習의 佛教詩에 대한 一考察 - 無生에 관한 논의를 중심으로」, 『인문학연구』 35, 충남대학교 인문과학연구소, 2008.

______, 「金時習 晩年期의 內面意識에 관한 小考 – 關東日錄·溟洲日錄의 詩들을 중심으로」, 『한국문화』 52, 서울대학교 규장각한국학연구원, 2010.

김은수, 「揖翠軒 朴誾詩 研究」, 『한국시가문화연구』 7, 한국고시가문학회, 2000.

김은정, 「揖翠軒 朴誾의 交遊와 遊覽의 漢詩 「天磨蠶頭峯」」, 『한국한시작가연구』 4, 한국한시학회, 1999.

______, 「韓國漢詩 형성 과정 고찰」, 『국문학연구』 30, 국문학회, 2014.

김의정, 「李商隱의 詩에 나타난 典故의 의미와 효과」, 『중국어문학지』 16, 중국어문학회, 2004.

김재웅, 「김시습의 경주기행과 문학창작의 현장」, 『시학과 언어학』 21, 시학과언어학회, 2011.

______, 「김시습의 호남기행과 문학창작의 현장」, 『국학연구』 20, 한국국학진흥원, 2012.

김종구, 「金時習의 方外的 삶과 現實主義 詩 世界」, 『개신어문연구』 18, 개신어문학회, 2001.

김종서, 「三峯 鄭道傳 詩의 表現 樣相과 美意識」, 『한국한시연구』 18, 한국한시학회, 2010.

김종진, 「鄭道傳 文學의 研究 : 李朝 建國 以前의 詩·文을 중심으로」, 『민족문화연구』 15, 고려대학교 민족문화연구소, 1980.

______, 「鄭道傳 時觀의 한 局面(2) – 吟風詠月에 대한 理解를 中心으로 –」, 『태동고전연구』 3, 한림대학교 태동고전연구소, 1987.

______, 「鄭道傳의 文學思想」, 『한중철학』 1, 한중철학회, 1995.

______, 「麗末 漢文學의 몇 가지 양상들 – 李穡과 鄭道傳을 중심으로」, 『어문논집』 35, 민족어문학회, 1996.

김종희, 「金時習 詩 『四遊錄』의 미의식 – 遊 개념을 중심으로, 『동양예술』 14, 한국동양예술학회, 2009.

김주수, 「김시습 山居集句의 미학 – '산중 은일자의 소박한 消日의 서정'에 대하여」, 『동양고전연구』 14, 동양고전학회, 2000.

______, 「김시습 시의 '自然聲에 의한 破夢' 모티브」, 『한국한시연구』 16, 한국한시학회, 2008.

______, 「김시습 시에 나타난 '拙樸'의 문예미학」, 『한문학보』 18, 우리한문학회, 2008.

김지영, 「歐陽修·梅堯臣·蘇舜欽 詩의 以文爲詩에 대한 고찰」, 『중국어문논역총간』 20, 중국어문논역학회, 2007.

김진두, 「東峯 金時習의 親環境詩攷」, 『인문학논총』 5, 한국인문과학회, 2005.

김진호, 「柳方善의 流配詩에 내재된 정서의 제 양상」, 『대동한문학』 37, 대동한문학회, 2012.

김창호, 「青偉 詩를 通해 본 15世紀 後半 文學 地形의 一面」, 『동양한문학연구』 26, 동양한문학회, 2008.

______, 「青偉 詩에 나타난 15世紀 後半의 官人像과 그 의미」, 『한문고전연구』 25, 한국한문고전학회, 2012.

______, 「初期士林派 詩에 나타난 世界像의 균열과 대응 - 戊午·甲子士禍期 유배시를 중심으로」, 『한문학논집』 43, 근역한문학회, 2016.

______, 「徐居正 초기시에 있어서의 功名의 문제와 시적 대응」, 『동방한문학』 85, 동방한문학회, 2020.

______, 「申叔舟 시세계에 있어서의 '倫理性'의 문제와 그 波長」, 『한문학논집』 59, 근역한문학회, 2021.

김태안, 「成俔의 文學觀 小考」, 『안동대학논문집』 10, 안동대학, 1988.

김풍기, 「梅月堂 金時習의 漢詩研究 - 現實認識과 葛藤의 樣相을 中心으로」, 『어문학보』 7, 강원대학교 국어교육과, 1984.

______, 「서거정의 文學論 研究」, 『어문학보』 16, 강원대학교 국어교육과 1993.

______, 「서거정의 시에 나타난 풍격 구성 방식과 원림 문화 - 강원 지역의 명승을 중심으로」, 『고전과 해석』 18, 고전문학한문학연구학회, 2015.

______, 「조선전기 문학론의 위계와 『東人詩話』」, 『한민족어문학』 73, 한민족어문학회, 2016.

______, 「조선초기 문명사의 전환과 김시습의 〈유금오록(遊金鰲錄)〉」, 『한민족문화연구』 62, 한민족문화학회, 2018.

김현주, 「揖翠軒 朴誾 詩의 風格 研究」, 『한문학논집』 23, 근역한문학회, 2005.

김현주·배경진, 「晩唐 溫·李 詩에 나타난 婉約性 初探」, 『중국연구』 81, 한국외국어대학교 중국연구소, 2019.

김혜숙, 「李承召의 생애와 시」, 『한국한시작가연구』 2, 한국한시학회, 1996.

김 호, 「朝鮮刊本 <樊川文集夾註>의 夾註者 國籍에 관한 一考 - 고려시대 중국서적 장서환경의 관점에서 -」, 『중국어문학지』 43, 중국어문학회, 2013.

노재현, 「서거정의 '慶州十二詠'의 의미와 폐허미학적 소통방식」, 『한국조경학회지』 37, 한국조경학회, 2009.

류화정, 「조선전기 『精選唐宋千家聯珠詩格』의 수용과 활용」, 『대동한문학』 44, 대동한문학회, 2015.

_____, 「麗末鮮初 黃庭堅 詩論의 수용 양상」, 『한국한문학연구』 77, 한국한문학회, 2020.

문명숙, 「백거이가 송시에 끼친 영향에 대한 고찰-왕우칭과 매요신을 중심으로」, 『중국문학』 49, 한국중국어문학회, 2006.

문철영, 「詩·文을 통해 본 鄭道傳의 內面世界」, 『한국학보』 12, 일지사, 1986.

민병수, 「徐居正의 詩世界」, 『한국한시작가연구』 3, 한국한시학회, 1998.

민 찬, 「鄭道傳의 思想的 傾向과 文學에 대한 立場」, 『인문과학논문집』 27, 대전대학교 인문과학연구소, 1999.

박민정, 「西崑體의 詩史的 位相에 대한 재고찰」, 『중국어문논총』 35, 중국어문연구회, 2007.

_____, 「晩唐體와 西崑體 시의 形式美 비교 연구-律詩의 用韻현상을 중심으로」, 『중어중문학』 50, 한국중어중문학회, 2011.

_____, 「宋初三體詩의 형식적 특징 비교 연구」, 『중국학논총』 44, 고려대학교 중국학연구소, 2014.

박성규, 「鄭道傳 硏究-그의 <錦南雜歌>, <錦南雜題>를 中心으로」, 『어문논집』 22, 안암어문학회, 1981.

박수천, 「李仁老의 詩文學에 나타난 현실참여의 갈망과 文學性」, 『한국한시연구』 20, 한국한시학회, 2012.

박순철, 「《詩經》에서의 賦比興의 作詩方式에 關한 小考」, 『중국인문과학』 31, 중국인문학회, 2005.

박영주, 「매월당 김시습의 문학세계」, 『반교어문연구』 12, 반교어문학회, 2000.

박정교, 「『삼체시』의 실체와 국내적 수용」, 『중국인문과학』 34, 중국인문학회, 1999.

박종혁, 「四佳 徐居正의 詩意識과 臺閣之詩의 典型」, 『한문학논집』 7, 근역한문학회, 1989.

박혜숙, 「매월당 김시습의 노년시」, 『한문학논집』 41, 근역한문학회, 2015.

박혜영, 「徐居正의 山水圖 題畫詩 연구」, 『배달말』 64, 배달말학회, 2019.

박희웅, 「徐居正의 歸田詩 一考」, 『한문학논총』 4, 근역한문학회, 1986.

백연태, 「徐居正의 愛民詩 硏究」, 『어문연구』 34, 충남대학교 어문연구회, 2000.

_____, 「徐居正의 題畫詩 창작에 대해-『東人詩話』 예화와의 연계를 중심으로」, 『청람어문교육』 29, 청람어문교육학회, 2004.

변종현, 「金時習 漢詩 硏究」, 『한문학보』 18, 우리한문학회, 2008.

빠이건싱, 「9세기 당과 신라의 관계 고찰 - 양국의 사신 왕래를 중심으로 -」, 『불교연구』 25, 한국불교연구원, 2006.

라 란, 「揖翠軒 朴誾 律詩의 承接과 轉折의 양상」, 『한국한문학연구』 80, 한국한문학회, 2020.

류소정, 「조선 문인 徐居正 詩의 蘇軾 수용 양상」, 『중국학보』 80, 한국중국학회, 2017.

류소진, 「조선 문인 徐居正의 생활 속에 투영된 蘇軾」, 『중국어문학지』 60, 중국어문학회, 2017.

서규태, 「金時習의 文學理論」, 『어문논집』 26, 안암어문학회, 1986.

서강선, 「佔畢齋 金宗直 연구의 회고와 전망」, 『코키토』 72, 부산대학교 인문학연구소, 2012.

서 성, 「晩唐 詩風의 지역적 분화 - 강남 시풍을 중심으로」, 『중국문학이론』 5, 한국중국문학이론학회, 2005.

성범중, 「朝鮮 後期의 漢詩選集」, 『한국학』 20, 한국학중앙연구원, 1997.

______, 「私淑齋 姜希孟의 生涯와 漢詩世界」, 『한국한시작가연구』 3 한국한시학회, 1998.

송재소, 「佔畢齋 金宗直 문학 연구의 몇 가지 문제」, 『대동문화연구』 44, 성균관대학교 대동문화연구원, 2003.

송희준, 「徐居正의 文學에 나타난 江西詩風의 수용양상」, 『대동한문학』 7, 대동한문학회, 1995.

______, 「徐居正의 閑適詩 一考」, 『대동한문학』 14, 대동한문학회, 2001.

시아청원, 「매월당 김시습의 양생수련과 시의 형상화」, 『문화와 융합』 40, 한국문화융합학회, 2018.

신두환, 「매월당의 「山居集句」에 나타난 미의식」, 『한문학보』 19, 우리한문학회, 2008,

______, 「梅月堂의 漢詩에 나타난 方外생활의 美의식」, 『한문학보』 18, 우리한문학회, 2008.

신승운, 「成宗朝 文士養成과 文集編刊」, 『한국문헌정보학회지』 28, 한국문헌정보학회, 1995.

심경호, 「金時習論」, 『한국한시작가연구』 3, 한국한시학회, 1998.

______, 「한시 분석의 여러 국면에 대한 고찰 - 김시습 <無諍碑>의 분석 사례를 중심으로」, 『동양한문학』 21, 동양한문학회, 2001.

심호택, 「삼국시대와 신라중대의 한시에 대하여」, 『한문학논집』, 근역한문학회, 2018.

안동준, 「김시습 문학과 도교사상」, 『국문학과 도교』, 한국고전문학회, 1998.

_____, 「김시습 문학사상에 대한 연구사적 검토」, 『남명학연구』 18, 경상대학교 남명학연구소, 2004.

안미영, 「徐居正 詠物詩의 特性 硏究」, 『수련어문논집』 26, 부산여자대학교 수련어문학회, 2001.

안병학, 「金時習詩에 있어서의 歷史意識」, 『민족문화연구』 97, 고려대학교 민족문화연구소, 1983.

_____, 「徐居正의 文學觀과 『東人詩話』」, 『한국한문학연구』 16, 한국한문학회, 1993.

_____, 「徐居正 詩世界의 한 局面 - 초기시의 해석 문제와 관련하여」, 『한국문학연구』 2, 고려대학교 민족문화연구원, 2001.

안장리, 「姜希孟의 生涯와 文學」, 『열상고전연구』 18, 열상고전연구회, 2003.

_____, 「姜希孟의 詩文學 연구」, 『한국인물사연구』 9, 한국인물사연구회, 2008.

_____, 「韓國八景詩의 전개에 있어서 金時習의 역할」, 『열상고전연구』 31, 열상고전연구회, 2010.

양충열, 「송대 시론가의 '시법'에 대한 인식」, 『중국인문과학』 21, 중국인문학회, 2000.

양태순, 「三灘 李承召의 忠北 題詠」, 『호서문화논총』 17, 서원대학교 호서문화연구소, 2003.

어강석, 「牧隱 李穡의 蘇東坡詩 受容 樣相」, 『어문연구』 40, 한국어문교육연구회, 2012.

_____, 「쌍매당 이첨 한시에 나타난 특징과 의식」, 『포은학연구』 27, 포은학회, 2021.

여진호, 「東人詩話 속에 나타난 徐居正의 批評觀」, 『동양한문학연구』 1, 동양한문학회, 1985.

_____, 「金宗直의 詩世界 - 《新增東國輿地勝覽》樓亭條 所在 詩를 중심으로」, 『동양한문학연구』 4, 동양한문학회, 1989.

오용섭, 「『東人詩話』의 간행과 대일본 유출」, 『서지학연구』 59, 한국서지학회, 2014.

오태석, 「江西詩派에서의 點鐵成金·換骨奪胎論의 生成과 適用에 관한 硏究」, 『중국어문학』 19, 영남중국어문학회, 1991.

유근안, 「泰齋 柳方善의 漢詩 연구 - 現實認識의 표출 양상을 중심으로」, 『어문연구』 30-4, 한국어문교육연구회, 2002.

유재영, 「梅月堂 金時習의 「遊湖南錄」, 『향토문화연구』 4, 원광대학교 향토문화연구소, 1987.

유호진, 「李胄의 唐風 志向과 그 文學史的 意味」, 『 동양한문학연구』 28, 동양한문학회, 2009.

윤광봉, 「김종직의 문학사상과 시세계」, 『한남어문학』 18, 한남대학교 한남어문학회, 1992.

윤인현, 「『東人詩話』를 통해 본 徐居正의 用事와 點化에 대한 인식」, 『한국문학과 예술』 29, 숭실대학교 한국문학과 예술연구소, 2019.

윤재환, 「고려조 시풍 전환의 의미」, 『한민족어문학』 44, 한민족어문학회, 2004.

______, 「金宗直의 意識世界와 文學思想 檢討」, 『국문학논집』 20, 단국대학교 국어국문학과, 2005.

______, 「徐居正의 漢詩 속에 수용된 蘭草의 性格과 意味」, 『동방한문학』 56, 동방한문학회 2013.

______, 「조선조 시단의 중국 시학 수용 양상 고찰」, 『국문학논집』 22, 단국대학교 국어국문학과, 2013.

______, 「『惺叟詩話』 속 風格 用語를 통해 본 許筠의 '淸' 系列 風格 硏究 - '淸勁' · '淸切' · '淸楚' · '淸越'을 중심으로」, 『동양고전연구』 63, 동양고전학회, 2016.

______, 「문학적 관점에서 본 醉琴軒 朴彭年 - 醉琴軒 朴彭年에 대한 文學的 接近을 위한 試論」, 『한문교육연구』 49, 한국한문교육학회, 2017.

______, 「17세기 초 대명 해로사행의 해상 사행시 - 대명 해로사행문학 연구의 기반과 토대 구축을 위한 시론」, 『한국문학과 예술』 22, 숭실대학교 한국문학과예술연구소, 2017.

이구의, 「佔畢齋 金宗直의 시에 나타난 정신세계」, 『한국사상과 문화』 56, 한국사상문화학회, 2011.

______, 「佔畢齋 金宗直의 「和陶淵明述酒」詩에 나타난 자아의 정신」, 『코키토』 81, 부산대학교 인문학연구소, 2017.

이규호, 「三灘 李承召의 詩世界」, 『관악어문연구』 8, 서울대학교 국어국문학과 1983.

이남종, 「왕우칭의 생애와 시」, 『중국문학』 40, 한국중어중문학회, 2003.

이래종, 「慵齋 成俔의 文學論」, 『한문학논집』 5, 근역한문학회, 1987.

이민복, 「雙梅堂 李詹의 詩世界」, 『한국한시작가연구』 2, 한국한시학회, 1996.

이병찬, 「한국 시경론의 賦比興 문제」, 『한문학논집』 19, 근역한문학회, 2001.

이상삼, 「金時習의 民本的 文學思想과 民本詩의 展開」, 『국어국문학논문집』 15, 동국대학교 국어국문학부, 1992.

이성혜, 「사림들의 유람 입문서, 김종직의 『遊頭流錄』」, 『경남문화연구』 31, 경상대학교 경남문화연구소, 2010.

이승수 · 황인건 · 김미애 · 민선홍, 「1457년 김시습의 行迹과 心境」, 『한국언어문화』 73, 한국언어문화학회, 2020.

이승하, 「순례자의 여수와 향수의 시학 - 혜초의 다섯 수 한시를 중심으로」, 『한국문예

창작』 8, 한국문예창작학회, 2009.

이시찬, 「宋元時期 高麗의 서적 수입과 그 역사적 의미」, 『동방한문학』 39, 동방한문학회, 2009.

이연정, 「매월당 김시습의 寓言詩 고찰」, 『동아문화연구』 9, 영산대학교 동양문화연구원, 2012.

이원걸, 「金宗直 愛民詩의 展開 樣相」, 『한문교육연구』 17, 한국한문교육학회, 2001.

_____, 「金宗直 詠史懷古詩의 儒家的 認識美」, 『대동한문학』 15, 대동한문학회, 2001.

_____, 「金宗直의 連作 紀俗詩에 形像된 觀風易俗의 理念」, 『퇴계학』 14, 안동대학교 퇴계학연구소, 2004.

이은주, 「梅月堂 金時習의 詩文學 硏究, 『한문교육연구』 8, 한국한문교육학회, 1994.

이의강, 「조선시대 유행 두시집 『두율우주』의 문헌학적 연구」, 『한국한문학연구』 28, 한국한문학회, 2001.

이정규, 「流配詩를 통해본 李胄의 意識志向」, 『인문학연구』 34-2, 충남대학교 인문과학연구소, 2007.

_____, 「三灘 李承召 題畫詩의 形象化 양상 - 畫意의 표현방법을 중심으로」, 『인문학연구』 39, 충남대학교 인문과학연구소, 2012.

이정원, 「成俔의 文學思想」, 『한국시가문화연구』 11, 한국시가문학회, 2003.

이정화, 「生六臣 金時習 詩에 나타난 선비 精神 硏究」, 『한국전통문화연구』 11, 한국전통문화대학교 한국전통문화연구소, 2013.

이종건, 「徐居正의 詩文學에 나타난 杜詩의 影響」, 『동악어문학』 15, 동악어문학회, 1981.

_____, 「徐居正의 應製詩考」, 『論文集』 5, 창원대학교, 1983.

_____, 「徐居正의 詩文觀」, 『국어국문학』 91, 국어국문학회, 1984.

_____, 「徐居正 題畫詩 題材 考察」, 『논문집』 8, 창원대학교, 1986.

_____, 「金宗直 詩文學 考」, 『기순어문학』 3, 수원대학교 국어국문학과, 1988.

_____, 「徐居正의 文學思想과 詩世界」, 『기전어문학』 5, 수원대학교 국어국문학과, 1990.

_____, 「徐居正의 <孝子圖十詠> 硏究」, 『온지논총』 10, 온지학회, 2004.

이종묵, 「朝鮮 中期의 漢詩選集」, 『한국학』 20, 한국학중앙연구원, 1997.

_____, 「조선전기 관각문학의 성격과 문예미」, 『국문학연구』 8, 국문학회, 2002.

_____, 「雙梅堂 李詹의 시세계」, 『관악어문연구』 29, 서울대학교 국어국문학과, 2004.

_____, 「조선 전기 한시의 당풍에 대하여」, 『韓國漢文學硏究』 18, 한국한문학회, 2005.

______, 「金宗直의 詩와 士林意識」, 『선청어문』 26, 서울대학교 국어국문학과, 1998.
______, 「金時習 詩와 身世矛盾」, 『논문집』 7, 한국기술교육대학교, 2000.
정출헌, 「김종직의 함양군수 시절, 시문을 통해 본 王化의 비전과 그 실천」, 『율곡학연구』 43, 율곡학회, 2020.
조기영, 「三峯 鄭道傳의 觀物 태도와 詩的 양상」, 『동양고전연구』 9, 동양고전학회, 1997.
______, 「鄭道傳과 禪詩」, 『연민학지』 7, 연민학보, 1999.
조동일, 「鄭道傳의 文學思想」, 『한국한문학연구』 2, 한국한문학회, 1977.
조흥욱, 「정도전의 문학관과 그의 한시에 대한 소론」, 『한신논문집』 4, 한신대학교 출판부, 1987.
차용주, 「鄭道傳 研究」, 『호서문화논총』 12, 서원대학교 호서문화연구소, 1998.
최두식, 「金時習의 詠史詩에 관한 研究」, 『석당논총』 15, 동아대학교 부설 석당전통문화연구소, 1989.
최은자, 「정도전 문학 연구 - 유배 · 유랑기 문학을 중심으로 -」, 『우리어문연구』 58, 우리어문학회, 2017.
최재남, 「朝鮮初期 律文樣式의 樣相 - 金宗直의 律文을 중심으로」, 『개신어문연구』 5 · 6, 개신언문학회, 1988.
최재혁, 「고려 문인들의 소식문예이론 수용 고찰」, 『중국어문학논집』 89, 중국어문학연구회, 2014.
최혜진, 「매월당 김시습의 방외인적 성격과 시 정신」, 『한국민족문화』 22, 부산대학교 한국민족문화연구소, 2003.
하정승, 「『동인시화』에 나타난 시론의 특징과 비평사적 의미」, 『한국언어문학』 93, 한국언어문학회, 2015.
홍성욱, 「『新增東國輿地勝覽』 全羅(北)道條 所載 詩文 研究 - 金宗直의 全羅道 觀察使 時期 詩文과 對比하여」, 『동방한문학』 26, 동방한문학회, 2004.
홍순석, 「揖翠軒 朴誾의 문학사적 위치」, 『국어국문학』 89, 국어국문학회, 1983.
______, 「읍취헌 시 연구(1) - 그 변모 양상을 중심으로」, 『국문학논집』 12, 단국대학교 국어국문학과, 1985.
______, 「虛白堂 成俔 詩의 寫實主義的 傾向」, 『한문학논집』 7, 근역한문학회, 1989.
______, 「成俔의 雅訟詩 研究」, 『한문학논집』 12, 근역한문학회, 1994.
______, 「박은 시의 수사기교 연구(1) - 拗體의 분석을 중심으로」, 『한국한문학연구』 34, 한국한문학회, 2004.

______,「麗末鮮初 奉命使臣의 行蹟과 詩 - 鄭夢周・權近・李詹의 登州詩를 중심으로」,『포은학연구』 10, 포은학회, 2012.

황위주,「朝鮮 前期의 漢詩選集」,『한국학』 20, 한국학중앙연구원, 1997.

______,「점필재 김종직 연구에 대한 반성적 전망」,『동양한문학연구』 31, 동양한문학회, 2010.

황재문,「『大東詩選』의 편찬 경위와 문학사적 위상」,『진단학보』 107, 진단학회, 2007.

허경진,「진주 강씨 문중의 연행록 전통과 사숙재 강희맹의 중국 체험」,『남명학연구』 50, 경상대학교 경남문화연구원, 2016.

허경진・박순,「『동인시화』를 통해 본 語와 意의 문제」,『한국문학논총』 55, 한국문학회, 2010.

허권수,「고려후기 성리학과 한문학의 교섭양상」,『한문학보』 13, 우리한문학회, 2005.